日本史籍協會編

米澤藩戊辰文書

東京大學出版會發行

米澤藩戊辰文書

例言

明治元年正月鳥羽伏見の變あり。前征夷大將軍德川慶喜大坂城を脫し、海路江戶に歸る。朝廷乃ち三道の兵を進めて、慶喜を討たしむ。慶喜屛居、罪を謝し、四月無事江戶の開城を見たり。但だ東北諸藩は會莊二藩討伐の命を得て未だ其効を奏せず。既にして閏四月十九日、仙臺藩士瀨上景範等が、奧羽鎭撫總督府參謀世良砥德の暴慢を憤り福島の旅寓に襲ひ之を暗殺するや、形勢俄然一變、忽ちにして白石會盟となり、奧羽越列藩相結んで西軍に抗し、遂に戊辰東北大戰爭を惹起するに至る。而して此の間、仙臺藩と共に、同盟の兩翼となり、兵を越後に出して大活躍を試みしものを米澤藩と爲す。本書は卽ち其の當時に於ける米澤藩關係の機密文書にして、同藩出張の諸隊長より藩廳への報告書、幷に會莊諸藩重臣への往復書翰等を主として收錄せるもの、之によ り戰況の推移歷々徵するを得べく、殊に米會莊三藩歸順前後の文書に至りては、正史の闕を補ふもの尠しとせず。洵に稀覯の好史料たり。本書の材料は概ね舊米澤藩士伊佐早謙氏の提供に係る。本會は之を整理校訂し、實名を以て標題を揭げ、他藩士は其身分を冠し、又所々に傍註と備考を附記し、之を月日順に配列せり。茲に本書を上梓するに當り、故伊佐早氏に對し厚く感謝の意を表す。

昭和十年二月

日本史籍協會

米澤藩戊辰文書　目次

一　奥羽鎮撫総督達「上杉齊憲宛」明治元年四月八日　一
二　米澤藩建言書　明治元年四月　二
三　片桐藤右衛門書翰「下條外記等宛」明治元年閏四月十五日　四
四　上杉齊憲諭達　明治元年閏四月廿五日　六
五　奥羽鎮撫総督達「上杉齊憲宛」明治元年閏四月　九
六　新庄藩士舟生定成等書翰「千坂高雅等宛」明治元年五月五日　九
七　越後出張重臣某手控　明治元年自五月五日至六月十七日　一一
八　新庄藩士舟生定成書翰「千坂高雅等宛」明治元年五月六日　二〇
九　相浦三郎右衛門等書翰「甘粕繼成宛」明治元年五月六日　二二

一〇　奥羽列藩結盟書　明治元年五月上旬　二四
一一　奥羽同盟列藩軍議書　明治元年五月上旬　二五
一二　米澤詰之間用狀「越後出張詰之間宛」　明治元年五月十六日　三一
一三　江戸付詰之間用狀「陣所詰之間宛」　明治元年五月十八日　三二
一四　色部久長書翰「上杉勝應宛」　明治元年五月廿一日　三三
一五　上杉勝應書翰「色部久長宛」　明治元年五月廿二日　三四
一六　若林秀秋書翰「色部久長等宛」　明治元年五月廿二日　三六
一七　中條明資書翰「色部久長宛」　明治元年五月廿三日　三八
一八　倉崎清典書翰「色部久長宛」　明治元年五月廿三日　三九
【別紙】同盟列藩軍議書　明治元年九月廿三日　四一
一九　甘粕繼成書翰「色部久長等宛」　明治元年五月廿三日　四三
二〇　色部久長書翰「米澤詰之間宛」　明治元年五月廿三日　四五
二一　齋藤篤信意見書　明治元年五月廿四日　四八

二二 山田八郎書翰「堀尾重興等宛」明治元年五月廿五日 四九
二三 仙臺藩士玉蟲誼等書翰「中里丹下等宛」明治元年五月廿六日 五二
二四 原三左衛門建言書 明治元年五月廿六日 五三
二五 新保朝綱書翰「色部久長宛」明治元年五月晦日 五六
二六 米澤藩越後列藩合從勸誘狀 明治元年五月 五七
二七 舊新潟奉行所組頭松長長三郎書翰「色部久長宛」明治元年六月朔日 五八
二八 久保田藩主佐竹義堯書翰「仙臺藩主伊達慶邦宛」明治元年六月二日 五八
二九 長名美衛書翰「色部久長宛」明治元年六月四日 五九
三〇 千坂高雅書翰「本陣宛」明治元年六月五日 六一
三一 堀尾重興書翰「三瀦政清等宛」明治元年六月五日 六四
三二 甘粕繼成書翰「齋藤篤信宛」明治元年六月五日 六六
三三 甘粕繼成書翰「齋藤篤信宛」明治元年六月五日 六七
三四 會津藩士梶原景賢書翰「色部久長宛」明治元年六月六日 六八

六一　甘粕繼成書翰「齋藤篤信宛」　明治元年七月十九日　一〇七
六二　甘粕繼成書翰「齋藤篤信宛」　明治元年七月十九日　一一〇
六三　毛利業廣等書翰「千坂高雅等宛」　明治元年七月十九日　一一一
【別紙】中村藩使者伊藤廉藏口上書　明治元年七月　一一三
【別紙】中村藩への使者登坂右膳口上書　明治元年七月　一一三
【別紙】三春藩使者大山健次郎口上書　明治元年七月　一一四
【別紙】三春藩への使者中川富義口上書　明治元年七月　一一四
六四　新潟出張役所用狀「米澤役所宛」　明治元年七月十九日　一一五
六五　新潟出張役所用狀「鹽田才八宛」　明治元年七月十九日　一一六
六六　エドワード・スネル宛契約書　明治元年七月十九日　一一九
六七　千坂高雅書翰「齋藤篤信宛」　明治元年七月廿一日　一二二
六八　甘粕繼成書翰「齋藤篤信宛」　明治元年七月廿三日　一二三
六九　甘粕繼成書翰「藤齋篤信宛」　明治元年七月廿四日　一二四

一四七　大國頼隣書翰「竹俣久綱宛」明治元年九月廿一日　二八一
一四八　倉崎清典等書翰「木滑政愿等宛」明治元年九月廿一日　二八四
一四九　齋藤篤信等書翰「木滑政愿等宛」明治元年九月廿二日　二九〇
一五〇　木滑政愿書翰「大瀧忠恕等宛」明治元年九月廿二日　二九二
一五一　高山政康書翰「木滑政愿等宛」明治元年九月廿三日　二九四
一五二　庄田秀苗書翰「木滑政愿宛」明治元年九月廿三日　二九七
一五三　新保朝綱書翰「詰之間宛」明治元年九月廿三日　二九八
一五四　新保朝綱書翰「大瀧忠恕宛」明治元年九月廿四日　二九九
一五五　倉崎清典書翰「木滑政愿等宛」明治元年九月廿四日　三〇一
一五六　杉山盛之進書翰「黒井小源太等宛」明治元年九月廿四日　三〇五
一五七　三潴政清書翰「木滑政愿等宛」明治元年九月廿五日　三〇八
一五八　新保朝綱書翰「毛利業廣等宛」明治元年九月廿五日　三一〇
一五九　山本寺勝强書翰「毛利業廣等宛」明治元年九月廿五日　三一三

一六九　米澤藩士某書翰　「宛名欠」　明治元年九月廿九日　三三四
一七〇　山本寺勝強書翰　「毛利業廣等宛」　明治元年十月朔日　三三五
【別紙】　若松諸藩會議所達　「米澤藩宛」　明治元年九月　三三五
【別紙】　若松諸藩會議所達　「米澤藩宛」　明治元年九月　三三六
一七一　倉崎清典書翰　「三潴政清宛」　明治元年十月二日　三三六
一七二　大國頼隣書翰　「竹俣久綱宛」　明治元年十月二日　三三九
一七三　山本寺勝強書翰　「毛利業廣等宛」　明治元年十月三日　三四一
【別紙】　會津在陣官軍參謀回達　「米澤藩等宛」　明治元年十月朔日　三四二
一七四　大國頼隣書翰　「竹俣久綱宛」　明治元年十月三日　三四六
一七五　新保朝綱等書翰　「毛利業廣等宛」　明治元年十月三日　三四九
一七六　高山政康書翰　「木滑政愿等宛」　明治元年十月三日　三五三
一七七　倉崎清典等書翰　「山本寺勝強宛」　明治元年十月三日　三五五
一七八　山本寺勝強書翰　「竹俣久綱宛」　明治元年十月四日　三五七

一九一　黒井小源太書翰「會談所宛」明治元年十月十六日　三九九
一九二　黒井小源太書翰「會談所宛」明治元年十月十六日　四〇〇
一九三　黒井小源太書翰「會談所宛」明治元年十月十六日　四〇三
一九四　黒井小源太書翰「三潴政清宛」明治元年十月十七日　四〇七
一九五　黒井小源太書翰「倉崎清典宛」明治元年十月十七日　四〇九
一九六　黒井小源太書翰「三潴政清宛」明治元年十月十七日　四一〇
一九七　杉山盛之進書翰「黒井小源太宛」明治元年十月廿二日　四一二
一九八　黒井小源太書翰「會談所宛」明治元年十月廿三日　四一九
一九九　仙臺藩士大條道徳等書翰「竹俣久綱等宛」明治元年十月　四二一
二〇〇　若松在陣官軍參謀達「米澤藩會議所詰宛」明治元年十一月二日　四二三
二〇一　黒井小源太書翰「木滑政愿等宛」明治元年十一月三日　四二四
【別紙】鹽川驛會津降人脱走調書　明治元年十月自廿二日至廿八日　四二六
二〇二　杉山盛之進等書翰「黒井小源太宛」明治元年十一月三日　四二九

二〇三　黒井小源太書翰「木滑政愿等宛」明治元年十一月五日　四三一
二〇四　甘粕繼成書翰「齋藤篤信宛」明治元年十一月六日　四三三
二〇五　仙臺藩士坂蘭溪書翰「木滑政愿等宛」明治元年十一月七日　四三五
二〇六　山本寺勝强書翰「島津敎忠宛」明治元年十一月八日　四四〇
二〇七　山本寺勝强書翰「島津敎忠宛」明治元年十一月八日　四四二
【別紙】若松在陣官軍參謀達「米澤藩隊長宛」明治元年十一月五日　四四二
【別紙】若松在陣官軍參謀達「米澤藩隊長宛」明治元年十一月七日　四四三
二〇八　淨恩寺書翰「倉崎清典等宛」明治元年十一月十三日　四四四
二〇九　福順寺書翰「土肥源藏宛」明治元年十一月十四日　四四六
二一〇　淨照寺書翰「戸狩左門等宛」明治元年十一月十四日　四四八
二一一　軍政府・會談所合議書　明治元年十一月廿七日　四五一
二一二　杉山盛之進等書翰「甘粕繼成等宛」明治元年十一月廿八日　四六〇
二一三　中村藩使者石橋兵太夫口上書「上杉齊憲宛」明治元年十一月　四六六

二一四　山本寺勝強書翰「島津敦忠宛」明治元年十一月　四六七
二一五　太田道舜履歴書　明治元年十一月　四六八
二一六　松本誠藏・堀尾啓助所持品調書　明治元年十一月　四七〇
二一七　舊新潟奉行所屬吏栗原傳五郎等歎願書　明治元年十一月　四七三
二一八　鹽川・猪苗代降人護送所置手續書　明治元年十二月六日　四七五
二一九　宮島吉久等高鍋藩士岩邨虎雄對話書　明治元年十二月十五日　四七九
二二〇　山本寺勝強書翰「竹俣久綱宛」明治元年十二月十九日　四八一
二二一　山本寺勝強書翰「毛利業廣等宛」明治元年十二月廿日　四八三
【別紙】若松在陣官軍參謀達「米澤藩等宛」明治元年十二月　四八四
【別紙】若松在陣官軍參謀達「杉山盛之進宛」明治元年十二月　四八五
【別紙】若松在陣官軍參謀達「米澤藩宛」明治元年十二月　四八六
二二二　若松在陣官軍參謀回達「金澤外四藩隊長宛」明治元年十二月廿四日　四八七
二二三　大橋繁太等書翰「山本寺勝強等宛」明治元年十二月廿五日　四八八

二二四　山本寺勝強書翰「齋藤篤信等宛」明治元年十二月廿六日　四九二
二二五　小倉將監書翰「古海勘左衛門等宛」明治元年十二月廿六日　四九四
二二六　若松在陣官軍參謀達「米澤藩兵宛」明治元年十二月　四九五
二二七　若松在陣官軍參謀達「米澤藩兵宛」明治元年十二月　四九六
二二八　毛利業廣等書翰「弘前藩士中山兵部等宛」明治元年十二月　四九七
二二九　弘前藩への使者小杉長三郎等口上書　明治元年十二月　四九八
二三〇　若松聞書　明治元年十二月　四九九
附錄　宮島吉久書翰「藩政府重役宛」明治二年十一月九日　五〇〇
【別紙】三條家家臣森寺常德書翰「宮島吉久宛」明治二年十月廿八日　五〇三
解題　森谷秀亮　五〇五

米澤藩戊辰文書

一　奥羽鎮撫總督達「上杉齊憲宛」明治元年四月八日

（上封）
上杉彈正大弼殿
封
鎮撫
總
督

上杉中將

今般莊内賊兵天童ゟ暴動之報知有之彼地之形勢切迫ニ付右應援兵急速差出し速ニ賊徒討拂可申事
但會討先鋒ニハ候得共彼地ゟ出兵未無之様子ニ付右人數ヲ分チ天童ゟ可差出猶出張之時刻等早々可申出事

辰閏四月八日

鎮撫總督

奥羽鎮撫使總督府印

二　米澤藩建言書　明治元年四月

口上手控

夫
皇國之能東海表ニ獨立シテ外侮ヲ不受者君臣一和人心固結間隙ノ無可乘
カ故ニ御座候癸丑以來洋艦來湊シ我要港ニ據リ我虚實ヲ察シ稍覬覦ヲ
生ス今也東征北伐列藩疲奔命萬民苦徵發候折柄彼乘虚窺間鯨鯢之欲ヲ
逞フスル哉モ難計千古無虧ノ金甌萬一尺土寸壤モ彼ニ蹂躪被致候ハヽ
假令關東ヲ汚潴ニスルノ
御鴻業被爲立候共上被爲對在天列聖之

尊靈如何可被爲在哉ト寡君齊憲痛心苦慮罷在候儀ニ御座候然ル處徳川慶
喜寛永寺ニ蟄居席稿待罪恐懼恭順之外無他事由ニ候得者
皇威既ニ遠邇ニ輝キ
朝憲モ凛然相立候儀仰願クハ
皇運隆興百度一新之此際徳川家祖先之勳勞ヲモ御追錄被爲遊神武不殺之
聖徳ヲ垂レ之ヲ寛典ニ處シ其宗社ヲ存セラレ傍塵下皁隷ニ至ル迄共ニ寛
大之御所置御座候而速ニ大旆ヲ返シ干戈ヲ戢メ更始一新以安反側君臣
一和以防外侮候樣仕度儀ト寡君齊憲至願罷在候乍去遐方ニ僻在仕事情
モ不相察
御成算モ御座候内彼是申上候儀千萬不堪恐縮候エ共
皇國御大事之際ト存込微衷之程奉建白候ハ粗前條ノ次第ニ御座候乍恐手
控ヲ以テ先ツ一通申上候間此段
聞食被爲在候樣何分宜敷御取成被成下度奉存候

四月

上杉彈正大弼内
毛利上總

三　片桐藤右衛門書翰「下條外記等宛」明治元年閏四月十五日

一簡啓上仕候向暑之砌御座候處
君上奉始
御方々樣益々御機嫌能被成御座恐悦至極奉存候隨而御手前樣方彌御安康御精勤可被成奉拜欽候然ハ藥研坂樣ゟ長野御用人爲御使昨日私小屋ぇ入來老公ゟ別帋御直書被進候間此度山田八郎下りニ付差上候且御沙汰書壹結差上候間都て宜敷御取扱被下度奉存候扨其後御國表之義如何ニと不啻按念罷在候處立町桂屋飛脚之者八日出立罷登候とて昨日小屋ぇ立寄り候ニ付委曲相尋候處先已前之通御出勢のミニて差タル事變も無之由少しく

（附箋一）

安心之様御座候仙臺勢ハ福島ゟ白川迄ヒッシト相詰候由其内會津勢ゟ二本松領中山と申處之民家江放火三拾軒計リ燒亡爲其二本松大忿怒相馬勢と申合會津の陣營江發砲一戰爭ニ相成候抔風聞致し眞僞更ニ不相分却て御國ニてハ御探索ニも相成候半關東脱走勢一時ハ勝を取候得共遂ニ打まくられ房總江引取猶又屢戰爭毎度敗軍當時ハ盡く散亂官軍ハ益々勝ニ乘し房總も所々落城と申風聞致し夫々探索いたし候得共房總之事實ハ聢と相分不申候當地ゟ官軍日々盛ニ押出候を以ハ必勢ひを得候ものと相見へ候此鹽梅ニてハ討會抔も彌以切迫ニ相成候半乍恐　御國家ニおゐても御大事到來御當惑至極之御儀と奉存候此度多分御軍器御買入此節柄不容易義と心配罷在候處同役之面々大働ニテ都而調達既ニ十六十七日之内ニハ出帆之方右ハ亞國蒸汽相雇越後御領所江差向候都合ニ御座候先ツ々々大安心仕候最早當表之取仕抹も大抵ニ罷成候間私も不日引取候積りニ付何事も歸國之上と早略奉拜呈候時下折角御保護可被爲成御精勤千々奉

神念候頓首

閏四月十五日　藤右衛門

外記様

治部様

猶以十五日認置候儘差上甚麁略恐入候得とも不悪思召被下度奉存候以

上

附箋一

〔八郎へ相渡候積り之処同人乗船之方ニ相成候間延引仕今便差上候

附箋二

〔此後格別之事もなし探索書壹冊會談所へ差下候間御取寄御覧可被下候

四　上杉齊憲諭達　明治元年閏四月廿五日

（附箋二）

上意
先達ゟ白石表ニ出張
鎮撫總督府ニ會藩降伏謝罪ニ付寛大之御沙汰被成下候樣奉懇願候得共
御聞濟ニ不相成殘念ニ存候乍去押ゟ御征伐有之候ゟも
皇國之御不德萬民之大難を釀し候意味有之候ニ付重々奥羽諸藩と會議
總督府ニ御屆之上諸方出兵之分盡く解兵せしめ候右ニ付ゟも此上何變
難計片時も不可弓斷晝夜練兵相勵候儀勿論ニ候猶委細之儀も太郎左衛
門可申聞候

上意之大旨
先達ゟ鎮撫總督ゟ討會御先鋒被蒙
仰既ニ御出勢迄被
仰付候處會藩重役ゟ降伏謝罪儀以書付歎願申出候ニ付白石迄被遊
御出張伊達陸奥守殿与御一同總督府ニ會藩事情委細

御演說寛典之御沙汰被成下候樣被遊
御懇願候處一旦御許容猶又難被爲及御沙汰之旨御達ニ相成候元ゟ降伏
顯然之處押而御征伐之儀ハ乍恐公明正大之御所置ニ無之加之農業眞盛
之折柄諸藩數萬之出兵不堪愁苦既ニ所々一揆等相起候勢實以不忍見聞
候付於白石表奥羽列藩之重役重々會議之上諸藩出兵之分盡く解兵猶
太政官ニ御伺被遊候旨　總督府ニ御届ニ相成候依之諸組屯所詰明後廿
七日ゟ一同相解候樣被
仰出候雖然解兵御届ニ付而ハ如何成變動も難計且又四隣日々切迫之勢
何れも見聞之通ニ付片時も無油斷晝夜寢食を忘れ練兵相勵候儀勿論之
儀与被
思召候隨而以後御軍列御立組御改革被
仰出候條組中支配下ニも懇々可申達旨
上意ニ候事

閏四月

五　奥羽鎮撫総督達「上杉齊憲宛」明治元年閏四月

羽州新庄當時副總督本陣手薄ニ付相應之人數差出警衛可致者也

閏四月

米澤中將

鎮撫總督

奥羽鎮撫總督

六　新庄藩士舟生定成等書翰「千坂高雅等宛」明治元年五月五日

去月廿八日官軍薩長筑三藩之内ニ而當城下町外ㇾ前後ㇾ人數差出翌曉迄往來嚴重相改卽日ゟ

澤様其外共荷物等取始末致候付若何方ㇾ歟御立越ニ而も被成候儀と存内

々御近習幷參謀方ゟ問合候處一向取合不申其夜五半時頃ニ及
澤樣明廿九日曉七半時之御供揃ニ而御出立被成候間其心得を以手配致候
樣との御沙汰有之候付何方ゟ御越被成候儀ニ候哉相伺候處御近習ニ而も
參謀方ニ而も是亦挨拶無之再應及問合候得共同樣ニ而一圓相分リ不申候
內御立際ニ差掛リ暫時領分金山ゟ御立越之旨御沙汰有之六半時官軍弘前
龜田之人數共御引纒當所御出立金山御晝ニ而及位迄御越御止宿翌朔日同
所御出立秋田領院內迄御越官軍其外共不殘同所迄立越申候尤弊藩之者ニ
も領分境迄御守衞御見送申上候
澤樣御立振御問合ニ付則以書取申上候以上

五月五日

戸澤中務大輔內

舟生源左衞門

川部伊織

千坂太郎左衛門様
竹俣美作様

七　越後出張重臣某手控　明治元年自五月五日至六月十七日

五日ノ部

一仙ヨリ木六ノ來狀宿老再仙臺行ノ由
　五日
一御内々御祝詞申上之
　六日
一仙人石川平馬ト會人唐澤重松越後出先ゟ來乞援□□（虫蝕）
　七日
一宮熊仙ヨリ新庄い廻罷戻
一山佐越ヨリ歸出兵ヲ促ス

一片留邸自江戸歸
　八日
一竹老最上平定ニ付新庄ヨリ歸着
　但澤三位秋田ヘ遁逃
一昨日會人唐澤仙人石川ヘ中六談判
一宮島熊仙ヘ赴直ニ京ヘ入
　九日十日十一日
一十二日越後ヘ赴
　十三日
一手ノ子泊
　十四日
一小國泊
　十五日

一下關泊

十六日

一新發田へ赴

十七日

一新發田ゟ赴

十八日

一水原ゟ進諸藩軍議

十九日

一同所泊　總督仁居津へ進長岡兵火

廿日

一同所立分田泊

廿一日

一仁居津へ赴歸路分田泊　笹岡ゟ早追下關泊

一自越報告廿七日會桑村上ノ兵與板ヲ乗取

一自白河報告廿六七烈戰佐藤孫兵衛安部清兵衛廿七日苦戰討死嫡子亭齋三十鑓無給
藤伊久馬怪我福王寺彦五郎中島秀治三十鑓柴田忠吉足輕

六月朔日

一日光御門主様御内使僧功徳院御逢御口上御直ニ御聞被遊詰之間獻酬

一安田中庶子白川ゟ赴

一小島龍三郎（雲井龍雄）従京師歸

二日

一小島龍三郎話五月廿日人見勝太郎五百人ニ而小田原ヲ（磨滅）三島之固松下嘉平次ヲ討
常州山岡（マヽ）鐵太郎隊甚振

一龍三郎會津ニ赴　宮様迎之ためニ

一仙藩越后行之重役葦名靱負城下泊

一平田要ゟ人數十八引連常州牧方（平潟）ゟ（マヽ）警衛出張被　仰付

一新保歸廿九日村松領大面ニテ大戰吾軍勝利分取不少（欠ヽ）討死新右衛門二男齋藤熊太郎手疵五郎兵衛嫡子藏田孝吉恭三郎嫡子下秀丸百挺萱野彥松青木熊次片桐吉藏御役筒高村又太郎三俣組足輕大峽清三郎平田左京兵賦片倉八郎

一越奥合戰討死手負等ニ御賞被成下

但討死ノ者侍組二三男大小姓ニ新苗六人扶持三手以上新苗御扶持被成下訴文ハ本手明足輕ハ新手明ニ入

三日

一明六時詰揃五時御勇々舗

御出馬

一香坂七右衛門從江戶歸仙臺迄蒸汽船之由片山ヨリ□□（虫蝕）

一上ノ山ゟ使者（虫蝕）出兵促し

四日

一仙兵今日城下出立小國街道ノ會津街道兩道へ赴

一新潟へ軍艦相見候趣□(虫蝕)報

一安田中庶子白川ゟ歸□(虫蝕)月廿九日奥州街道ニ而仙兵與賊軍戰仙□□□(虫蝕)ノ由

一兄スヲル米藩平松武兵衞ト稱ス

一山形勢　城下泊溝口ゟ使節兩方ゟ登行人應接

一先達而江戸ゟ飛脚之手塚文左衞門江戸表廿五日立ニ而歸着幕軍甚振ひ候由之咄なり

一大瀧赴越

一仙兵城下泊ノ分南西ゟ赴

五日

一村岡公子ゟ罷出

六日

七日

一今朝關ヨリ報告（虫蝕）日迄大面邊晝夜苦戰士卒疲勞御（虫蝕）ヨリ與
板ノ新手被遣由朔日長澤表味方不利
一使橋本之會□（虫蝕）應援在白河江口隊ヲシテ赴越
一關ゟ羽檄ヲ飛□□（虫蝕）
一二（マヽ）潟奉行諸（虫蝕）

八日

一龍三郎從（虫蝕）五日會城ニ被爲入候由
一村上禮三郎（虫蝕）歸リ戰爭ノ模樣報告
一龍三郎關へ赴

九日

一眞野寛助越後ゟ赴
一四日五日戰爭見付邊勝利賊敗走之告報
一根津守橋□（虫蝕）自越歸

十日

一平田要従會昨夜歸

一鬭ヽ羽檄ヲ飛ス

一香坂七右衞從漆山柏名昨夜歸

十一日

一□（虫蝕）秋田ヨリ使節君侯ノ直書來

一相馬ノ靜廬莽從會報告宮様十□（虫蝕）日若松城御立米ヽ被爲入云々右ニ付會鬭兩所ヽ羽檄

十二日

一秋田ヽ之御內使古藤上歸

一從會安部井政次靜廬莽來

一新發田降伏之旨告報

一新發田道路開ルニ付鬭ヽ御用狀明日立古藤へ御渡

一新井（マヽ）潟ゟ奉行田中廉太郎來小倉善左衛門應接
十三日
一會津川行山崎新太郎へ昨日御用狀渡置候分取戻古藤へ渡ス
一佐兵衛聖天葬ニ而　宮様御使僧靜慮葊ゟ應接
十四日
一宮様御臨邑御不快ニ而御延引之旨會ゟ使節來
一田中廉太郎ゟ六度應接
一池田新次郎靜慮葊ハ共ニ仙ゟ赴
十五日
一庄田京師道路梗塞江戸品川迄ニ而歸
一白河切迫ニ付山吉亘海隊越後ニ赴ニ不及白河へ應援候樣飛脚
十六日
一庄田關へ赴　一漆山陣屋ゟ出兵城下泊

一安田會へ同斷
十七日
一仙使大立目勝來ル木六應接
一北方探索ノ（欠マヽ）昨夜歸
十八日

八　新庄藩士舟生定成書翰「千坂高雅等宛」明治元年五月六日

過日於白石表
澤様御守衛尊藩ニ被蒙　仰候處去月廿八日夜五半時頃ニ及
澤様明二十九日曉七半時之御供揃ニ而御出立被仰出候間其御心得ヲ以手
配致候様ト之儀ニ付何方ニ御越被成候哉相伺候處御近習ニ而も參謀方ニ
而も何等之挨拶も無之ニ付再應押而問合候得共一圓相分り兼候內御立際
ニ差掛り暫時領分金山ニ御立越之旨御沙汰有之六半時官軍幷弘前龜田之

勢御引纒メ當所御出立ニ相成候暫時ゟ之御沙汰ニ而御立戻可相成筈ニ付
一途ニ其心得ニ而罷在殊ニ領分丈ケ之御轉陣且者俄之事故御守衛人數も
聊差出候之處金山御晝食濟ゟ置直ニ及位ゟ御越御一宿翌朔日ニ至不料院
内ゟ御立越之次第ニ相成候依而白石表御條約之通何國迄も御逗留相願尊
藩御人數御繰込次相待可申儀ニ候得共何分迅速之御立ニ而其邊行届兼終
院内迄御立越相成候條今更恐入奉存候尤新庄御立金山ゟ及位迄御越之都
度々々注進申上候筈ニ候得共其手筈迄行違此方念之處不行届遂當所迄御
繰込御不都合相成候之段重々不堪恐縮候何事も小藩微力故之儀ゟ宜御諒
察不悪御勘辨可被下候此段申上候以上

五月六日

舟生源右衛門

定成（花押）

千坂太郎左衛門様

米澤藩戊辰文書（明治元年五月）

竹俣美作様

九　相浦三郎右衛門等書翰「甘粕繼成宛」　明治元年五月六日

飛脚御差立ニ付申上候然ハ此度援兵御差出ニ付而ハ會藩人一統口を極て悦喜之趣虚言ニも無之様被察至極宜敷御都合ニ候處熟練兵とは不相見實ハ汗顔之至ニ御座候會津御領内ハ夫々御役人出張ニて休泊共ニ萬事無滯殊ニ足輕之者爲案内一小隊へ壹人ツヽ附添候位之事ニて誠ニ恐入候御取扱ニ御座候小生も檜原ニ一泊昨夕方着致候處此間爲御使者來リ候井原守之進始終附添誠ニ丁寧之取扱恐懼至極ニ御座候昨日着否用向有之由ニて五日町伏見屋と申料理屋ニ案内有之罷越候處梶原内藤諏訪出張外ニ諸役人數人出會此方江口宰配頭初隊頭中不殘何も用向とてハ無之必竟御馳走被成下候取設ニ御座候へし今日ハ右人數一統御城ニ被召出當君公御隱居様御列座懇々之御意を蒙り其上御料理等迄賜り實ニ恐縮之至ニ御座候

一今日於御城内藤助左衛門ゟ之談判ニて當時白川口第一切迫ニ付追々人數も繰出し候得共四境繰出候末自ら手薄ニ付可相成て右口へ出張相頼度趣申聞ニ付如何樣ニも御指圖次第と挨拶ニ相及候所然ハ明日ハ城下ゟ六里先キ福良と申所迄總人數繰出し隊頭之面々ハ同所ゟ一里先キミヨト申所迄出張致し西鄕頼母ニは御面會被下いつれニも御軍議御取極御盡力相願度との儀ニ御座候右ニ付明日ハ此少人數を以當時第一ノ難所へ出張致都合ニ御座候尤色々策略も有之候得共兎角不申上候間不惡思召置被下度候右ニ付而今朝橋本へ才配頭ゟ御申越候三小隊御出兵之儀御別意も無御座候ハヽ御差越被下度候

一去ル三日大田原ニ取懸ケニ相成候處大勝利委細ハ橋本承知ニ而相略申候

一今日於御城修行隊ニ遣候御使者相勤申候いつれ明日ハ東脩迄相濟し度頼入候得共何分手間取り候樣子ニて困却罷在申候當時古幕之先生と

申ハ畠山五郎七郎と申人ニて善ニも悪ニも只一人ニ相成候由外ニ會藩人兩三人も有之候やゝ模様爾し稽古ハ十分爲致呉候趣意ニ付御安心可被下候尚追々可申上候へ共草略用事而已奉得貴意候以上

五月六日　三郎右衛門

宗太

備後様

一〇　奥羽列藩結盟書　明治元年五月上旬

今度奥羽列藩會議於仙臺告
鎭撫總督府欲以修盟約執公平正大之道同心協力
上尊　王室下撫恤人民維持
皇國而安

宸襟仍條例如左
一以伸大義于天下爲目的不可拘泥小節細行事
一如同舟渉海可以信居以義動事
一若有不虞危急之事比隣各藩速援救可報告總督府事
一勿負强凌弱勿計私營利勿泄漏機事勿離間同盟
一築造城堡運搬糧食雖不得止勿漫令百姓勞役不勝愁苦
一大事件列藩集議可歸公平之旨細徴則可隨其宜事
一通謀他國或出兵隣境皆可報同盟事
一勿殺戮無辜勿掠奪金穀凡事渉不義者可加嚴刑事
右條々於有違背者則列藩集議可加嚴譴者也

一一　奥羽同盟列藩軍議書　明治元年五月上旬

白川之所置

一薩長を始官軍大擧白川ゟ入城之由報告有之總督府ゟ嚴命を以會藩既ニ降伏致候ニ付官軍打入之義堅く差留可申事
一不得止無法ニ打入候とも曲在于彼會藩決死防戰乘機進取可致事
一醍醐殿速ニ仙境ゟ歸陣之樣隨而下參謀之大逆無道之罪を聲シ速ニ御暇被成下候方取計度事
一右破裂ニ相至候ハヽ二本松闔國之兵勢を盡し本道ゟ先鋒ニ進ミ必死可致血戰事
一仙藩ヨリ大擧白川城ヲ根據と爲し四方之諸藩ゟ發縱指示可致事
一連合之諸藩各出兵應援盡力勿論之事
　但猶豫狐疑成ハ兩端を懷キ傍觀スル者有之候とも天定之後嚴重之處置可有之事
一會兵大擧高原ヨリ日光へ打出近傍故幕之遺兵ヲ語ヒ是機進擊可致事
　但最早ゟ所々之故幕兵ゟ策略可相通置候事

一宇津(マヽ)宮之官軍ヲ追拂ヒ常野之諸藩を引附ケ暫ク利根川ヲ境ニメ深根固
帶傍ラ房總迄モ手ヲ延シ可申事
但江戸易取難守候間時宜次第暫ク後圖ニ附シ北越之聲聞策應ヲ待チ
萬全之見込ヲ居大擧可致事
一米藩よりも爲應援一手之人數繰出シ可申事
庄内之所置
一此條至急ニ付今日中奥羽之列藩盡衆議至當之公論ニ歸シ總督府ヘ訴訟
討庄之兵御屆一ト通リニメ即日解兵之事
但庄内ヨリ寃罪之件々條理判然書立ニメ仙藩を始メ白石詰之諸藩ヘ
依頼總督府ヘ爲致歎願候方之手配ニ候處期日延引ニ付無據本文之通
扱又當時庄内之密使當地ニ罷在候哉ニも相聞候間右使ニ方略を授ケ
爲致歎願候共可然歟
一此際急ニ總督府ヘ相窺許可之上米藩ゟ澤殿護衛之兵二大隊も繰出し米

國ニ迎入奉リ可然哉之事
但此澤殿も歸陣之樣尤米兵護衛有之方共ニ總督ヨリ御達之方
一薩長之兵士ハ總督府ヨリ御暇被成下速ニ歸國被命可然哉之事
但進退失度歸途難澁ニも候ヽ米兵護送越地瀨波ゟ船ニ而歸帆爲致可然哉之事
一若不承服ニ而萬一暴動ニも可相及形勢ニ候ヽ米兵進擊幷近邊之諸藩ゟ出兵無二念打取可申事
但時宜ニ寄庄內ゟ出兵應援勿論之事
北越之所置
一薩長之兵千人ニ加州富山應援トメ越地ニ進發會境ニ打入之報知有之依之總督ゟ前同斷ニ而進擊相控候樣嚴達有之若無法ニ押來リ候ヽ米兵大擧先鋒ニ進ミ越地之諸藩ヲ語ヒ迎戰致し尤庄內よりも大擧應援可致盡力事

一羽州連合之諸藩各出兵應援勿論之事
但傍觀之輩前同斷
一信州上州甲州迄も手を延し關東と犄角應援之勢を張り見機窺間進取可
致事
一加州紀州ニ使を馳せ連合致し官軍ノ勢力ヲ殺キ候手配專用之事
總括
一參謀之慘酷殘暴奥羽二州愁苦ニ堪兼前條之運ニ相至候趣詳ニ太政官ヲ
始メ征討府ニ哀訴幷天下列藩ニ布告公論ヲ承リ度候事
但參謀之罪狀明白縷述シテ諸方ニ廻達傳檄衆目輿論無餘義情實憐察
有之樣致度事
一佛國米國或ハ魯國等ヲ引附海軍或ハ兵器等ノ手配無油斷取配リ可申事
但佛米兩國ニ響應之儀會ヨリ可相通事
一東北諸藩ハ勿論西南ノ諸藩迄も同心有志之族ニ密使ヲ馳せ東西響應之

策略打合彼奸賊内顧之憂アツテ深入進取不致樣手配有之度事
一故幕之遺臣或ハ海軍等ヲ語ヒ密ニ策應ヲ約シ同時蜂起致シ候樣手配專
一之事
　但此條モ會之手ニアリ
一急速脚力ヲ馳セ京江兩地ヘ相詰候藩士引戻シ候樣手配有之度事
一奥羽ニ而も秋田異論之樣相聞候間米藩ニ而引請盡力說得可致八戸小南
部モ同斷ニ付盛岡藩江幡五郎ニ相諭爲致說得可然事

（上封）

□

千阪太郎左衛門

色部長門樣　毛利上總

竹股美作

一二　米澤詰之間用状「越後出張詰之間宛」　明治元年五月十六日

則勘定早ニ而昨十五日夜半着不取敢令披見候信濃川をはさんて大砲打合先々持こらひ候よし最少く大事之場合とふか〳〵ふんばり候様是のミ念願不啻候其内御家よりも繰出ニ可相成又ハ庄内よりも同斷此兩藩押出し候ハヽ敵ノ勢撓候半と被察候

御大策云々右ニ付大金差越候様是ハ驚愕爾々斯迄御見込因循ニ而茂不相濟思切て夫々差圖ニ相及申候此上茂時を見て

大駕御乗出之儀委々相心得申候三十目筒ハ昨十五日四十八丁二本松手へ附差立申候別ニハ先差越不申候間宜く御差圖可被成候明日ハ關泊ニ可相成候間其段御心得可被成候白川之報告更ニ無之甚不安ニ付今日江口出先へ物書之内より差越申候僞官軍糧食ニ乏しく所々へ亂暴致候茂と風評有之いつを今明日中ニハ模様相分可申候右草々得御意候以上

五月十六日

越地

御詰之間

一三　江戸付詰之間用状「陣所詰之間宛」　明治元年五月十八日

新潟奉行支配組頭勤方廣間役

今十八日曉増田勝八郎早追ニ而入來役筋之者ニ致面會度旨申出ニ付佐藤源左衛門三潴清藏差出候處田中廉太郎手紙持參別紙寫ニ〆差越申候右ニ付評議御本國なり場所柄ト云速ニ御引受有之度候得共御出先之御都合も難計之尤不容易事件故要人源左衛門應答切迫之御模様御心痛實ニ察入候次第ニ付明後日比人數繰出可申併場所御受取之儀ハ事定而後之事ニ被成可被下尤諸向御量御役人方是迄之通御在陣萬機御委任弊藩人數ハ只警衛向而已引受候心得之併越地一切之全權出先之重役ニ相任置候事故此方ニ

て差切ニ而御打合も相成兼候間猶御歸路出先之役筋も御對談可被下右樣之振合ニ爲懸合申候明後日之御出兵ハ主水樣御隊也庄内も長尾權十郎小幡貞助相飛し越地出兵相促申候田中廉太郎ゟ之返書別紙草案之通爲相認勝八郎ゟ相渡申候右ニ付長尾小太郎御在陣迄早追ニ而差遣候間宜御評議勝八郎參陣之上可然樣御打合有之度候書餘小太郎ゟ御詳悉可被下候以上

五月十八日暮時

江戸付

詰之間

御陣所

御詰之間

一四　色部久長書翰「上杉勝應宛」明治元年五月廿一日

以飛札奉拜啓候當表爲鎭撫出張被仰付罷出居候處長岡表一昨十九日燒打

ニ相成終ニ落城之模樣ニ相聞申候諸藩應援之兵も無之且ツ地之利も不辨事ニ而何分當惑之至右之都合ニ御座候處形勢亦大ニ變しいまた始終之見詰も不相立候處斷然越地へ御乘込相成候而ハ御不都合も難計御座候ニ付暫小國表ニ御滯陣當表模樣次第尙又御案內仕候心得ニ罷在候間御一左右申上次第御進退被成下度奉願候此段申上度長尾小太郎を以寸簡奉拜呈候當地形勢之義ハ同人ゟ被仰聞上被成下度奉存候頓首敬白

一五　上杉勝應書翰「色部久長宛」　明治元年五月廿二日

以飛札得御意候然者越地不容易形勢ニ付兼而大隊頭被命候續御出勢ニ付隊下中外ニ五小隊附屬被成下去ル廿日發足之處昨廿一日櫻峠ニて山吉佐久馬早追ニて　御城下ゟ參候て出逢乍途中荒增承リ候處切迫之云々承リ候ニ付　御城下出立之節ハ總督御出張所迄何向出張御談判次第進候含之所左久馬ニ出逢切迫之云々承リ候ニ付一時も早く何れ之方ゟ向候て宜哉

御評判之處承リ度附屬之軍目付昨夜之内ニ早追ニ而差立右之御評判之趣承リ候迄ハ段々新發田近邊迄ニも出張之含ニて今日玉川驛ゟ此方ゑいおトか申處ニて休居候處ニ長尾小太郎早追ニて參リ則御飛札持參ニ付披見之處長岡表去ル十九日燒打終落城諸藩之應援之兵も無之形勢も大ニ變し始終之處も難計斷然越地ニ乘込候而も不都合も難計候ニ付小國表ニ滯陣越地模樣次第御案内之上進退可致旨委々拜誦猶小太郎口上を以若し關迄出張ニても小國迄引戻候樣ニとの事之よし扨又御不都合ト申者如何之意味と承り候得共其邊之御評意不承ト申事ニ御座候因而愚存ニ者尤以總督の命ニ御座候得ハ小國出立前ニ候得ハ其所ニ滯陣可致候得共已ニ玉川外ニも出張之事ニ候得ハ此所ゟ引戻候事ニ而ハ御國中之氣勢も相撓ミ御國辱ニも相至候義奥羽一統之氣勢ニも相響候義且出張之樣
君命も蒙候義一歩引候而ハ斷然相成間敷と存候ニ付總督之命ニ不從候所ハ恐懼ニ候得共前文之趣意ニ付軍監ニも相談之處同腹ニ付關迄出張先ツ

滯留猶總督之御指揮相待候含ニ御座候總督之命を不相用關迄出張滯留仕候處ハ誠ニ以多罪之至恐入申候依而ハ軍目付差立候ニ付委々之處多七可申上候間取込中亂筆御推覽可被下候以上

五月廿二日暮時

主　水

長門殿

一六　若林秀秋書翰「色部久長等宛」明治元年五月廿二日

控ハ無之候間御返し可被下候

昨日途中ニ而承候所長岡領見付亂ニ放火之由賊軍山之手ニ因リ押出候模樣ニ候へハ加茂邊ニ推出居候而も方角違ひ地勢又敵ハ高キニ因リ身方ハ目の下ニ相成候姿ニ而迚も勝算無之亦下越後ニ相成候へハ地勢味方ニ利アリ敵ニ不利アリ一戰ニ及ひ引取候へハ臆病之誹りも可有之候得とも長

岡援兵之爲折角繰込候得とも亂ニ落城救護之兵可差向樣無之繰引ニメ要所ニ喰留メ候ハヽ全之策略と申もの是非只今之内繰引ニもるは第上策ニ
而世間之誹謗抔ゟ不足恐候
一長岡ゟも少々之援兵差出候迚城郭を始終保全スルニ難至場合ニ候へハ
開城ニいたし下越後米澤本陣ヨ引取尤
君侯ニハ米澤ゟ御引取之樣以使節申越度存候
一海手庄内勢始出兵之藩々ゟ是亦繰引下越後ニ而喰留候策略之旨相通し
申度候
一段々講究いたし候ニ
本陣　三日市
先陣　五十公野
此之所ゟ臺場等築立防戰之手配肝要ニ付我々段々相越左之手配可仕候
一鐵砲玉藥一刻も無猶豫繰下候樣御下知可被下候

五月廿二日

作兵衛

長門様

備後様

二白會〻も本文之通御通達御尤候

一七　中條明資書翰「色部久長宛」　明治元年五月廿三日

尚々笹岡之關邊ニも屯留之人數有之候ハヽ、是又早々水原邊迄も詰込候様御申達可被下儀と存候以上

以飛脚得御意候然者當地日々ニ切迫之形勢委細ハ倉崎ゟ申越候間相略し候昨今兩日諸藩打寄頻ニ軍議候隨而ゟ治定最早明日ハ栃尾口見付口三條と三ヶ所〻諸藩ゟ人數繰出方決評尤私手ゟも三ヶ所〻三小隊ッヽ差出候都合ニ御座候左候ヘハ兼て弱兵といひ且ッ不足ニ付何分當惑此事ニ御座候

依之大井田隊不殘撤兵隊不殘大急加茂ゟ繰出候樣御申達可被下候且又最早明日ゟ大合戰相始段取ニ相至候而も早々總督も當所ゟ御繰込ミ萬事御差圖無之候而も不相濟儀と存候私壹人ニ而も何分當惑千萬之儀實ニ此度之一戰ハ大事之場合と存候間是非〳〵御出張之樣希申候斯ル大事ニ相至候而ハ御國表ゟ御同役衆も大急出張有之度ものと存候此處いらゝ思召候哉大急飛脚御さし立可然儀と存候右得御意度早々以上

五月廿三日

豐　前

長　門　樣

一八　倉崎清典書翰「色部久長宛」明治元年五月廿三日

長岡落城後敵最早見付近所ゟ寄詰居候由此見付ハ加茂之本陣より六里長岡勢ニ會之敗走兵追々一昨日迄ニ此加茂ゟ落來樣子也但し長岡城ハ根據ト相成候中條大將之百計ハ新御

取立之侍頭ゟ御預之新銃隊之生兵のミよき分ニ乙齋藤組之本手明乙外ニ古海勘三郎之壹小隊計也追々申聞之由ニ候へとも于今撤兵も不起大井田隊も屋代田邊ゟ參り候も不相分何分氣之へリ候事ニ御座候今日旅宿ゟ會ゟ一ノ瀬要人長岡ゟ河井繼之助村上村松上山之重役一同入來軍議手配ニ相成候同盟之儀不可止場合ニ付大井田ゟも加茂ゟ繰出し候樣申越候へとも猶御達可被下候夫ゟ猶々ツヽキ應援無之候ゟも不相成天下分ケ目之軍ト相成候義此處ニゟ　御家之敗軍ニ相成候ゟも天下之恥を受候義ニ付

主水樣　桃之助樣御隊乙共早々御繰出無御座候ゟハ不相濟一刻片時も爭ふ時節ニ付早々御繰出し候樣可被成下候最上勢も還り可申白川口之人數ハ兎に角御固メ之殘兵乙とも御撰り御引率數多之口々ニ付御家老方御一手ツヽ御分ケ御繰出し不被下候ゟハ相成間敷と奉存候　此段御國ゟ御申越可被下候但山形勢も一刻も早ク繰出し候樣上之山勢ハ百人位水原ニ有之候由ニ付是ハ上ノ山ゟ申越候方也山形勢ゟハ御申達可被下候　庄内勢貳百五拾人ハ彌彥迄參り候由之處國ゟ之後勢ハ何之事も不相決候仙臺も同樣不相分候手後レニ相成候ゟも因循之罪難免譯以

之外之儀と存候只今猶御國ハ此場合ニ後をあも盟約主として信義を失ひ候事ニあハ被爲成間敷候ニ付人數御繰出之事日々奉企望候以上

五月廿三日

尙々會議中草々此段申上候村松之重役田中カケユト申者出席之儀只今變心突立席上大騷キ死生不相分候村松ハ半ハ異心之聞ヘアル處則此者等異論之ものと相見へ候吾り説も不行ハレ(マヽ)氣迫り候ものと相見候可笑々々

【別紙】

廿三日列藩軍議如左

○見附口ハ長岡口第一之要處ニ付會兵先鋒桑名村松村上此方合兵凡七百餘人ニて進ム

但シ此方ハ後詰トメ彈藥兵粮を送る事を司る列藩中條ト小子ニ總督ヲ賴テ不止固ク辭メ未受

○栃尾ヘハ長岡家老川（河）井繼之助大將トメ三路之間道ゟ不意ニ長岡ニ攻入ル

○與板口ハ會桑幕上ノ山村上合兵六百餘人三條ゟ進ミ金ケ崎峠を超て與板へ攻入る會之家老一ノ瀬要人總督より

○別ニ奇兵三百人餘を用ひて急ニ夜中川を渡り與板を放火し直樣小千谷へ進む策

○彌彥口ハ庄内山形會兵新發田等五百人を以て椎谷へ押出し敵を打拂ひ且地藏堂へ固メ候方

○　廿三日夜中

此兵

二千人餘

會　一瀬要人

長　河井繼之助

村上　森重内

平次

村上　水谷孫平次

桑
金子権太左衛門
上ノ山
祝　段兵衛

柴田及柳澤未出（マヽ）
今夕最早見付ニ官軍五十人程出張

一九　甘粕繼成書翰「色部久長等宛」明治元年五月廿三日

大急申上候然も一昨廿一日加茂ニ駈付候處會桑之兵妙見口之方ゟ追々引取候人數數百人一同ニ入込混雜不可言若不意ニ火を放されハヽ盡く敗滅する外無之體ニ付大心配仕急々諸隊を出して遠近之口々嚴しく探索爲致遂ニ本陣を宿外陣ケ峯と申所ニ移し候然るニ會藩始メ越國諸藩盡く會集是非〳〵討賊恢復之兵を擧へキ旨異口同音頗ル　御家之新手ニ勢を得候體依之昨夜於會藩大軍議今朝猶又於此方軍議いつれも此方を以盟主と仰キ號令を主とり候樣相勸メ幾度辭し候得とも中々承知不致一言之評議

を發しても直ニ一統之號令ニ相成候勢右ニ付ゐハ米澤人數ハ危急之場へハ不差向いつも應援ニ向ケ置候方ニ相成且又方々之攻口手配りを定メとんと且明日ハ長岡與板兩城之賊を攻撃之手筈ニ諸藩大抵決評ニ相成申候然る所御役寄之通中條隊ハ多くハ新銃隊ニゐ有用之兵少々且彈藥も甚不足何共當惑至極ニ御座候最早虎ニ騎る勢ひニゐ一二萬封之小藩さへ傾國之兵を出して進攻之勢ニ及ヒ御家ニて獨り因循可致樣無之且ツ又屹与夫々手配も相付勝算も頗ル罷出來候得共今兵卒軍器之不足ニて困り果候依之何とそ今日中總督御出馬被成下加茂ぃ御本陣を御立尤御馬廻全隊撤兵三隊大砲四門共ニ御繰出し被下度奉存候左もなくてハ御家之御武名忽チ消失せ可申哉と甚奉懸念候條是非〳〵奉願候猶委細之儀も大石琢藏ぃ申含候間御聞取可被下候恐々頓首

五月廿三日

甘粕備後

御總督

御中老

尚々一昨日考候とハ大違之形勢一歩を退ケハ大崩之勢態然ルニ是非此表を以墳墓之地と決定仕候條何とそ鎖細之論等御取揚なく御勇決被下度返々も奉願候以上

二〇　色部久長書翰「米澤詰之間宛」　明治元年五月廿三日

○追々軍目付奔り來り其地ノ形勢次第ニ差迫り實以不容易事ニ立至り御同然痛心此事ニ

當表形勢別紙之通り極切迫ニ相至御中老切角退陣いたし候樣御良策も被

御座候

仰下候得共最早迚も可進不可退勢ニ而知有死他を不知事ニ相成無止場合

感泣他事を不覺候

ニ立至申候依之恐入候得共

御尤之御事ニ一致承知候

主水樣ニ而も追々御進被成下候方又御國ゟも御出勢被下度存候此場合實

此儀ハ御國

最早御手薄此上ハ迚も〳〵出兵六數事爾し壹人も不差出候ては御不張合之事也三小隊

ニ御家國之浮沈到來恐縮他念無之候此上ハ御出勢被下候哉否之義ハ御國

繰出し溝口ノ押ょ相成候都合ニ付御差圖次第三日市か五十公ノ邊へ差置候事ニ付宜く評ニ御任仕候外無之義いつれニも御所置被下度存候當表詰諸隊頭始末々御差圖御尤ニ存候　扨も〳〵氣味能き氣勢うれしく存候迄一歩も退き候心底更ニ無御座候委細之義ハ多七口頭ニ而御詳悉被下度

相略申候以上

五月廿六日

五月廿三日夜中認

（新）仁津驛

旅舎

米澤

御詰之間

再白今晩會藩柏崎五郎沼津陣屋詰某入來ニ而先達而申述候蒸氣船買入高田ヲ襲打いたし度依之金策いたし度其内庄内ゟ一萬兩差出候間　御家ニ而も一萬五千差出し呉候得ト頻ニ申聞有之候得共出先キニ而も何分金策も出來兼候事也國元へ通し候上及挨拶旨申遣申候依之よろしく御評し被下度五千之所ハ先達而申聞ゟ附益候間如何ト問合候處是ハ一

萬ゟ出候處ハ御差出し被下かたく候ハヽ其位之處ハいつれニも相成可
申との事ニて且先達而も御中老小林御買入可然とて金配迄出來候得共
老成之御方と違ひ小子存慮ニ而直ト治定も仕兼候間及御問合申候義兩
人之面々挨拶取ニ尚又參ルト之事ニ付御便り次第とふり否御示し被下
度奉存候彼是込合不文御推見ヲ奉祈候以上

（附箋上）
(以下原朱書)
○壹萬ハ約し候事也是非なし〳〵五千之所六敷事ニ付何分〳〵尤
此壹萬ハ以前さし遣候一萬勿論之事と存候
（附箋下）

（附箋上）
(以下原朱書)
先日差遣候壹萬ハ手を懸候ハヽ元〆有合之分引足御差向御尤ニ存
候右償ハ申來次第取計可申候

（附箋下）
小林五兵衛ハ此表之金策も可有之候間御入用ニ付早速御返可被下
候以上

詰之間

二一　齋藤篤信意見書

明治元年五月廿四日

手控

一會軍も定而先鋒被相進候筋と被存候事

一進軍ゟ實戰ニ相臨候節敵之形勢ニ依り此方之心得變化難期候得共大様之字眼も中央左右翼を分惣而半隊半時代之心得を以實戰半隊ハ大隊止レノ指揮ヨリ其場ニ休息後詰之勢援を相張可申事

但右休息中各半隊ゟ一兩人ツヽ敵方襲撃ニ用心之爲出先最寄之場所ニ出張爲致候事

一進軍御達ニ罷成候上ハ豫メ其手隊頭へ夫々評議を盡し尚又會藩諸大頭ニ重く打合之上取計可申候事

一御軍令條被　仰出候通一軍之指揮賞罰等御任之筈雖然緩急之次第御本陣ニ御伺之上取計可申哉之事

一味方之諸藩指揮旆之目印時々相變候儀幷各藩之國印互ニ見覺候儀至急

之心得と存候事

一彈藥之運送幷兵粮宿陣之取計急要之儀ニ付御兵具頭幷元〆陣營方之取計別而大切と被存候事

一探索方人物御撰諸方ニ御差出如何之御都合ニ候哉都而土地嚮導を相用候節ハ臨時金錢之手當等勿論之儀と存候事

一諸隊御手當是亦急務と存候事

一敵勢假令鋒先弱く敗走ニ相見候とも決而容易ニ不相進惣而無疑ニ疑を生し敵之術中ニ不陥入樣諸隊相心得候儀肝要之事

辰五月廿四日

齋藤主計

二二　山田八郎書翰「堀尾重興等宛」明治元年五月廿五日

与態大急梅澤熊太相添致啓上候然も昨廿四日會藩ゟ寺泊りニ差廻懸置候

順道丸江貳三拾人爲乘組置候所何國之船ニ候哉帆船貳艘渡來無二無三ニ大砲打懸ケ右ゟ外國之大砲と相見得遠矢相聞順道丸ゟも打懸ケ候得共先江不届防兼無據火ヲ懸ケ敵之用を不成樣ニ〆乘捨致上陸尤怪我人壹人も無之候旨今未明會藩新潟出先梶原平馬迄注進有之趣唐澤源吾を以申遣候左候得者右軍艦當港江乘廻し可申ゟ目前爾し當川口ハ遠淺ニ而迚も川入ハ不相成場所一里餘之所ゟ小船ニ而上陸不致者不相成候間撒兵を以防留候手配ニ御座候然ル處防留候人數ハ御當家之少人數江新發田勢四五百人ニ而者甚以手薄ニ付爰四五隊も御繰出し被下度旨源吾申聞候所其口迚も同樣當家之人數ハ可繰出樣無之旨相斷候處纔ニ而も山形勢繰出し貰度談判ニ御座候無餘義譯ニ付山形人數繰出し候樣御周旋可被下候依之會藩ゟも壹人罷出候間右兩人口上御聞上宜御沙汰被御申上可被下候

一昨日三條畫出立早船便注進ニ一昨夜ゟ長岡三條之間大崎与申處ニ而大合戰東軍大勝利西軍大敗軍之よし何向聞耳ニ御座候疾々御承知之筈与

も存候得共申上候
一新潟町市民一統擧而奉歎願候ニ付當今戰爭追々切迫當港奉行所引揚ニ相
成候ニ付
御當家樣御領所ニ被成下度旨別紙之通願書差出申候然ル處神保乙平渡
邊三左衞門右之續被遣候處他支配ゟ立入不組合之所置振何分難解事共
御座候間長御勘定頭入來を待居及談判候處尤以私幷伊藤五左衞門見込
之處ニ同趣意乍然無左ㇳ當方限之所置ニ可致樣無之候依之差出候願書
先ッ一ト通り御披見ニ差上申候是ニ而取上宜敷候ハヽ奉行所へ問合則
願書差廻し先方挨拶次第取量御下知奉伺候而可然哉有無梅澤熊太ゟ御
差圖被下候樣御周旋可被下候右之段得貴意度如斯御座候恐惶謹言

五月廿五日

辰ノ刻出し

山田八郎

堀尾保助殿
小島作右衛門殿

二三　仙臺藩士玉蟲誼等書翰「中里丹下等宛」　明治元年五月廿六日

日増炎天相催候處彌御勇健御勉勵之由奉雀躍候過日ハ罷出種々御丁寧別而忝仕合奉感謝漸々今日御當處へ重而參着仕候所少敷御直話申上度義御座候間御兩人樣之内御壹人鳥渡御目ニかけ度念願ニ候何そ御指支も被爲有候ハヽ不及是非誰樣ニ而もよろしく至急之用向ニ而取急き候事ニ候まゝ乍勝手明早天得拜眉候樣偏ニ奉懇願候書外拜謁之節と無他事閣筆頓首

仲夏念六日

玉虫左太夫
鈴木直記

中里丹下樣

堀尾保助様

二四　原三左衛門建言書

明治元年五月廿六日

言上書

謹而奉言上候事

此度北越騷擾大兵御差出ニ付色部長門總督之全權御委任被仰付出陣仕り若林作兵衛小林五兵衛軍人ニ無之候得共同ク越地ニ罷越總督ニ付添專ラ參謀罷在ナカラ先日長岡危急援兵願出ニ付高山與太郎山吉佐久馬早追ヲ以總督府エ罷出長岡切迫手後レニ相成候ハヽ機ヲ失ヒ見ス〳〵敗亡ニ至ルヘキ間至急援兵御差出被成下度旨促候得共因循逼撓（マヽ）時日遲引候內果シテ去ル十九日落城惰兵ハ畏レ候得共勇奮之士ハ長岡會藩之勢妙見ニ罷在候內前後相通シ進擊致シ度存念罷在候ニ付一皷シテ氣ヲ起シ勇戰仕リ城ヲ取カヘシ前恥ヲ雪クノ手配總督エ參謀可仕處返而新津邊

曠原平野地形ヲ不得候ニ付繰引ニ退テ地理ヲ占メ一戰可致トノ說ヲ主張致シ全ク此所迄退テ此場ニテ可戰ト申定論モ無之徒ニ諸軍ノ勇氣ヲ沮撓致シ長岡ヲ見殺ニ仕リ進テ殊死戰之勇氣ヲ失ヒ自分ハ早駕籠ニテ歸國主水樣關迄御進發之處總督之御用狀ヲ以小國迄御退軍之樣申上夫ヨリ歸國仕リ候處御國論乍チ變シ
御出馬御延引被仰出三軍之勇氣相撓ミ候而已ナラス會藩エ森三郎左衛門罷越申合候新發田一件如何御處置被遊候ヤ以テノ外之義ト奉存候幸ニシテ作兵衛發途後越地出先兵士奮激仕三條迄相詰漸軍威振リ申模樣昨夜窪島多七歸國之上相分少ハ安心トハ申條始長岡見殺ニ仕リ逼撓不進他國ノ援兵ヲ賴ミ候次第會津長岡ハ無申迄奧羽之列藩ニ對シ御信義ヲ被爲失御國家ノ御武名ヲ奉辱諸藩ノ嘲ヲ受候儀此度庄內ノ兵ヲ越地ニ不出之斷ニテモ相分リ申候歎息之至奉存候畢竟總督因循作兵衛五兵衛參謀致居機會ヲ失沮撓故ノ儀ト奉存右樣之大事件打捨差置カレ候ゐ者御軍律不相立

御軍政御引立可被遊様無御座御儀ト奉存候依之前三人早速御取紏被　仰
付候様被遊度御儀ト奉存候且又　廟謨難計候得共昨日難有御文意ヲ以
御出馬被　仰出今日ハ御延引各　御趣意之程不奉辨動揚（マヽ）仕リ越地出先ニ
テモ囂然可有之ト奉存候
御先代様百戰ヲ經テ御鴻業モ御保全被遊候御儀　御危ヒト申因循論ハ御
用無之様奉懇願候此度無止　御出馬御延引之儀ニ候ハヽ暫ク
駿河守様御名代トシテ　御出陣總督エ御示談諸軍ヲ御勵シ矢口ヲ犯シ
御督戰被遊候ハヽ勝敗運ニアリ可也信ヲ列藩ニ伸ヘ前恥ヲ雪クニ足リ可
申ト奉存候重役當路ノ人ヲ申上ケ且
廟議エ異論申上ケ候義恐入奉存候得共御國家至急之御場合ニ付役職柄不
顧前後奉言上候書不盡言諒察ヲ奉願候誠惶誠恐再拜敬具

五月廿六日

原　三左衛門㊞

二五　新保朝綱書翰「色部久長宛」　明治元年五月晦日

戰爭之模樣ハ堀尾ゟ今日御地へ申越候筈ニ付奉略候拙子昨朝乘込直ニ大（面）モ戰場へ罷越一見仕候誠ニ烈敷併日々之戰爭いつも勝算氣味能奉存候代ル人數無之誠ニ苦戰不盡筆紙次第奉存候今日晝頃迄戰場ニ罷在夕方早追ニ而當所迄罷戻候所別紙御用狀御達しを蒙り候所既ニ御手前樣御出張被遊候へハ小子罷出候ニ不相及儀且戰之模樣柄急速遂御沙汰國を擧而賊を追拂候上ニも兎も角も一先ツ關驛迄御出陣被成下候方大急御沙汰可申上心得今更錢金等之沙汰ニ無御座國家存亡此時ト奉存候間大急歸國夫々可申上奉存候

一別紙奥羽合從假之定約

御家のミにて御取極等ハ無申迄不被遊御儀と奉存候得共小子御達しを背キ罷戻り候上ニ何ソ御不都合御座候而ハ誠ニ恐入奉存候ニ付態ト供

之方内分田驛ゟ御出張先へ爲念奉差上候其内朔日頃
君上御出陣關驛迄ト被
仰出候哉之御模樣後レタリト雖も誠ニ難有儀ニ奉存候御用方御濟被爲
成候へハ又々加茂ニ御出張之由奉恐入候御儀奉存候何も後便可申上折
節拜顏を得奉らス遺憾之至奉存候切角御厭被遊候樣奉祈候已上
五月晦日
新保左馬之助
色部長門樣

二六　米澤藩越後列藩合從勸誘狀　明治元年五月

手控

向暑之砌愈御堅固被成御勤珍重存候然者時務切迫ニ付無腹臟致御相談候
樣先達而以御使者被仰聞候處奥羽列藩合從患難相救候樣相約申候越地之

儀者切近之場所故同様御合親御座候様致度存候猶使者口上申含候

五月

上杉彈正大弼内
若林作兵衞

二七　舊新潟奉行所組頭松長長三郎書翰「色部久長宛」明治元年六月朔日

以剪紙啓上仕候然者新潟奉行支配所郷村諸書物其外及御引渡候間御出張有之候様いたし度存候此段御案内得其意度如此御座候以上

六月朔日

松長長三郎

色部長門様

二八　久保田藩主佐竹義堯書翰寫「仙臺藩主伊達慶邦宛」明治元年六月二日

一筆致啓上候甚暑之砌愈御堅固珍儀之至ニ御座候此方儀も無異儀罷有候
併先達白石於御陣所御家來共相談致置候一儀甚難心得仕末柄之事故此方
承服不仕家中共ニも申含置候間貴樣如何御座候於朝廷御味方不仕候得ㇳ
御同然尤家之本望を失ひ且御國家之大事貴樣會津御一味之義御延引可然
候御所存次第乍不及九條殿向ㇳ執成可仕候依而傳彌差遣候口上ニ而具ニ
可申上候以上

秋田中將

仙臺中將殿

二九　長名美衞書翰「色部久長宛」　明治元年六月四日

先達而築立候六ツノ臺場も無詮事と存候へとも少分之儀氣體ニ障も又無
詮事と實ハあらへ居候處猶又大臺場築立之樣承知仕候此度ノ臺場ハ不容
易儀數千金之御入料歟之よし乍去初より力を不量御出兵最早御國力盡玉

薬ハ不申及三時之飯料も盡果候行廻り永引候ハヽ不戰して敗を取り候段ニも可至歟と懸念ニ存候乍去虎ニ騎ル之勢不可止儀依而も何國迄も無用之御入料ハ省キ不申ハ不相成所久永ハ夫迄右付添人共ノ作業此度臺場ノ差圖他人之物ヲ費シ氣味好位之氣體以之外なる哉臺場ノ不爲用事江戸ノ臺場を見て可知事と奉存候數千金を費し築立候所ハ只軍艦渡來を防迄之儀當港一方ロニテ軍艦をら防候ハヽ夫ニ而足り候と申事ならハまゝニもいゝせ彌彥ロ破レ候テも三條ロ破候而も迚も此地ニ而も可防場所とハ不存候左候時ハ此度之臺場ハ無用之具天下之笑と相成迄大金を費し天下之笑と相成儀歎敷奉存候罷出愚存申上度存候得共一昨日ゟ推而も出勤仕兼無據書取を以申上候以上

六月四日

名　美　衛

長門様

君上御出馬御延引も其實御藏元盡果被成方無御座故とも相聞申候

尙々新潟ニも早々御差遣可被下候

三〇 千坂高雅書翰「本陣宛」 明治元年六月五日

今日之戰も勝利今一歩ニ而長岡取返しニ相成勢明日ハ取返し候報告可相及ア丶度々之戰ニ勝チ可畏可愼

武符公御遺德故与存候于時此度新發田一條ニ而諸藩打寄ニ相成候處今度今町新發田領之燒打之折新發田之役人出張ニ相成會藩上ノ山長岡ニ而見咎候處逃去候由可怪且又出兵爲致候云々申唱ひ左樣之義更ニ無之彼ハ賊といへとも朝命之境を固候迄ニ而出兵致難きなと申唱ひ居候由之處當地ニ而ハ先陣ニ出兵爲致候の彈藥爲差出可申なと申唱ひ早ニ而罷歸其途中ニ而一兵も差出し不申なと云表裏反復敵ニ人數書なと差出し置事々敵ニ而味方之情を知り候ハ新發田故与諸藩不殘申聞村松なとハ近頃迄半ゟ

官軍之力ニ而候爲新發田之情ゟ深く知り居り長薩之内ニ而五六人ハ必々入居候半彼邊ニ事ヲ被起候而ハ内顧之憂此なり決而不相成与断然与申出百姓を此度召捕候處此者も薩人を新發田迄案内ニ而差遣し候旨申出候尤去月廿六日之此者ハ召捕置候人頭引合ニも可相成候而諸藩ゟ之疑ひを得且ッ自分之領地今町邊ニ戰有之候ニ壹人モ不差出同盟之長岡落城ニ一介之使者も無之依而ハ斷然と今日中出兵ニ相成候樣御諭ニ而聞入不申候ハヽ同盟を放し候方可然打ゟ下策ニ付離れて一ト談判ニ相及申度存候仙藩江深々御評判之上御督責有之度存候彼ノフラリくらりハ人數を江戸江差出候爲計りニ無之可惡儀ハ味方之事を敵江爲知去月廿六日薩人を入れ候意味合ハ心外〳〵此上ハ決而不相成其表ハ其表ニ而彼ノ口上ニ而御甘シ被成候而ハ御國之存亡此一擧ニ有之依而ハ是非〳〵可然人御差遣しニ而離レ而御同盟ニ無之ニ付御かもい不致と御諭可被下候夫ニ而も出兵無之候ハヽ打取より外無之候ニ付其御手當御尤ニ候佐渡樣御隊之とも與板半

隊之とも御差出しニ而可然と存候尤會も上ノ山も村上も出兵ニ相及可申与の事若哉江戸へ出兵之爲ニ差出兼候と申儀ならハ義ニ於て不可然候得共情ニ於てハ可憐義ニ付君公拙國ゟ御引取ニ而江戸ゟ之出兵罷歸候迄御待チ諸藩ゟ之御申分ケ被成度旨御督責ニ而可然と存候若哉領分ニ而暴を致し候上ニも不得止打候へとも暴之無之時ハ入レ候と申節ハ今町ハ領分之暴惡たう〳〵之處を御打も無之如何之御含且ツ同盟之國不宜事を爲候ハヽ一言之諫言モ可有之ニ左樣之儀も無之心外〳〵アヽ大事々々國之存亡此一擧ニ有之諸藩決評之事ニ付出先ゟ永井三潴ゟ申含候ニ付其段思召最壹人可然人物御差出し宜敷御取量御心得御尤ニ候

六月五日

太郎左衛門

御本陣附下

三一　堀尾重興書翰「三潴政清等宛」明治元年六月五日

一筆致啓上候然者新發田藩御懸合之儀如何落着ニ及候哉無心元次第ニ候已ニ先觸狀も二日土地龜新田三日新津四日八代田五日加茂泊ニ相通し候得共于今八代田ハ勿論新津ニも至着無之模樣ニ相聞申候依之加茂町新發田家來同然之定宿明田川何某呼出し相尋候處過日夜中兩君新發田役人衆ニ御懸合之節沼垂新津邊相固候而可然哉之御引合も御座候歟之由爲其出兵遲々いたし可申哉との事右樣之儀此間中西彌門太方も保助へ申聞ニ付決而左樣之儀ハ不相成是非ニ大急當地ニ御出兵無之候而も不相濟旨縷々諸藩之疑ひ有之旨をも斷然と引合候處如何樣早追ニ而歸國之由然るニ兩兄新發田ニ御乘込ミ之時一同罷歸候位之段相聞申候其段いつれニ落着いたし候哉不審ニ不堪其內今市中之橋邊へ賊軍多人數入込候間燒打ニいたし候處此兩村も則新發田領之由如何樣進軍之節柴（マヽ）田之役人右邊往來を見留候由且五十公野へ薩人を案內いたし候者も捕置候迄已ニ我ら領分へ賊

を入置味方を爲打候ニ相違無之此一事を以も不相濟儀且同國長岡落城致し候ニも一言之申出も無之傍觀甚以不人情之至其他色々賊軍へ一味之說紛々蜂起人々後を憂る之情有之戰鋒之妨不過之候今更右樣之藩士假令出兵ニ及ひ候とも返而氣遣敷候得も同しくハ前後ニ干戈を動し候より大急ニ出兵先陣をも相勸させ候歟左なくハ城內を借受人數を入置候歟　君侯を米澤へなりとも招待いたし候ら此三ケ條ニ止り候儀夫も因循ならハ無是非彼ニ先立れ候同盟を破り候罪を鳴し平け候外無之方と決評ニ相成候處先ツ一歩ヲ引て兵威を不用左之通

一過日來頻ニ御出兵之段御引合いたし候處列藩連日之苦戰多分之討死手負有之候も御熟知之筈然るよ一人も于今御出兵御戰ひ無之其上今町中之橋邊ハ御領內之由右ハ賊等多分入込居候ニ付打拂申候如何樣深き思召も被爲在右樣御因循之筈ニも可有御座候得共諸藩一同何分解兼申候依之以後ハ何事も御沙汰ニ及ひ兼可申候間此段御斷ニ可相

及旨列藩評判之上申遣候云々
右之通相斷見候方可然夫ても因循いたし候ハ速ニ干戈を動し同盟相背き候罪を鳴し平け候方可然との事ニ候其段御含根强御懸合御尤ニ存候諸人を驚スへきニならハ一言斷然と御申談之方專要ニ御座候恐惶謹言
但仙臺詰合候ハヽ、御沙汰可被成候
六月五日夜
堀尾保助
三潴清藏樣
長井藤十郎樣
尙々此狀關御本陣迄早速御差廻し被成候樣惣督被申聞下候

三二　甘粕繼成書翰「齋藤篤信宛」明治元年六月五日

彌明日大擧之方ニ決定木本ハ見附ゟ直ニ漆山之側面を打候手筈ニ候處嚮

導トメ長岡ノ三間市之進と申人之一隊を見付迄遣候様致度尤兼而三間と申合有之由木本申候早速花輪山本へ御引合早速被懸候様御話可被下候左もなくてハ木本が奇兵無用ニ相成可申候此方ニてハ何向堤上ゟ烈敷爲打敵を可試候爾し惜ひ哉盡く逃去候半と奉察候萬端御盡力致御頼候以上

六月五日

備後

主計様

大急御密披

尚々出張ハ正五時頃ニて可然存候以上

三三　甘粕繼成書翰「齋藤篤信宛」明治元年六月五日

決然御勇進之由壯哉〳〵爾し段々地勢を承候所平地蔭所無之敵ハ土壘ニ據て拒候得ハ頗ル危き義ニ御座候依之相成丈此方ゟハ不打掛早々便宜之

地ニ據て土壘を築き持久之御心得肝心と存候乍去敵ゟ烈く打出候ハヽ勿論對戰可被成候都て御出先之御方寸ニ御任セ致候外無之義能々御策略御盡可被成候早々

六月五日

甘粕備後

齋藤主計様

三四　會津藩士梶原景賢書翰「色部久長宛」明治元年六月六日

龍墨忝拜見仕候陳者御內談被下候義被爲在候ニ付今夕手代木同道罷出候樣被仰下委細承知仕押付上堂仕度奉存候右貴報迄餘ハ拜顏之折草々如此御座候已上

六月六日

平馬拜

長門様

三五　會津藩士手代木勝任書翰「佐藤正直宛」　明治元年六月六日

剪帋拜呈仕候不勝之天氣ニ御座候處愈御清適被爲渉奉恭賀候然者横濱表ニおゐて當年者種紙拂底ニ付西洋諸國甚差支候由右者奥羽ゟ一向ニ不差出故之事ニ付萬國公法ニハ開港不相濟場所ニ而交易致候義ハ無之候へとも養蠶之儀ハ人民今日之大關係ニ候へハ太政官へ申出奥羽へ向へ交易可致旨内談相整候由左候へハ爰元へ二州ゟ差出候方味方之都合可然旨同藩之者江戸表ゟ歸國承參候義ニ御座候間御應接御含ニ申上候
一御應接之折此後之見習之爲め平馬儀御席へ罷出候而御差支無御座候ハヽ侍座爲仕度奉存候處御都合如何可被爲在哉猶御勘辨被成下度奉伏希候以參伺候筈ニ御座候處乍大略以書中申上候以上

六月六日

手代木直右衛門

米澤様御陣營
佐藤源五右衛門様
さし上置

三六　會津藩士柏崎才一報告書「軍事方宛」　明治元年六月六日

江戸

一松平太郎始旗下夫々御暇願可差出哉之由過日寅之助と申者ゟ申遣候所最早一同腰折れ奮發之樣子更ニ無御座候間決而當ニ不相成樣候
一昨今ハ當地（江戸）之人々多分王臣論ニ決候由
一旗下一統急轉駿之論獨大久保一翁而已右樣差急き候ニハ不及と被申居候由
一被仰遣候鐵艦之儀ハ官軍と應接懸リニ相成居品々入組候譯有之迚も差

遣候儀よ而難相成旨尤川蒸氣も同斷右林三郎之咄ニ御座候何れよも此上盡力可仕候得とも旗下人而當てニ不相成候間左樣思召可被下候

一九州方ゟ二萬程近々當地へ着其表進軍之樣子兵之多少而實否不相分候へとも細川ゟ津輕江之直書よて而不得止勢よて右出兵ニ相成候旨被申越候由津輕人之咄ニ而同人も甚以慷慨罷在候最早此上而他を不顧奥羽丈ケハ一鐵丸ニ相成候外有之間敷と奉存候

一仙米藩歎願當地江着ニ相成候所當時ニ至右樣之儀有之候而も大不都合之旨林三郎ゟ宮島江厚談判尤勝房刕ゟも同斷之由ニ付同人も此度而直ニ歸帆之積ニ相成候

一廣澤一條當時ニ至り赦出之儀頗ル難物之樣子切齒至極ニ御座候官軍之仕事ハ凡而是迄之被救振最初ハ都合よく申居皆々反復仕候間此邊ハ屹与御差含可被成候此度仙ゟ佐賀勢差廻候儀も九條殿始不殘佐竹ニ被在候樣子全く彼り姦計よ被欺候次第殘念至極と林三郎も頻りニ切齒罷在

候此邊ハ何れよも御差含可被成候
一壹兩日前ゟ薩藤堂大垣等之人數幷手負等追々高瀬船ニて江戸着ニ相成
候との事是ゟ白川戰爭之由也
一私始南宗像外ニ桑野ハ先以多分爰元ニ罷在周旋罷在候覺悟ニ御座候
一去月晦日スネル帆前船荷物不殘積込日下本多上乘之積ニ申遣候所同人
とも油斷之上ゟ乘り後れニ相成荷物之外ハ田中茂手木佛ゟ歸國其外寅次郎
と申者共乘組新潟六ケ敷ハ庄内方ニ着船之積尤順風ニ候ハヽ十五日懸
り位之積ニ御座候
右條々其外共ニ此度大江丸ニ志賀本多日下乘組明日出帆之積罷越候間
同人共ゟ委細申上候ニ而可有御座御聞取可被下候

六月六日　　柏崎才一

御用所

御軍事方

三七　甘粕繼成書翰「齋藤篤信宛」明治元年六月七日

段々之御盡力奉察候敵も中々要心堅固双方對壘も築立候趣委曲高山話シ且圖を按して御尤ニ存候爾し如此曠日持久ニてハ相成間敷此上之計ハ猶含も有之總督ゐ熟談可申上候へ共總督ハ見付ニ被居于今出張無之只一人氣をもみ罷在候只々斥候を遠くし見張番を嚴ニして夜討朝掛之不覺無之樣是非〳〵御嚴令可被下候近日白川之敗前鑑ニ御座候其內期日ハいつれハ一策御相談可仕候早々以上

六月七日

甘粕備後

齋藤主計樣

三八　竹俣久綱書翰「色部久長宛」　明治元年六月七日

四方八方ニ之御心配ア、〳〵奉痛入候御事其港異船退帆ハ先此上なき事爾し今ニも出没不可計少しも御油斷不相成儀と存候實ゟ其地ハ不容易御場合　御家のミニて御請取リハ御六ケ敷儀と已前新傳へ壹封相送候半是ハ老兄迄相達候筈扨々彼是不都合依而新藏新發田へ一談判相濟し直ニ其地へ乗込候都合ニ御座候間何分よきニ御取計御尤ニ存候加茂口も模様宜く別紙之通りニ御座候則貳通差越申候三左衛門戻へ小子も出張可仕旨被仰示候得共何分最少し離兼候間旁新藏取急罷越候様申含候新發田一條何分〳〵當惑々々此事ニ御座候右草々不盡

六月七日　美作

長門様

三九　會津藩士一柳幾馬書翰「色部久長宛」　明治元年六月七日

過刻御談御座候新發田行之儀重役他出未歸宿不仕追々時刻も押移今更爲御待申候而ハ別而恐縮仕候間いつれ最前申上候通佐藤君而已御出張被下候様仕度奉存候重役歸宿之上隨思召候様相成候ハヽ御跡ゟ差急候様可仕と奉存候尤柴守三と申者戰地ゟ矢張新發田へ懸念有之罷越居候處彼方様子見聞旁何とかく同所へ今日罷越候處同人義ハ初發ゟ當地ニ罷在可之事情も承知之者ニ候間小子輩罷越候よりハ同人御尋被下候ハヽ御參考ニ可相成事も可有御座哉と奉存候御都合次第宜様御取計被下度奉存候先ツ前時之御答申上度早々如此御座候已上

六月七日

一柳幾馬

色部長門様

四〇　大瀧忠恕書翰「色部久長宛」　明治元年六月八日

新發田領以之外騷擾百姓數千爲群進路梗塞聲問不通散々之至不堪痛心候其内明日午之刻期限新發田城ニ詰込奸徒誅戮致候方仙會上ノ山等諸藩打合五十公野三日市ゟ人數繰出候方同時新潟手ゟ同様押出し兩方ゟ挾撃致可申旨打合昨日三潴長井兩士下關御本陣迄申上直ニ引戻候方其表ニも石井孝一郎山吉助五郎を以て備ニ報告仕候由爾し此節前顯申述候通り道路梗塞右注進不相達候時も甚機會を過ち大事を引出候ニ付尙又爲念壹人ヲ爲走候間原行人抔もしめ我々出起も相成丈ケ無事平穩ヲ謀度含ニ而乘組候處僅一兩日之事ニして畫餅と相成候條殘念之至ニ候此上ハ衆心一決ニ而無二念初評通り手抔下し候外有之間敷若此際猶豫罷在候而も益彼等カ術中ニ陷り根を深クし帶を固フスルニ相至り往々不可拔痼疾ニ相至り千悔するとも及申間敷斷而行フ鬼神避之矣早速不過期約明日午之刻迄御出勢被下目出度御成功之程奉千禱候不備

辰六月八日

色部長門様

侍史

大瀧新藏

四一　山田民彌書翰「色部久長宛」明治元年六月九日

華墨拝見仕候然者新發田領以外騒擾鄉民爲群候て全老主人之意命を不用暴動ニ及候事情現然ニ付御人數御繰出御誅戮之御手配既ニ五十公野三日市ゟも繰出候付同時不違期限新發田城ハ巻詰候樣委々奉拜承候期限被仰出候ハヽ、右期限不違繰出可仕候右御請申上度得貴意候恐惶謹言

六月九日

山田民彌

新潟

総督　几下

四二　會津藩士梶原景賢書翰「色部久長宛」　明治元年六月九日

前略御免可被下候陳ハ平松出起候事ニ付色々御心配も被爲入候趣ニ付直樣一紙出來武兵衞ニ申聞候處是非今日出起致度然處道筋御懸念被下候ハヽ彌彦通致其ゟ地藏堂三條加茂と參候方ニ談判仕候其ゟ水原邊へ參候而新發田之事情探索之上關御本營へ罷越候筈ニ御座候間聊御配慮無之樣致度奉存候餘ハ拜顏之上と早々如此ニ御座候已上

六月九日　　平　馬

長　門　樣

【備考】本書中に平松武兵衛とあるは外人スネルを指す。

四三　新發田攻伐に關する軍令　明治元年六月上旬

御中軍之兵ヲ進

一溝口老侯闘

御本營へ御出ヲ促ス

一御本營ニ而新發田凶暴輩御取糺御談

一處置ニ力なき時は老侯ニ加勢して凶暴ヲ處置も

但老侯御直書ヲ以藩中幷領内ニ布告玉石を分

一凶暴輩鎮撫致居ときハ鎮靜を專ニスへし

一新發田城下迄探索之者を所々ニ置動靜を察し彼若暴發之萠アル時ハ急

速ニ出兵スヘシ

一三條口へ繰出候兵隊何處ニ居候哉屹度見屆候事

但進退を察し事情を篤熟視もへし

四四　舊幕臣安田幹雄書翰「色部久長宛」明治元年六月上旬

度々之貴翰難有拜承仕候扨薄々承り及候ニ者昨夜以來當地極窮民共大ニ沸騰寺院等ニ集會金穴之富家を破却等も可仕哉之風便有之候由ちらと承及候儘市中鎭撫方等之義別而嚴重被仰付候樣仕度奉存候右等ニ付地理見分之義も猶更明朝御苦勞可然奉存候內外共ニ事件相發候而者大ニ心配ニ奉存候

　別ニ申上候昨夜御勘定方御出よて御丁寧被仰下難有奉存候

主水殿江も御序ニ可然御禮願上候明朝刻限貴報相伺度奉存候匆々頓首

安田幹雄

色部長門様

御直披

四五　片山一貫等書翰「木滑政愿等宛」明治元年六月十一日

甚暑之砌御座候得共愈御多祥可被成御勤奉大賀候然者明後日頃仙藩黒澤壹岐と申人越後為應援二小隊位の人數引率被罷越候由尤先達ゟ追々仙ノ兵隊繰出ニ相成候處此度ハ右黒澤氏自分家來引率ニ而先達ゟ之先隊ニ相加候由右ニ付不案內之土地之且戰地驅引等之義無覺束何分於彼地御軍議ニ相隨ひ都而御指揮を受度との含態々我々共被招達而之賴ニ付何分彼地不都合無之樣御相談被下度奉願候御國許御城下へ一泊之見込必可被罷出其節ハ御逢被下越地萬端之都合細々御談判被成下度奉願候黒澤氏仙藩之大家在所ハ寺崎と申所ニ而此度之人數都而手人ニ御座候得ハ何卒於御城下表ニ而御疎略無之樣御心得被下度奉願候

此表形勢幷南部秋田邊之不都合筆紙難盡事情共有之

宮樣御住居衆議一決次第小子共之內馳歸逐一申上度相含罷在候得共不日拜顏可仕鉛之一條ハ至極好都合ニ而大ニ安心仕候猶拜眉之上委細御話可仕先ハ御願之添書之趣宜敷御心得猶於其表越後詰之可然御方へ御添書被

成下候ハヽ、此上之好都合ニ可有御座候右萬々宜敷樣奉願候匆々頓首

六月十一日

小見鍋藏

片山仁一郎

木滑要人樣

中里丹下樣

四六　立岩泰藏等報告書　明治元年六月十七日

去月廿八日新庄表着之事

同月卅日仙臺周旋方吾妻敬三郎宮澤養作秋田表ゟ早追ニ而當表ヘ着ニ而入來同人口上大略左之通

一秋田藩中之義君臣違慮ニ而奥羽强杯れも奥羽ニ屬し官軍强杯れも官軍ニ屬し風ニ隨而東西なし一定之論も無之候何分右之體ニ而困切ゐる塩

梅其内　九條殿秋田表江御轉陣之上澤卿御引纏ひニ相成候而ハ又其心體如何難計義ニ付兎角兵威を以彼を屈伏せしめ盟約を守る心をして固からしめん爲先秋藩役筋之者江此上も軍禮を以御面會仕ルより無他事義ニ付其節ハ御斷一通ニ而御領内江大軍繰込可申段斷然申捨罷上り候由右ニ付今日最早仙藩人數隊長着ノ樣子ニ付其上猶染々御談判可致旨ニ而罷歸ル

一同日夕刻仙藩總隊長梁川播磨方ゟ案内有之樋口我々共兩人罷越面會之上秋領江人數繰込可然哉之儀談判之處其夜ハ一定之論も不相立思慮之上御打合可致旨ニ而當藩軍事掛始一統罷歸ル

一六月二日梁川ゟ樋口江呼迎ニ付罷越候處昨夜之義ハ先々當藩境迄出立致し夫ゟ三藩仙米新より以使者　九條殿其藩江御轉陣ニ相成候上澤卿御合體ニ相成候而ハ何等之變も難計義ニ付爲應援各藩之兵御境迄出罷在候間時變ニより御領内江繰込可申旨申入可然旨談判定ル

一右夕秋使早追ニ而到着此使者仙并米ニ御直書持参此時ニ當而各國之兵領内ニ御繰込ニ相成候てハ國家存亡之機會大切之場合澤卿轉米之次第各國之手數ニ不相成樣深々手配可致ニ付領内ニ御繰込之儀ハ一先御延引被下度旨歎願右ニ付秋領ニ出兵之儀ハ延引尤境迄ハ出兵之事使者差立候儀も御延引猶御直書之義も有之候ニ付仙米兩藩國府之差圖を待可申旨右使者へ梁川方ゟ挨拶ニ相及候

右ニ付其心底虚實難計儀ニ付内使者ト唱へ仙藩六人内小人共新庄兩人私共三人遊歷致し秋田表ニ而重役ニ面會之儀ハ已ニ上古藤兩氏之見聞之通ニ付相略も

一同月十一日　九條殿ハ秋藩ニ御轉陣御延引ニ而津輕ニ御通行之樣當藩ゟ申出候付何を　九條殿御出帆遲々御滯陣之樣子柄故仙藩内崎順次津輕藩工藤峯次郎我々共旅宿へ打寄ニ而前文之通ニ而ハ各藩出兵早速引揚申譯ニも不相至徒日を費人心揚（マヽ）動不大方且秋南不安心兩藩ニ候へハ

何分變事等も難計候ニ付仙藩御出立之節御盟約ニ相成候通是非〳〵早速御歸洛ニ相成奥羽之形勢御直ニ　御奏聞被成下度旨各國擧而歎願之方可然他ニ策無之段彼是談判之最中　九條殿御內鹽小路刑部權少輔肥藩參謀福島禮助早追ニ而當所通行野代(マヽ)滯留之澤卿ハ御使者有之候付仙藩石森浩之助内崎順次罷出　九條殿之一十を尋候處申聞ニハ是ゟ澤卿ハ御使者相勤引戾る　九條殿ハ歸命之上南部港桑(マヽ)カ崎ゟ肥藩之蒸氣船ハ乘組一先歸京奥羽之形勢を奏聞御迎之御船を浮下向可致夫迄之處南部津輕之內御滯留之方被仰出旨鹽小路御申聞ニ付彌以迎之御船も疑敷ク如何難計義も出間敷ニもならも然ハ此上前評之如仙府ニ而各藩評議を遂早速仙藩ニ而被仰出候通御出帆相成候樣追而歎願可然との義ニ付是ゟ直ニ同道ニ而仙藩ハ罷越可然との仙評之處何向右之體ニ而ハ　九條殿も暫御滯留無相違儀ニ付一先歸國委曲重役ハ申聞其上ニ而其藩迄可罷出旨申合歸國仕候尤秋藩右評之義ニ付仙藩ハ罷出る筈ニ御座候

六月十七日

立岩泰藏

宮與太郎

四七　舊幕臣安田幹雄書翰「色部久長宛」明治元年六月廿二日

爾來御疎情ニ打過申候好雨來ハ新涼相催御同慶奉存候扨先般御預ケ申上置候時計少々無據入用御座候儘何卒此人ニ御返却奉頼候且今夕方御馬御明ニも御座候ハヽ少々巡見之ため海岸散歩仕度拜借奉願候右要事而已匆々頓首

六月廿二日

安田幹雄

色部長門様

四八　舊幕臣安田幹雄書翰「色部久長宛」　明治元年六月廿二日

以手紙得御意候然ハ今日其御藩御勘定掛ゟ是迄拙者共住居罷在候役宅御都合ニ寄御明渡可申旨委細致承知候然ル處替宅之義神原浄光寺門前役宅ヘ轉移可致樣被仰付候右ハ是迄幕府目見以下輕卒之者住居有之候由且近藤庫三郎同居ニてハ家來共ニも同間不致而ハ相成不申位之不都合之由夫共當地之義舊來貴藩御城下ら又ハ御預りら亦ハ舊政府之者老人も居不申等之儀ニ御座候ハヽ少しも差支無之候得共元來長々幕領と相成居幕府格式ヲ以住居作り方等も被立置候義故組頭等ハ海陸士官ゟ舊政府ニ於テ輕取扱有之候處右等之者ニ對しても甚外恥よも相成候事故無據此段御斷申上候尤貴藩御下知不相用上ハ重々恐入候事故今日ゟ陸軍御頼之義ハ御辭退申上候之ノ如町方旅宿ニ引取當地目的之用事相濟候上ハ兼テ會津表ニ於テ傳習致掛りも有之候間用濟之上ハ同地迄引取候樣仕候間此段御達得御意候將是迄色々失敬申上候段不惡御海容可被下候委曲之義ハ先手續を

以梶原平馬ゟ相談示置候間御聞取可被下候屋敷御請取之義ハ今日ニも差支候儘是ゟ申上候間御出張可被下候右之段得御意度早々以上

六月廿二日　安田幹雄

色部長門様

四九　中村藩士岡田恭胤等書翰「竹俣久綱等宛」明治元年六月廿三日

（上封）

上杉彈正大弼様御内　相馬因幡守内

竹俣美作様　岡田監物

御同役中様　佐藤勘兵衞

一筆啓上仕候然者先日薩長大村之勢平潟ゟ致上陸直ニ押來泉湯長谷平共防禦及危急當方迚も微力ニ而拒留候義千萬無心元御應援御出兵之義以使

者被致御頼候處其後敵平潟ロ引揚屯集致居候趣且仙臺會津ゟも早々應援
御人數御繰出相成候由追々注進有之只今之様子ニ而ハ大急襲來候事ニも
不相見候間御應援之儀ハ模様ニ寄猶又御頼可被仕候右之趣宜得貴意旨被
申付如斯御座候恐惶謹言
六月廿三日

佐藤勘兵衛
俊信（花押）
西市左衛門
喜治（花押）
相馬靱負
胤就（花押）
泉内藏助
胤富（花押）

岡田監物
恭胤（花押）

竹俣美作様
御同役中様

五〇 宮島吉久等書翰「仙米兩藩重役宛」明治元年六月廿六日

此度舊陸軍總裁松平太郎殿周旋ヲ以遊撃隊幷ニ彰義隊等三百人程和船へ乘セ込奥州ぃ相送度先日我等兩人ぃ内談有之候處右も人數而已ニゐ兵器等無之候ゐも徒ニ兵粮ヲ費計ニゐ奥羽之有益ニも相成間布と談合仕候處人數外百挺も洋銃有之且右人數を總轄仕候隊長も有之候得も一戰之防禦ニも可相成と縷々厚意之廉も有之其内榎本泉州右和船ヲ軍艦ヲ以房州岬迄護送致呉候手配も相盡被呉已ニ明廿七日當表出帆之都合ニ御座候因ゐも仙米兩藩ニて御評決之上御分配可然御計へ被成下度奉存候其外新製之

大砲十二門相送候ニ付此分も糸幷ニ種紙なりとも交易致度積ニ相聞得申候

扨西軍出兵之模樣も當分繰出置候ものハ内甚困弊候得共外ハ强く相張彼是多人數之由ニ御座候然處此分ニ而も大戰爭奥羽ヲ掃蕩仕候事不相成追々大擧之評議を京師表へ相運ひ如何之軍議ニ候哉一切相分不申候得共明後日肥前隊長大原侍從ヲ護送致京師ニ出帆仕都合ニ御座候昨日山岡鐵太郎殿ニ大總督ゟ蝦夷地之諸道具相運ひ人數引揚候ニ付帆前船二艘御用ニ相入候ニ付借吳候樣御達ニ御座候右ハ詐略ニ而定而其船ヲ以奥州へ出兵仕候哉も難計山岡承知不仕事と存候右之勢ヲ以考候得も津輕南部邊ゟ襲擊仕間布ニもあらさ(ママ)徒ニ心ヲ白川邊ニ計御用ニ而も不相濟最白河口ハ奥羽最大一之咽喉ニ而一寸も相弛ミ候樣ニ而も不相成事ニ候得共心ヲ前後ニ配り南部津輕秋田邊まて可然周旋之者人材御選西軍ニ不相挫候樣被成立度候此事當今之大急務ニ而尤肥前も此處ニ而探索仕候得も甚老猾可惡

ものニ御座候付御用心專一と奉存候乍然本島藤太夫ハ肥前之人物ニ而老練多策妄動ハ仕間布候乍去彼ニ致サレサル樣御用心之要勝房州等之話ニ御座候

我々共兩人上京之儀日夜苦心手配罷在候處稍相辨候得モ故障相生自然今日迄遲延ニ相及漸勝榎本ハ不及申山岡松平太郎關口艮輔水澤紋助等之周旋ヲ以手かゝり相出來不遠出發之心組ニ御座候大抵海上可然と評決罷在申候京坂ニモ藩邸も無之次第彼此苦心之程御愍察被成下度候今日色々多忙中ニ而語無倫次第御察讀被成下度奉存候書面も今日限ニ而上京迄ハ御無音可仕候恐惶謹言

六月廿六日

太田盛（花押）

宮島誠一郎

（花押）

仙米兩藩
　御重役様中

五一　千坂高雅書翰「色部久長宛」　明治元年六月廿七日

大急〳〵〳〵何卒〳〵〳〵可然御取運可被下候以之外敵勢相益困却〳〵〳〵〳〵〳〵
大急ニ申入候然ハ會兵至而不足兩川合而四百位ア、何たる故哉心外〳〵〳〵今五百人も大急ニ八十里之六十里越ヲシテ罷出候様御評判可被下候江口隊も秋月貞（マヽ）次郎ゟ御承知之通新潟ゟ引戻し難有御達し被下候處遂ニ會津ニは罷出候由ア、殘念〳〵〳〵然シ此レハ會老公始め縷々之御頼御國ニ於而御請と申事ニ而泣く〳〵差越候間とても保難勢ニ付其表ゟ三小隊内隱居多功隊ヲ大急ニ御差越し代ニ差越可被下様無之ニ付代り無しニ〆大急ニ御救可被下候隨而會津ゟ今四百人位も御遣し之樣（マヽ）可被下候會ハ心外不屆至極ニ御座候何卒〳〵三百之二百之大急ニ相向候樣御談シ可被下候以上

六月廿七日夕

太郎左衛門

長門樣

五二　甘粕繼成奥羽越同盟布告案

明治元年六月

甘粕之氣付

奥羽越之列藩謹而連署メ海外各國在港ノ總督ニ白ス抑德川氏我
王室ヲ助ケテ全國ヲ統一セシヨリ已ニ三百年前古未聞之治平ヲ致シ海内ノ侯伯臣服シテ他志ナク萬民信從シテ安堵セシヿ是貴國ノ所普知也加之
前將軍慶喜內ニハ厚ク惠政ヲ施シ外ニハ廣ク外國ニ交リ遂ニ國家之爲ニ

私情忘レテ祖宗繼承ノ政權ヲ　王室ニ返シタルハ是亦貴國之所知也然ルニ奸逆之徒薩賊等ト著スモ可然歟是時ヲ幸トシ俄然兵發メ王宮ニ襲入シ幼沖ノ天子ヲ擁シ在　朝ノ皇族大臣ヲ廢黜シ遂ニ王命ヲ矯テ慶喜ヲ誣ユルニ反逆ノ名ヲ以テシ慶喜カ恭順ニシテ王師ニ抗セサルヲ幸トメ强テ海内ノ諸藩ヲ脅メ江城ヲ攻奪セシハ其曲直公元ヨリ辨スルヲ待ス然モ太平ノ久キ士氣怠惰列藩各奸賊ノ暴威ニ惧レテ已ムヿヲ不得出兵臣ヲ以テ君ヲ伐チ弟ヲ以テ兄ヲ攻ムルニ至リ人道倫理殆ント地ヲ拂ハントス是レ貴國ニ對シ愧ツヘキノ甚キ也於是我々忠憤ニ不堪國家之爲ニ大義ヲ唱ヘ歃血同盟ヒ盡ク奸賊ヲ誅滅シテ上ハ王室ヲ安シ下ハ德川氏ヲ復シ海外萬國ト並立セント欲ス冀クハ貴國等詳ニ我國ノ忠邪曲直ノ實ヲ察シ我同盟諸藩之外ハ兵器ヲ乞ヒ援兵ヲ乞フ者アリトモ決シテ許スヿナク以テ結局成敗ノ歸スル處ヲ見玉ハンヿヲ是我等深ク貴國等ニ對メ懇願スル所ナリ

ミニストールノ氣付を以其意之處書取五大洲之ミニストールは差出ス

文

奥羽越同盟ニ某々謹而各國在港之總督ニ白ス抑我國徳川慶喜廣ク海外諸國ニ交リ上我王室ヲ尊ヒ下萬民を安セントト欲テ祖宗繼承之政權ヲ返シタルハ貴國之所知也然ニ奸徒幼冲ノ　天子ヲ擁シ己レ政權ヲ恣ニセント欲シ無二忠信ノ慶喜ヲ不義ニ陷レ僞テ勅命ト稱シ討滅セント欲ス是又貴國之所知也依而我等神人ニ誓ヒ歃血同盟奸徒ヲ誅除シ德川ヲ興復シテ以王室ヲ安シ萬國ト永久ヲ共ニセント欲ス冀クハ我同盟ノ列藩ニ非スシテ扶助ヲ乞フモノアリトモ貴國之許スヿナカレ是我カ所乞也再拜頓首

奥羽越同盟中

五三　千坂高雅書翰「齋藤篤信宛」　明治元年七月四日

（巻表）

太郎左衛門

主計殿

大急戰爭中

御覽相濟候ハヽ別紙御返し

別紙兩人只今注進ニ來り今日ゟ五日之間ニ（一人ハ十日と云ハ不審也）必死之決戰ニ可相及とて罷出
候由申聞候ニ付人數クハリニ付御手配も可有之實不實ハ不相分候へとも
不取敢家來ニ爲持差上候間石井君と御打合ニ而可然御取計御尤ニ候外□（虫蝕）
峠ニも二百人計り栃尾之形勢次第打出し候心得ニ而待居候由此口ゟハ應
援兵一小隊つゝも差出し置可申候間何分其表懸念ニ付御示し可被下候以
上

七月四日夜

太郎左衛門

主計樣

（マヽ）模樣次第明日頃ハ四小隊着ニ可相成ニ付二小隊も差上ケ可申然し
二日歟三日位之處ニ候拜

五四　千坂高雅書翰「長岡藩士河井秋義ヘ等宛」　明治元年七月五日

拜啓長岡上組宮原村河島屋染藏千手町村井筒屋次右衛門弟次助馳込注進之稜今日も村松之長岡之勘定方衆ゟ談判致候處昨夜詮議書立之通ニ而疑敷樣子も不相見乍去多辯之もの之何分油斷ハ不相成を以依而急而長岡御藩士之内成とも御熟知之御方も御座候而御安心と申節ハ何之譯も無之儀ニ付克々御糺し彌安心之ものならハ又長岡ゟ相返し衛を爲擧候策略も可有之哉此邊ハ克々御詮議宜敷御取計被下度若亦不分明ならハ先々捕置候方可然哉都而爲御任致候間宜御取戻し被下度奉存候右得御意度如此御座候以上

七月五日

千坂太郎左衛門

河井繼之助樣

齋藤主計様

五五　上與七郎等書翰「木滑政愿等宛」明治元年七月六日

其後彌御多祥御奉職奉大賀候拙共二日其表出立一昨夜曉新庄領金山驛着仕候此所ハ仙臺本陣ニ付暫時滯留北地之動靜且ハ進攻之策抔承り罷在中候中田米澤陣所ゟも入來ニ相成申候扨北地秋府之近狀承及候所大抵御國表ニ而承候通斯と申取留候反形迚も無之去迚決而油斷も不相成儀ニ候三卿共當月（此條ハ聢と不仕候）朔日ニハ秋府着揃ニ相成候由薩長筑ハ勿論肥前も御供致參り候由其內肥前ハ半分南部表ゟ舟ニ而歸京と申事候由去月廿日比ハ既ニ戸村之金抔病氣を唱へ引退居候ハ相違無之候然ルニ仙臺內崎順次と申人右病氣退居中押而戸村宅へ參り彼是談話之所同人申候ニハ我々三人（戸村十太夫　金大之進　石川束）之首御座候內ハ決而會盟ニ背き此上討庄討會等之出勢ハ致申間敷旨申候由退居仕候位ニ而も猶見込御座候もの哉此等之條聢与仕候儀ニ而

聊疑無之存候併院内境上抔ハ平生ニ替り候固も無之且ハ疑敷且異心無之哉とも相見一進一退ニ御座候併三卿頓ト相揃薩長之賊等も相集候上ハ此上不意ニ禍相蒙候も難測尤以必死戰爭之用意專一と相談ニ及罷在申候右ニ付中田詰之米澤人數を見候所兵少器鈍中々可戰樣も無之候間左之條々是非火急御手配被下度

○越地ヘ同樣ニ彈藥等十分ニ御輸送被下度

○小銃ハ大半ゲベルニ付大急ミニー筒ヘ御取替被下度

○大砲も貳三門是非御遣被下度

○病院隊十分ニ御遣被下度

○會藩ゟ既ニ着ニも相成候半增御人數之分大急相發候樣仕度

○是非此度ハ可然人御遣被下度將長等呉々御精撰被下度總督ニハ是非御重職之内ゟ御出被下軍監周旋方等夫々可然もの御附屬被下度

○賄方勘定方夫々之役人是亦御附被下度

○御手當金戰士ゟ被成下分大急賜候樣仕度小知小給之面々最早四十日餘
之永詰ニ相成候所困却可憐事ニ御座候

右等ハ軍前至急之條々ニ候處一切豫備無之明日ニも戰爭相始候ハヽ如何可仕ヤ貳小隊之戰士スクミ打ニ被打候外無之儀ニ候院内之儀北門鎖鑰之地ニ而最上米澤北方第一之要關ニ而此峠一度相破候得ハ平押ニ直ニ米府ニ相達申候至急を申候得ハ中々越地白川之類ニ無之然を前文之次第柄ニ而も決而〳〵不相濟譯と存込申候間彼是此上寸時も無御油斷御手配御行屆被下度尤前顯之通戰爭と相決候譯ハ無之候得共十ニ七八何分ニも無心許存候增御出勢之儀ハ兩三日前御國元發足之方上之山と御約束之由ニ而拙共上之山着之處人數取揃御國御人數相待居申候餘り因循抔之論ニも相聞申候間宜御心得被下度拙共にも何向後刻當地出立北向仕るしと存候中田詰之米澤人數餘りニ不都合のみニ付態々人を遣大急彼是御手配可被下旨申上候樣樋口初メゟ相談仕候續乍職外氣付之條々申上候頓首

七月六日

與七郎

傳之丞

要人様

丹下様

尙々仙臺評議ニ而秋領ㇸ人數繰込之諸藩使者ハいつれニ相成候ものの哉其後一切模樣不相分事ニ御座候何向今明日比ニハ歸着仕候半ト一統相待罷在候

五六　會津藩士梶原景賢書翰「色部久長宛」明治元年七月八日

拙簡拜呈仕候昨今ハ俄ニ凉氣相催候處爾來愈御淸穆被爲涉奉敬賀候扨不相替萬端御配慮御繁忙之御事共ニ可有御座と遙察仕候小生義も早々立戻候積ニ而暫時之御暇頂戴致候義ニ御座候處内意切迫之事件共存外差湊居

何分不日ニ立戻候様ニも相運兼全く御違約之姿ニ相成今更御申譯無御座候得共當分出港仕兼不本意千萬ニ御座候不惡御酌量可被成下候右ニ付此度手代木直右衛門も加判之役被申付其表へ詰合居候様被申付候義ニ御座候間小子同様萬事御垂示被成下度奉希候尚此後之模様次第罷出萬々可奉謝候乍末此上爲天下御盡力祈計ニ御座候先ツハ右御賴御申譯旁早々如此ニ御座候已上

七月八日

平馬

長門様

五七　倉崎清典書翰「齋藤篤信宛」明治元年七月八日

仙勢繰込ニ相成黑澤壹岐ト申人大隊頭ニ而百人餘之人數之由ニ御座候仙詰之片山小見ゟ之書面差上候間宜御心得黑澤ニハ手厚御取扱之様可被成

下候此段申上候

七月八日

倉崎七左衛門

齋藤主計様

【備考】本書中に所謂仙詰之片山・小見ゟ之書面は上掲六月十一日附片山一貫等木滑政愿等宛書翰を指す。

五八　吟味方書翰「内藤安右衛門宛」明治元年七月十一日

態々村繼を以得御意候然ハ仙藩幷諸家御人數及位中田有田大瀧邊ニ屯致居候處秋田ゟ官軍入交雄勝峠ニ出兵有之既ニ今晩打合相始大瀧及位戰爭ニ相成右二ケ所へ火を懸候趣追々之御注進ニ而兼而被仰出置候相圖之鐘搗（マヽ）立候ニ付御家中一統詰所々々ニもせ付候仕合以之外之義出來恐入候事ニ相成候然ル所右樣之次第ニ至り候砌ハ御心得方此程御同苗御歸りニ被仰

遣候儀ニハ御座候明日最早大變ニ相成候事故猶御心得迄如此御座候以上

七月十一日

吟味方

内藤安右衞門様

六ノ丁役所へ早打申來候儀ニ付至急申上候

秋田勢鹽越邊引取候趣相聞ふ玄ん千萬ニ御座候

五九　今井兵左衞門書翰「町奉行宛」　明治元年七月十三日

尙々右一條決評之上ハ態与飛脚を以申上候間其節ハ宜敷御評判被成下

臨時御使者ニても不被成下候而ハ相成間しく存候間爾し頓而相決候上

可申上候

山形ゟ幸便ニ付申上候然ニ被仰付候一條ハ頻りニ評判最中専ら勢ひ之様子

なれ共此節小文治庄内ゟ罷出居候得者決評ニハ不相成候得共夫ハそれニして七浦兵五郎天童金藏其外某々呼寄今明日中ニハいつれ大評ニ爲至候方ニテ藤吉父子大心配尤一決不致候而ハ後々迄之事もあり迚昨日小文治方ゟも飛脚差立申候然ニ秋田口最早破れ候樣子山形一小隊いつれニ相成候哉丸で不相見候与之樣子米澤堅ハ是迄ハ下中田ニ罷在候處新庄手前ニ引取候段今朝藤吉家中ゟ罷出承り候由ニて申聞ニ御座候兼而安（マヽ）事居通り迚山形ニて専ら新庄之謀計甚殘念之由頻りニ評判ニ相聞申候其内樣子次第申上候間差懸り承り否哉之通迄早々以上

七月十三日

今井兵左衛門

御町奉行所

六〇　長岡藩士花輪求馬書翰「齋藤篤信宛」　明治元年七月十九日

（巻表）
齋藤先生尊下　　　　長岡藩中老　求馬

進撃前栃尾交代

愈御勇健被成御座奉恐賀候然者陣ヶ峯只今以御交代不被成下如何之御模様ニ御座候哉見附迄夜行明日ゟ品々申聞等有之一同休息之間も無之事故何卒少も早く御交代之様奉願上度此段奉申上候頓首

七月十九日夜

追而過刻ハ御懇書之上美酒御恵投被成下萬々難有奉拝受候乍序御禮申上候

六一　甘粕繼成書翰「齋藤篤信宛」　明治元年七月十九日

扨々以之外成大雨嘆息々々此分ニてはたとへ今夕ゟ晴候共中々明日之一件難相叶義と存候爾し已ニ期を約し候事故何ニ不構福井押切之兵を差越候筈然者長岡も當表ニ差越候義勿論と存候若明日之事延引之節ハ飛禮之

策も今夕ゟ始候ハ決メ無詮事歟いつ迚今ゟ晴上り候ハヽ明後廿一日夕ハ必可相果存候條其御心得ニて飛禮之一策爲取行可然哉尤此義ハ總督ニも相伺候義ニ御座候爾し不得已事情有之歟或ハ川井（河）等ニ玄らとしたる見込之有之歟ニて是非如約明夕事を行ひ候ト申譯も御座候ハヽ尤此方ニても其手配無相違可仕ニ付猶川井ト深々密々御相談可被下候何向飛禮ニ用ゆべき火具差上申候但シ大石義ハ此表ニて討薩檄刻梓を望候者有之ニ付急ニ右版下タ爲書度との評判ニ付暫時御かり致置更ニ使として周旋方一人差上申候尤策略之義ハ一切不申聞候間御安心可被下候

○此方之手配ハ彌十二潟ト田井口ニ目的を着候方大口ハ大保品木ニて舟を四双（マヽ）奪ひ取置候ニ付右を以窃ニ川邊に打込ミ中奥野ゟハ直チニ大口ゟ攻入候都合又田井ハ死士を募て龜崎桂澤を爲燒候手筈ニ御座候隨分屹ト見込立候間御安心可被下候

○何分兵隊不足ニていつくも心ニ不任殘念至極栃尾ハ尤手薄き様ニて甚

心配仕候もし彌明日之働延引と申時ハ半分ハ明晩此表ゟ繰込候方ニ〆
其内是迄之栃尾持場を爲守置ても可然哉何分ニも御評判次第可然候い
つれ川井三間等と御密議次第ト存候以上

七月十九日

備　後

主　計　様

再伸能々皷手不足ニ付今日大井田手之皷手參候筈ニ候間右を御用ひ被
成候て如何もし夫も不都合ニ候ハヽいつれ三人も差上申候間御申聞
被下度候

但シ仙臺へハ御約束通五十發かし遣候御放慮可被下候

一八丁沖潜行之節彼よりも打掛ケ候砲聲相聞へ候ハヽ福井口ニて大砲連
發田井山上ニて相圖之流星打揚ケ橡尾城山も同段諸口無甲乙猛烈ニ
攻擊火之手相見へ候ハヽ敵之不集合中ニ一刻も早く御駈付被下度

事

六二　甘粕繼成書翰「齋藤篤信宛」　明治元年七月十九日

（卷表）
長岡進撃前　　甘粕

今夕ニ及ひ彌明日大擧之方決候由ニて川井始追々此表ニ繰込參候所御國勢交替無之由ニて和泉之方四五小隊一切引揚兼甚不都合之趣懸合ニ預り何共切角之至ニ候依て今晩中早急濟民隊六七十人繰出し遣しやりて其表ニ到着之筈候間一刻も早く諸藩勢ニ御引合一統總出張ニて暫時小人數之共是非今晩丈相守り長岡勢ハ大急此表ニ參候樣御取計ひ可被成候扨々大不都合面目を失ハヽ行迫元より一統必死ニて一夜相守り候積り之約條之よく〳〵御決慮御尤ニ候早々以上

七月十九日　　備後

主計様

六三　毛利業廣等書翰「千坂高雅等宛」　明治元年七月十九日

北地切迫之處莊兵差向新庄燒打勢ニ乘し院内口速ニ可乘取手筈之由嗚呼欣然右働も莊一手ニて受持と云既ニ秋田領い押入候上ハ場廣き土地故一手切ニてハ不相成吾頻りニ應援致し𡸴ヨトノ事之由自然吾兵追々繰出ニ而燒打を始戰之間ニ不合譯之右ニ付莊國境海岸諸方之固人數不足仍之越地出兵引揚致旨態与急使來り申聞委曲會談所書翰ニ相讓申候詰り半隊引揚右跡塞米府より差出候方約諾なり爰元ゟ差越候人數積役所ゟ具ニ可申越候

大隊頭　佐伯盛衛隊

小田切兵衛隊

支侯附屬　關谷忠右衛門隊

關驛警衛　野口久左衛門隊
新銃隊　佐藤長之助隊
小幡喜兵隊
支配假隊頭　豐野金七隊

右之通不日差向候間到着之莊兵と繰替莊兵を夜ニ紛レ敵味方不相知樣こつもりの樣莊使差心得罷戻申候三百人強壯之者殘し置其餘之分引揚候との事之

書上差越候間於其表可被御申達候種村兵左衛門隱居願之通被　仰付申候

江口縫殿右衛門東方ゟ差遣候書翰其儘差越申候

右條々爲可申入如此御座候以上

七月十九日

利　馬
美　作
上　總

太郎左衛門殿
長　門　殿

【別紙】
今般岩城平落城ニ相成候ニ付而も弊藩至急切迫之場合差臨當惑至極奉存候處幸此節貴藩江口縫殿右衛門殿軍卒領分境内ニ被引上置候處毎以申上候通小藩微力心痛無他事次第ニ付右御人數直ニ御應援御頼モ仕度此段不取敢急卒以使者申上候

相馬因幡守使者
伊　藤　廉　藏

【別紙】
今般岩城平落城相成候ニ付而も貴藩至急切迫之御場合御當惑之處江口縫殿右衛門隊軍卒御領分ニ引上置候付右人數直ニ御應援可致旨御頼御口上之趣致承知御心配之程致御察御應援之儀同人出先ニ申達候

尤縫殿右衛門隊軍卒ㇾ東方御藩ゟ應援之爲差出候義ニ御座候へㇾ外御藩至急之節ハ右方ヘ相向候儀も可有之候間其段御聞置可被下候右御挨拶以使者申達候

七月

御名使者

登坂右膳

【別紙】

岩城表官賊追々押來平城も防禦相屆兼及落城候段注進申來候就而ㇾ此上弊邑切迫危急之場ニ相至候處何分防禦手宛無覺束心配至極ニ付早々御出兵御應援被下候樣仕度奉存候

秋田萬之助內

大山健次郎

【別紙】

岩城平落城ニ付而者尊藩至急甚御心配之御場合ニ付早々出兵御應援可致旨御賴御口上之趣致承知御心配之程致御察候依之當時中村領富岡邊ニ罷在候兵卒も東方御藩至急之方ゟ應援可致旨申付置候間卽尊藩至急之節も右方ゟ相向候儀ニ可有之候間其段御聞置可被下候

七月

御名使者

中川英助

六四 新潟出張役所用狀「米澤役所宛」 明治元年七月十九日

一筆令啓達候然ハ追々スチルゟ注文之軍器代金ハ來巳年六月中迄御國產蚕胤紙御渡し方ニメ爲手金壹萬四千兩相渡候處スチル方ゟ約定書其砌不相渡佐藤市允ゟ片約定書差出置候處千貳千之金与も違ひ拾萬餘之金子九ヶ月拾ヶ月引替置可申樣無之左樣之約定ゟ致不申月樣を呼ひ招く樣之事

ニ而ハ甚以迷惑ニ付品物ゟ不殘横濱之スチル自國之注文申遣候得モ何连ニ〆も横濱口ハ大丈夫三拾日限り又同人自國江注文之分ゟ七拾日限リニ者着之心得ニ候得共百日限与可心得よし依之交易之品替別紙評判紙結添差進候間右を以御承知爲其与態今井市内早追ニ而出立罷越候間參着候ハ丶御手元江も被御申上宜敷御取量可被成候爲其如斯御座候恐々謹言

七月十九日

新潟

御役所

米澤

御役所

【備考】本書中に所謂別紙は次の役所用狀等を指す。

六五　新潟出張役所用狀「鹽田才八宛」　明治元年七月十九日

スネルハ追々注文致置候洋砲玉薬其外買入金高之内ハ為手金壹萬四千兩
相渡當七月晦日限り荷着萬一延着之節ハ七月十日限り荷請取右代金來巳
之六月限り國産之蠶胤を以相渡交易之方取極約定書佐藤市允為取替候趣
御重役迄申上置則スネルハ紙面市允ゟ差出置候處右樣之大金來年六月迄
待居可申樣スネル力ニ及兼如何ニも月を招き候樣之約定ニ付先ツ是ハ違
約ニメ別段取組交易之品左之通

七百五十枚　上々糸前橋産

六百八拾枚　中糸

六百五拾枚　下糸ト唱奥羽産

此口金壹兩ニ付三十三匁位ニ當ル

米澤直段同斷ニ付當時百匁餘ニ當ル

御交易被成候ハヽ三增倍ニ相成貳倍之御益ニ相成申候

一蠶胤取候跡

巣から
此横濱直段八拾枚ゟ百枚迄惡敷品ニて七拾弗ゟ段々
一當港ニ殘り有合之蚕胤
右米澤證印を付横濱コンシュルは宛遣同所にハ米澤胤當港ゟイタリヤ持參之胤之外一切無之樣子相聞相當之直段ニ可相成スネル見込
右代金之内壹割貫受度よし
但當港相當之直段を以鐵砲玉之代金は見込中勘差引取組致可然事
右之通御座候間スネル方へ約定通り取組本文糸之巣から之御借り上ケ大急今井市内ニ而も御國へ被遣右之取組被遊方可然哉致御内談候以上

慶應四
七月十九日　御役所

會談所　左ニ同斷

元〆所　猶スネルは引合之上彌以宜敷との事ニ候て別意無御座候

右評判之趣可被申上候以上

七月十九日

御役所

才八殿

六六　エドワード・スネル宛契約書　明治元年七月十九日

爲取替申約定書之事

一貳千挺　英國製ミニー銃總鐵ニツバンド

代金參萬兩　但壹挺代大凡積り金拾五兩見込

但替火門筒蓋、火門蓋、背負皮、洗矢銘々附、鑄形、七ッ道具

筒五挺ニ壹ッ附き

一千挺　米利幹製一發元込是をシヤールプト唱ふ

一代金三萬兩　但一挺ニ付大凡積り金三拾兩見込

但洗矢、背負皮、三ッ又、筒一挺ニ附、早籠玉貳百發ッヽ附、玉仕
懸道具千挺ニ附一ト通リッヽ附

一五拾萬發　五條線ミニー銃パトロン

此弗

壹萬五千弗　但百發ニ付大凡弗三枚積り壹枚ニ付四十三匁五分六拾目替ニメ

一百萬發　シャールプパトロン

此弗

四萬弗　但右同斷四枚積りニメ右同斷

小以弗五萬五千弗

此金四萬六千五百四拾壹兩貳分餘

取合金拾萬六千五百四拾壹兩貳分餘

右之通致注文候處當時横濱有合候品々之分を大日本第七月廿九日限り其
餘不足之分も同斷十月十日限り可被相渡候右代り金之義ハ米澤國産生糸

巣から蠶胤等を以致交易候品不引足分ハ日本通用金御渡可致候尤品物代
金之義ハ其時之相場を以取引可致候爲其條約狀仍如件

大日本
慶應四戊辰
七月

米澤
山田八郎印
今井吉次印

瑞生國
エトアルト・スチル殿

右之通七月十九日條約直り致候事
辰
七月

米澤藩戊辰文書（明治元年七月）

六七　千坂高雅書翰「齋藤篤信宛」　明治元年七月廿一日

長岡今日進擊之處ア、不幸ニメ出水今夕ハ六ケ敷旨申出夫々探索ニも相及候ニ成程餘程之出水ニ相見ひ候夫ヲ無謀ニ約定だらくと云ムリ〳〵と爲致候事も不相成無據も明夕と再相決し置ア、少人數ニ而御固め御苦心恐入候へとも不得止次第何卒兩三日中大丈夫ニ御守り被下度存候猶明朝迄ニハ何時ゟ何樣之手配と云處迄可申入る候若しや人數不足ニ候ハヽ一小隊位者差出可申候ニ付御越可有之候飛禮之策も又候不都合と懸念之處何樣于今御差越ニハ不相成候之御模樣少敷御見合ニ而シツカト申入候上ニ而可然と存候ア、天下之勝敗此一擧ニ有之候ヲ機ヲノバシ〳〵如何然し無謀之仕事ヲ致シ事ヲ過而も不相成泣血チグ〳〵大小輕重ヲ考へ無止も前文之通相決し候條宜敷御推量萬事不都合無之樣御取量可被下候以上

七月廿一日

主計様　　　　　　　　　　　　　　　　　　太郎左衛門

六八　甘粕繼成書翰「齋藤篤信宛」明治元年七月廿三日

無理成御防禦御苦心奉察候今日ハ是非可相果ト存候所今朝三間市之進參り昨夜自身八丁潟を潜行探索致候由之所水ハ一尺程落候へ共未タ膝切或ハ腰切も有之且ツ三筋之川を越行事故何分今夕ハ六ケ敷云々いつれ明晩ハ屹ト可相果との申聞扨曠日持久困り果候爾し全くズルキ譯共不相聞候ニ付誠ニ御苦勞ならら今晩丈堅く御守り被下度偏ニ希申候尤明朝決策ニ相成候ハヽ早速申上候間兼て之手筈之通御取量御尤ニ候只々鎮靜ニメ漏泄無之所のミ希申候早々頓首

七月廿三日　　　　　　　　　　　　　　　　備後

米澤藩戊辰文書（明治元年七月）

主計様

猶々小貫へも密ニ御申傳可被下候以上

六九　甘粕繼成書翰「齋藤篤信宛」　明治元年七月廿四日

（巻表）回復前　甘粕

再伸仙之吾妻へも申合せ仙印之袖印を付候方ニ候村松も同斷會へも御申合一同國印を付させ可然存候

彌以今夕ハ彼大策擧行之方決定ニ相成申候此度こそ實ニ天下國家之成敗興廢ニ關する大戰ニ付兼て之御申合之通人々死力を盡し相働キ候様偏ニ所希ニ御座候其内飛禮燒立之一策ハ是非〳〵御心を御用ひ被下度存候將又今晩之大進擊ニ付合詞合印相改メ別帋之通ニ相成申候宜く諸隊へ御布告可被下候右ニ付米印之袖印二百枚差越候間別帋之如く御付させ可被成候若し不足ナラハ宜く御拵もせ御尤ニ候餘ハ忙ニ任せ相略申候頓首

七月廿四日

備後

主計様

猶々小貫へハ別ニ申通し候間御配慮ニ不及候以上

七〇　大瀧忠恕書翰「木滑政愿等宛」明治元年七月廿五日

昨朝早々得御意候上方筋軍艦六艘新潟港を過行松ケ崎ゟ上陸致シ直ニ胷壁を築キ追々手を廻シ獵船等引揚詰り新發田街道佐々木迄繰込候由依之新潟動搖一方ならす當港固勢も見附危急之爲メ追々繰出し極々無人之處見透候哉扨々殘念之至ニ御座候

○松ケ崎ハ樞要之地ニ御座候ニ付最初ハ四小隊爲相詰丈夫ニ相固居候處其後追々相減シ此頃迄も岡田文内一小隊相詰居候處其後當家ゟハ不殘引揚新發田ゟ領内之義ニ付頻りニ相固メ候樣引合候得共兎角因循致シ

不相固油斷之所ゟ被乗込殘懷無申迄候
○昨朝右之模樣相分り候付沼垂詰ゟ宮隊一小隊新發田一小隊松ヶ崎へ繰出し候處最早可寄附樣無之無據阿賀川渡場本所ゟ相固候由今曉長井善次罷戻り申聞候ニ付一小隊計りニ而相固候共無致方候ニ付無據沼垂迄爲引揚申候
○庄内重役石原倉右衛門昨朝歸國之處松ヶ崎少々先ニ而敵十七八人ニ出逢四方ゟ取込遂駕中ニ被打壹人ハ生捕其他ハ辛ふして逃去候由
○新發田邊爲聞繕差出候鹽田才八右藩士山崎重三郎同道罷越候處佐々木ニ而敵勢相固居被追懸漸々逃去歸り候由山崎ハ民家ゟ隱レ右僕被生捕候よし
○新發田も佐々木迄被詰候而ハ動靜如何哉無心元もの若離反ニも相至候時ハ通路を被斷切大迷惑此上水原を被取候段ニ相至候而ハ會米共ニ道路梗塞無致方義ニ付會之水原詰ゟ少々當港ゟ山田民彌隊一小隊須藤美

保吉江相添太子堂と申を爲固申候爾シ中々押へ抱へも相成間敷と存候

○御國許ゟ佐伯盛衞樣を初メ四五小隊御繰出しニ相成候由一昨夜中條泊り之模樣承り候ニ付以飛脚昨朝夜通シニ新發田通佐々木木崎沼垂を懸り當港江繰込候樣申越候得共頓と斯之形勢ニ相至候而ハ今程如何成行候哉無心許事ニ御座候

○麻布樣（米澤支藩主上杉勝道）昨七時御着之處混亂中ニ而御伺も申上兼候行廻昨朝ゟ今ニ至迄奉行所を不引詰切罷在候依之御親兵計り御殘し今朝新津迄御轉陣ニ相成申候

○當港飽迄手薄可守兵タニナケレハ況ヤ應援ニ可差出者一切無之扼腕シテ詠メ居計り尤昨日ゟ胷壁臺場の手當等ニ取懸り居候得とも誠ニ目の前クスクリ頓と川向迄被押詰候段ニ相至候而ハ迚も防戰ハ不相成地形ニ御座候

○右ニ付諸藩熟評之上此上新發田を被取水原を被奪候而ハ迚も越地の軍

ハ不埒明ものと覺悟仕無據も見附島崎邊の兵士を人不知引揚番兵而已殘シ置此廣場の敵を追散シ候上猶又出張高田迄も攻潰し候方との評判ニ而會ゟ廣澤當家ゟ黑井早追ニ而出先迄爲走申候是非ニ右樣取計不申候而ハ尻ゟら松明とら前後ニ敵を請致方無之候

○右ニ付而ハ御國ゟも下關邊迄世子とら諸公子の內ナリ共御出馬ニ而御應援被下犄角之勢を張候樣致度相願申候御國元も諸方之應援ニ而殊の外御無人之節恐入候得共何程惰兵ニ而も宜敷候間一ツハ虛聲計りも張度ものニ候

○松ケ崎上陸の人數ハ薩藝加州本多安房守也宿札幕の紋ニ而相分り候由大數千五百人と申由昨夜ハ右六艘の內貳艘當港江も相廻り候得共上陸ハ不致候定而當港ゟ應援の繰出しを恐レ右樣之策略相施候哉と相察申候昨晝後ゟ松ケ崎裏手ニ廻り夜中襲擊二ツ一ツの決戰仕度旨頻りニ建白仕候得共可繼兵も無之ニ危道を行ヒ當港を空敷致候事不相成との事

ニ而延引此一擲ハ甚殘念ニ御座候
○斯樣ニ相成候而ハ新發田の情義も如何相成候哉誠ニ岌々乎ニ御座候若哉離反ニも相至候時ハ實以痛心之至ニ御座候其內見附邊ハ海手山手大苦戰長岡迄繰詰候抔風聞も有之候得共未タ不相分無心許存居候此松ケ崎の敵を不追拂候而ハ前後ニ敵を請包マレ候勢ニ相成無致方次第ニ付是非出先ゟ引戻り一擧ニ追拂不申候而ハ成功無覺束存候右荒增之條々大略得御意候猶後鴻委々可得御意候以上
七月廿五日
新藏
要人樣
丹下樣
藤右衞門樣

七一　堀尾重興書翰「倉崎清典等宛」明治元年七月廿六日

極至急申上候然者昨日ゟ度々申上候賊已ニ柴(マヽ)田城ニ入り候との説只今會藩水原驛ゟ申來候よし

一柴(マヽ)田用達兼而入魂之秋田川某但此もの申ニハ決而御他言御無用被下度との事密々申聞ニハ只今柴(マヽ)田城下ゟ早追兩度到來極切迫と計此ものニ申聞役人衆ニ者書物を差出候よし然るニ加茂詰合之役人衆誠ニ取る物も不取敢荷物ハ船下しニいたし候へと申置直ニ馳歸り候よし依之米澤樣ニ一應御屆致し呉候樣申述候へとも左樣手間取候而ハ不相成城を被取候而不相濟抔申立終ニ一人も不殘馳歸り候由柴(マヽ)田國元ゟ參り候飛脚兩組見附をさして馳登り候へハ必見附軍兵も馳返り可申左なくハ裏切ニても致し候歟最早絕體(マヽ)絕命言語同斷(マヽ)之至急ニ相迫り候へハ其地を御引被成候歟又御勢を分けて被遣候歟又新津邊ニても固め候歟何向御列藩卽時ニ御英斷被成候方可然候此方ニ味方致候柴(マヽ)田家老于今城ゟ不引取由下らハ直ニ可討果との

模様ニ有之よし
一見附ニ而大變相始り候而ハ是亦如何之次第能々柴田(マヽ)衆ニ御懇談被成下
度奉懇願候以上
但昨夜迄之御勝利誠恐悦只今三本御小姓も入來初而安心仕申候ゑり
し山手ニ猶賊殘り候て柴田(マヽ)の引を待候歟是亦可恐ものニ御座候
七月廿六日
堀尾保助
倉崎七左衛門様
庄田惣五郎様
小原伊右衛門様
猶々其表ハ是非ニ構て御引無之様致度嗚呼歎息之次第ニ御座候

七二　倉崎清典書翰「木滑政愿等宛」　明治元年七月廿七日

芝（マヽ）田叛キ候ケ條迚ハ當所引拂抔何之屆も無之本陣引取候條隨而加茂出役之向々引取候條同所其外芝（マヽ）田城下ニ薩等ガ下宿札を打最早夫々人留メニ相成候抔と之實説ニ有之候ら樣之次第柄トハ夢々不存松ケ崎ニ千人程上陸胷壁ヲ築立城下切迫ニ付人數引上度趣を以芝（マヽ）田ゟ申出候ニ付二小隊大砲丈ケ御殘被下御引上ニ而宜段挨拶ニ相成候事ニ御座候然處暮時過加茂堀尾ゟ芝（マヽ）田引上之條飛脚見附迄可罷越云々申來驚愕之至依而家老溝口伴左衞門差留度額田大吉櫛田錄藏早追ニ而追懸ケ加茂ニ而取押度差越され候事ニ御座候此節

主水樣ハ彌彥ニ御出陣之（廿七日ニハ二井津迄御出之樣ニ申越さる）駿河守樣ニハ關迄も無御滯御越被遊候哉不相分候（廿六日新潟御立新津御泊りニ相成ル）當見附宿本陣兵隊ハ一隊も無之里前ゟ打破り長岡城下先キ迄押出し又山ノ手も飛禮森立邊迄押拂候趣只今相分り漸々此表勝軍ニ相成候處信濃川向與板へ敵集合ト相見中ノ嶋邊切迫不容易大事之場合ノ處へ芝（マヽ）田ゟ後ロヲ切られ候事ニ而ハ迚もいさし方

附箋(一)

無之御國之會之仙之出兵無之候而ハ不相濟會も克々人數無之模様ニ御座候多少差出ル方ニ而秋月悌次郎早ニ而國方へ参り候由夫レニ庄内四五日以前ゟ交代兵ヲ待半分引上ケ度毎日三度ツヽ参り候得共佐伯隊始于今着ノ模様更ニ無之いつれ之御都合ニ候哉何共困却之至此上ハ後ロ之芝(マヽ)田ハハ御出兵被成下仙ハも御申越同所ニ而是非〳〵御防キ無御座候而ハ決而相濟申間敷候

附箋(二)

但昨夜新潟邊ニ當り大砲之聲有之必打懸られ候也んと存候左それハ庄内通路ハ相塞かり候もの之其内右之賊杉原之方ハ迫り候との趣も有之候へハ左様御座候上ハ津川口も出入可致様無御座候只會へ之八十里越へ計り之通路ト相成ル外ニ無御座候佐伯盛衛も可参様無之加治邊ニも滯り候もの哉とふんじ罷在候

只今此處引上ケ候而ハ會庄共ニ迚も持こたへ出キ申間敷扨々困リタルものニ御座候是非〳〵諸藩ゟ早急出兵繰出相防申外無之儀と存候右告

急迄如此御座候以上

七月廿七日　七左衛門

要人様

丹下様

附箋(一)

新發田反形顯然最早中條通リハ梗塞濱通同斷依而玉川口ゟ之往來ハ迚も埒明不申先々唯今之内ハ會之津川口通行相成候へとも其内追々水原迄賊領と相成候而夫も埒明不申進退無據殆ト困却セしめ候次第御亮察可被下候

附箋(二)

新潟至急ニ而見附表ゟ小源太早追ニ而罷出頻ニ新發田邊之手配軍議相立候へとも何分人少ニ而致し方無御座候手をツカヌルのミ嗚呼此上何をニして歟二千之兵隊全ふする計策と肝膽を燋し申候事情御汲察本文之通是非〳〵諸藩始メ早急出兵之御配慮奉祈計ニ御

座候

小源太

七三　千坂高雅書翰「齋藤篤信宛」　明治元年七月廿八日

今日之軍議ハ川向ヲ一進撃之上模様次第川手前ゟ引取候方ニ相成候ニ付其段ニ思召仙藩之其方面之諸藩ハ宜敷御話し可被下候半藏金ハ如何ニ相成候哉懸念之至ニ候大急ニ御示可被下候隨而別帋之通り長岡ゟ申來候間御披見ニ差上ケ申候ニ付仙藩ハ何れ之儀哉御談し被下其方面模様次第又候出張之様御引合可被下候何と歟下手も兩三日之間ハ大丈夫歟と存候何向大急ニ御示し被下度存候四方八面大至急其内見附ニハ敵之新發田而已ニ而人數一人も無之心細き存候何れ哉其方面ハ我城ニ候間大丈夫ニ念ニ念ヲ入レ御守り被下度存候以上

七月廿八日

太郎左衛門

主計様

七四　山田俊次書翰

「大將宛」明治元年七月廿八日

尚々村松ゟ使者遣し呉候旨中ニ付相頼差上申候猶此者ハ周旋方を以之共御糺被下候ハヽ何彼相辨し可申候

以手紙得御意候然も昨日栗山迄追打之途中分取いたし候分いはゝ聢与取調も出來兼候得共大礮彈藥十五六箱但し壹箱玉三ッ或ハ二ッ脇差壹本皮一ッ醤油樽壹ッ味噌樽四ッ皮履一ッケットウ二ッ手鍵二ッ猶取調候ハヽ有之カニ候得共先ッ相分り候分右之通ニ御座候然處初ゟ村松藩之松井甚兵衞と合兵罷在昨日之分取も一同ニいたし候儀ニ候ヘハ半分ッヽ分配致候ヘハ宜敷譯りと存候尤も松井も只今入來ニ而米澤樣之御總督ハ差上候樣御指揮御座候節ハ違（マヽ）らんも無之併御合兵之上分取ニ御

座候へハ少々之とも御分配被下候ハ、誠ニ難有各別之戰爭も不仕國ゟ戻候上もせ汔てハ分取でも有之上ハ少し手鹽と申ものニ候間いつく迄も奉願ニも無御座候得共思召も被下候ならハ少々ハ御配分を奉願と申事ニ御座候至極尤之儀と存候村松ハ懦兵ニハ候得共分取之穿鑿ハ至極行屆彼手ニて取候分ハ多分らと被存申候併半々と不致候へハ甚六ケ敷譯も可有之ニ付其方可然らと存候何向御沙汰之上御差圖次第ニ可仕旨村松ゟ引合置候間早速御示し被下度候

一上來傳ニ而米十一俵但貳斗俵分取致候然處村役願出ニ實ハ官賊兵粮相盡昨廿六日分村中取集メ炊出し差出申候帳面ゟ留置後ニ勘定之段ニい為し置候内官賊引取候へハ長岡ゟ參候十一俵ハ村償ニい為し度相合居候ニ付何卒頂戴仕度旨申出御座候依之何向評判之上ニ可仕其内手を着不申樣引合置申候猶相考申ニ纔之米之村方之迷惑も無餘儀事ニ付米ハ施し可申ニ付彈藥初メ何彼之運送ハ人足無賃錢運送可致旨申付申候此

旨御心得置被下度候

一刀一本赤谷之百姓陣小屋ゟ探し出し申候て持出候ニ付追而賞し可遣先ツ預り置可申段申含申候先日私ゟ御渡之同心兵賦を御渡ニ付刀無之私ゟ相渡候様元〆所ゟ申越ニ付早速相渡兼分取之上渡し可申段仕置申候幸之儀ニ付先同心ニ相渡置申候右百姓ゟ之賞しハ私取量可申ニ付刀ハ何卒同心ニ相渡置候様奉願候

一官賊昨夜福山泊りも有之候得共荷物ハ餘程先キ迄相送候由馬方之申出ニ候小千谷ニ行ク道筋りと被存候併福山之峠ゟハ少しハ固メ候哉砲發も有之篝も焼キ申候いつく迄も追打ハよろしく候得共半藏金之賊引取不申内ハ道路相通し後ろを斷切之憂有之候ニ付先ツ相控罷在候且孤軍深入ニ相成萬一之事御座候而ハ倫（マヽ）御大切之儀ニ付進ミ候節猶又御評判之上と存候ア、天下泰平之基賊軍も再度大擧も六ケ敷りらん加賀尾州抔ゟ此様なる迷惑之事ならハ出張致す間敷キニ扨々困却之旨歎息ヲ唱

ひ引取候由ニ御座候どちらへ贔負と申譯ハ無御座候得共官軍方ニ不相
成候而ハ損ニ付相從居旨申候由ニ御座候國迄直ニ引取と申も有之最下
固メと申ものも有之大ニ揉メ合候由ニ御座候委細ハ拜面之上可申上先
ッ分取分配之儀御伺迄如斯御座候以上

七月廿八日　　　　　　　　　俊次拜

御大將

机下

七五　千坂高雅書翰「齋藤篤信宛」明治元年七月下旬

(巻表)
御直披

主計様　　　　太郎左衛門

新潟危急之節　　　　大急呼還

栃尾方面戰ひ之模樣ハ如何ニ候哉御勝利ニ而森立半藏金石峠邊ハ御取シキニ相成候ハヽ、畠山隊ヲ御引上ケニ而長ヲシナシニ大急御座候間見附近御引戻り被下度存も若ヤ御取捨ニ不相成候ハヽ、夫々御盡力ニ而御身計りも大急ニ御詰候樣致度存候以上

七六　公現法親王令旨　明治元年七月

此度奥羽越列藩天下匡正奸賊掃攘之義擧有之於宮御方厚御依賴之御事ニ候就而も諸事列藩會議之上取計候儀ニも可有之候得共自然管轄之任無之而も行屆兼候儀も可有之哉と思召候間當分之内米澤中將殿仙臺中將殿兩所ニ而利鈍斟酌施行被有之可然与之御事ニ候

七月

七七　崩橋書翰「馬陵宛」　明治元年七月

（巻表）
馬陵賢兄　　崩橋子

御密啓

其表ニハ今日中ニ大井田手ゟ百四十八横山手ゟ五十八程繰込ませ候筈ニ候外ニ小貫ゟ横山傳藏隊不殘差越候筈御申合せ致候得共總督之含ニハ小貫ニあれさる兵を引揚候てハ何分無心元せめて半隊も殘し置候樣ニとの旨是又無餘義譯ニ付則傳藏隊ハ半隊小貫ニハ殘り候樣鹽井ニ引合申候何分人數不足ニて配り兼當惑至極御察し可被下候猶長岡人ゟたゝり候節でも御含の義御申聞被下度奉存候以上

七八　上與七郎等書翰「木滑政愿等宛」　明治元年八月朔日

猶々此間之戰ニハ天童も大奮戰死傷も相出先ッ不安之條不相見候近來之兵粮抔も米澤ニ而賄ひ申候一式米澤之指揮ニ從ひ恭順成ル事ニ御座

候以上

以飛札申上候然ハ北方之儀嘸御懸念も被下置候半去月廿六日生根峠一戰勝利之後猶亦諸藩軍議を盡去月廿七日之夕俄ニ明曉天ゟ進撃之方決議本道及位ゟ雄勝峠へハ庄內二小隊山形上之山仙臺勢相向庄內一番隊ハ鹽根川間道ゟ打入二番隊銀山越いたし米澤ハ有谷口受持之方ニ相成申候有谷口ハ諸道第一之難所黑森之高嶽天下ニ聳ひへ中々寄り附くへき樣も無御座殊ニ地利不案內當惑罷在候得共此際因循仕候而も　御家名ニも相懸り候儀ニ付重評判を盡し十死一生之奮戰ゟ外無他事ト相決夫々策を設ケ第一本道ゟ總督參謀與七郎相向へ候處黑森山聞ニ勝れる天嶮ニて登り路一里之峻坂漸罷登候處絕頂ニ至り道を開き臺場を拵へ大砲を打懸ケ大砲小銃如雨大關武四郎先登奮戰ニ及候得共敵ハ高嶺ゟ打卸し味方何分難進既ニ總敗績ト覺悟難戰罷在候內兼而設ケ置候策略之通古藤傳之丞貳小隊を引率道もなき深林密藪をおき行き黑森山之南方を一里計嶺傳へニ忍ひ來

り戰酣なる時突然敵之後ゟ砲發打立候處是ニ而敵忽ち大崩と相成本道を逃去候儀も不相叶左右之大澤ハ轉落引擧俄ニ一人之敵も不相見二ケ所之陣營ニ火を放ち凱歌を唱へ申候前日七半時ゟ人數繰出其夜溪間草中ニ一泊曉を待ち攻登午八ツ比ニも候半此大難所を攻拔き直ニ峰を下り秋田領仙北郡ニ向テ馳せ下り大臺薄文内邊相定暮時中村と申所ニ着陣黑森之敗兵追々逃ケ來り見苦き有樣ニ御座候得キ有谷ゟ北方相廻り林邊大將ニ而佐藤孫兵衞初精兵四五小隊ニ而是亦高山大澤を涉り道も無之所を千辛萬苦し而押出大臺ハ放火黑森之賊氣を奪候策之處因ゟ高山大岳之事步行大手間取七ツ半時中村ニ而一同ニ相成申候黑森相破火の手相擧候ニ付鹽根川庄内攻入ル口も中々苦戰之處俄ニ相破レ庄内勢も中村ハ繰込兩藩人數如雲霞勇氣充滿氣味克事ニ御座候得キ翌日曉天ゟ繰出横堀を乘取院内ハ攻入申度總軍押出候處敵緊く相支四方之山々一時ニ大戰ニ此時も賊を打退味方勝利相成千雷之落ル如く誠ニ大烈戰相成申候明半時押出五半時頃ゟ打合ニ相成暮時過砲聲

漸相止ム其夜味方院内本道之氣勢を引立申度横堀邊放火之處横堀ハ院内ゟ秋府之海道通故院内之賊千七八百人大動搖ニ及ひ取ル物も取敢ゑ散々ニ落行候體言語同（マヽ）斷面白き次第ニ御座候隨而銀山口之賊も何國とも不知退去三日之間大臺薄文内役内川右湯の臺横堀院内邊一圓ニ相定殊ニ秋田第一之要關を奪呉候條不思雀躍欣然仕候心情御察可被下候黒森之高嶽を飛越へ中村ゟ下候時ハ一粒之兵粮も無之四方皆敵迚も生活之道無之一統覺悟奮戰ニ及申候併死中有生先ツ大安堵仕候勝而兜之緒を相〆總督初大御心配猶更進攻之策御盡力ニ御座候間御安心可被下候今日も賊之拔ケ跡詮義旁庄藩同道院内ゟ參り同所ニ而相認早速ニ前條御報告申上候追々之戰死傷別帋之通申上候間御承知被成下度其内新手明大山治兵衞黒森山之先登ニ而前腹ゟ腰を打拔カレ味方ニ介錯を賴み不聞入ニ付遂自殺仕候仕末誠ニ勇々敷擧動一統感涙ニ沈ミ申候。院内ニ而ハ大造成ル大砲一門分取仕候結構成品ニ御座候外ニ敵之死傷分捕も御座候得共相略申候唯々此上ハ彈藥計御供給被下度兼而申上置候鉛ハいつれニ相成候得しや是非御買入ニ仕度存候此度之敵ハ諸藩入交り薩長肥筑秋抔ニ御座候肥勢思外弱く進退自在ニ仕候も薩長《ナンシロ》ニ御座候去月十四日舟形一敗後每戰必敗れ一時ニ此度之大敗秋田之震動思ヤラレ申候彼是ハ先ツ後便可申上候得共院内を攻取數度勝利ニ相成候次第早急言上仕度早々呈愚札候御推覽可被下候謹言

八月一日

與七郎
傳之丞
大八

要人樣
丹下樣

猶々越後柴(マヽ)田ゟ賊船六七艘罷越候与り申由ニ而庄内ゟ當所人數盡ク引

上ケ越地行ニ及候樣申聞ケいつれ之次第ニ御座候得や甚以無心許存罷在候併當地ハ至急切迫中々何之評判ニも相移兼罷在候いつれの次第ハ後便御示奉仰候廿八日ニハ院内本道銀山口ハ勝利ニ不相成引上候由今日院内ニ入り來り承り候處昨日ゟ今朝迄賊等大騷キ引退頓ト今ハ人之居カゲダニ無之候得共及位屯集之味方于今不承知ニ候ヤ一人モ關を越而來るもの無之依之此方ゟ使を遣道を開き申候以上
追加銀山も入手ニ相成申候得ハ此上之寳ニ候半ト存候

七九　木滑政愿等書翰「小川源太郞宛」　明治元年八月朔日

拜讀挾撃之策御勇決ニ付何兵之共繰合百人是非ニ可繰出旨委々御尤ニ承知夫々評議ニ可及候處御承知之通東方至急之由最早昨日之二本松落城瓦解之勢ニ而東御境ゟも相迫り候形勢ニ付片時猶豫不相成口々御固メも有之候處兵隊之鐵砲之とんと盡果當惑之至ニ候得も乍殘念此上可繰出樣無

御座候間其段ニ御承知先日御繰出之外今以御盡力被下候外無之事ニ付其段御承知可被下候ア、とんと危急切迫御國家存亡ニ相迫申候其上村上之疑敷十ニ七八相反シ候様相見候ニ付蓬生戸口之御固メ無之而不相成都合ニ付是ゟハ小國御役屋付關ゟ繰出候勢を引上ケ同所ニ御差向之方ニ候ハヽ是ハ最前ゟ御城下ゟ繰出迄之內御差出置候兵之且前文之通ニ而外ニ致方無之前文之通御治定ニ付是又御承知可被成候

八月朔日

藤右衛門

丹下

要人

源太郎様

八〇　竹俣久綱書翰「香坂頼母宛」　明治元年八月朔日

米澤藩戊辰文書（明治元年八月）

昨廿九日二本松も落城ニ相成最早福島迄も迫り候勢ひ東御境通御固専一ニ候行廻り迚も人數トテハ別ニ可差越樣無之御城下ヲ空ニして盡く東へ差向候儀此上變事有之候ハヽ如何可有之哉と痛心此事ニ御座候

八月一日　美作

賴母樣

八一　竹俣久綱書翰「香坂賴母宛」明治元年八月朔日

猶々此口峠へ出張り胸壁築立不申候而も決而不相成候間人足ハ勿論則御固人數も御手傳被仰付可然何卒村上疑しく相成候間早ク以備嚴重相立候樣專一ニ存候以上

蓬生戸御境口甚御手薄此儀ハ村上近狀甚タ疑ハシ是非〳〵此口ハ大丈夫なけれハ決而不相成候闕ニも差向候御支配盡く御引上ニて右ハ其地農兵

四十人被相加蓬生戸也此前後の口々御固有之度存候右ニ而ハ𛁈ゝ不足ニ候ハヽ猶又被仰越度存候今井市内此口取計御用懸被　仰付候間何分よきニ御差圖可有之候御自分儀も此口ゟ度々出張被仰付候間臨機應變嚴重御心得候様可有之候以上

八月一日

美　作

賴　母　殿

猶々前顯之人數未タ關ニ有之筈ニ付此御用狀御卷添ニて可被遣候別ニ關詰長尾總督迄ハ不申越候間御自分より早速關へ御申越前顯之人數早速御引取候様急々御取計可有之候以上

八二　香坂賴母書翰「長尾景直宛」　明治元年八月二日

尙々玉川口通ハ

御手前樣嚴重御心得置被下度奉存候以上

別紙御用狀只今竹太夫ゟ申參甚至急之義ニ付小國出勢之上ハ農兵共早速罷戻候樣御取量被下度此段御用狀を添差上申候以上

八月二日　香坂頼母

長尾權四郎樣

【備考】本書中に所謂別紙は上掲本月朔日付竹俣久綱香坂頼母宛書翰を指す。

八三　香坂七右衛門書翰「中川富義等宛」　明治元年八月四日

尙々小子と上之山藩壹人山形藩壹人も天童邊迄罷越候方ニいたし外人數も小坂峠ハ罷越申候且又柏倉越後戻り之人數幷山形壹小隊是又今日上之山出立七ケ宿ハ押へ之爲罷越候間其段御承知可被下候已上

以手紙得御意候追日冷氣相增候へ共各樣彌御堅固被成御奉職珍重奉存候然ハ左羽根峠壘壁築立之儀村山郡諸藩幷陣屋〱迄不殘壹萬石ニ付七兩

ツヽ出金築立取掛り候所間道數多有之候得共不殘築立夫ゟ楯岡山ゟ川間身西山下ゟ間道迄是又不殘築立夫ゟ山形出先ゟ東も山家《ヤンベイ》之金勝寺ゟ中通り筒屋町川原ゟ西山迄も道通り間道山之邊《ベ》山迄〆切之心得ニ築立西澤左澤口も北も慈恩寺山長岡山幷山崎山平鹽山ニ而〆切澤入之分も栃窪萩之中山萩野大瀨境迄夫々嚴重築立候心得ニ而罷越候所御國許ゟ人數御差出し御築立ニ相成候由ニ付少々築立候迄ニ而四手ニ相分れ候手勢昨三日山形ハ相集り候所二本松落城福島も立退き至急之由相聞候ニ付諸藩中合仙臺領七ヶ宿之內小坂峠ハ築立候方可然と評判相決今日晝上之山出立罷越申候尤御國表ニ而も御油斷も有之間敷候へ共屋代鄕御境通りハも御人數御差出し專要と奉存候小子も餘り〳〵長々ニ相成以前ゟ罷戾り候方諸藩出張之人ハ引合候へ共何分六ヶ敷罷戾り兼候間其段も宜敷御承知被下度奉存候然所只今上之山藩中村祐右衛門申聞ニ米澤抱山形之博徒藤吉仙臺抱天童之金藏庄內之抱小文次とり申もの何れも子分之もの共三百人宛も

有之哉ニ候所三人共ニ庄仙米三藩之抱ニ相成候所三人も何も敵々ニ御座候よし右ニ付而も三人共ニ三藩ゟ秋田表江繰出しニ相成候而も如何成義を仕出し候も難計候間御三藩ニ而越後白川秋田とか別々ニ御繰出しニ相成候様いたし度段達而申聞ニ御座候間上之山藩山形藩同道天童邊迄罷越仙臺藩庄内藩江談判いたし候方ニ取極申候何を出張之上取極候上も早速可申上候先つ用事一と通り申上候以上

八月四日晝上之山認

七右衛門

英　助　様

藤兵衛様

益　彌　様

徳右衛門様

猶〳〵越後柴(マヽ)田變心之模様承知いたし何分懸念之次第乍併彼等如き之

右の焼打ニメ追拂候外有之間敷哉と存候以上

八四　詰之間用狀「長尾景直宛」　明治元年八月四日

今四夕剋上泉刑部歸着越地敗走新潟も瓦解之由極而切迫仍而も御境通堅固ニ御備間道々々迄御用心關邊出張之人數ハ御引揚御境固之方可然候先不取敢殘兵差遣し御城下甚無人御手薄之新庄相馬ゟ追懸〳〵引揚申達候間不日歸著之筈相達次第御境〳〵は可繰出ニ付専ら御堅御盡力可被成候委細ハ林藤七郎より御聞取可被成候以上

八月四日夜

詰之間

長惣督

八五　小見鍋藏書翰「片山一貫宛」　明治元年八月四日

江口兵隊歸途之儀ニ就而も御心配之程奉察候小生江口止宿諸隊頭會集之席ハ罷越段々談判ニ及候所一統福島表ハ出張御國表ゟ之御指揮相待候方決評ニ相成候間御承知御安心被下度候扨又江口隊周旋方初先福島出張之方ニ而參り候所御國表ゟ飛脚到著至急引返しの方申來り候ニ付猶又周旋方遣し七ケ宿ゟ歸國福嶋御通行いたさる方申遣し此度又々福島通行と相成候而も驛々初先周旋方も不審に可存候間右等之處ハ先生宜敷御含置被下度旨江口宰配被申候間其段御心得被下度候明日ハ惣兵隊桑折驛止宿之方右驛ハハ先觸周旋方も遣し兼候間止宿之節食料等間欠無之樣御盡力被下度旨軍目付若林小生ゟ先生ハ御願致くれ候樣賴ニ御座候右之件々早々申上候頓首

八月四日夜九ツ時過　　鍋藏

仁一郎樣

再伸此飛脚ハ直ニ御國許ㇾ相返し候都合ニ御座候所御國ニ而も虚説ニ甚驚き今夜諏訪ㇾの御用狀ニも佐々木の邊迄も賊徒迫り候段申來り候間桑折迄も御出張ニ而信達邊の實説相分り候ハヽ其趣御國許ㇾ御申越し被下度候以上

八六　片山一貫書翰「會談所宛」明治元年八月五日

時勢切迫之内福島城仙兵ヲ拒不入候由白石表へ相分何分福島落城ニ而も不相成ニ付説得致呉候樣仙ゟ無餘義被相賴昨夜四時頃ゟ眞田喜平太南摩八之丞同道桑折へ罷出候處石母田但馬同所ニ罷在種々及談判候處全ク間違之説ニ而最早賊等少々入込居候由中々説得所ニハ無之其内相馬應援之兵隊昨夜も已ニ白石迄無滯引揚今晩も桑折迄參候都合ニ相決申候尤桑折大動搖ニ而家々疊迄片付泊所も無之仕合之綱島長之助門屋道四郎板谷出先ゟ用向有之桑折へ罷越し

江口兵隊福島ニ罷出し八私出立後之治定ニ而小見鍋藏ゟ書面有之右書共差上申候
諸口切迫何共困却之至御同嘆々々乍爾福島城入手在近御左右御待可被成候
彼是用向取込申板敷之上ニ而相認匆々頓首再拝
八月五日　仁一郎
會談所
御三人様

【備考】本書中に所謂小見鍋藏書面は、上掲本月四日付同人片山一貫宛書翰を指す。

八七　長尾景綱等書翰「長尾景直宛」　明治元年八月六日

今拂曉庄内村上両藩ゟ共ニ中條潜伏之官賊征伐として出張然處賊之番兵有之此下圖ニ當り兼候へ共甚甘く摠而策略通ニ參り誠以氣味能事ニ御座

候

豊野金七隊

重手　　菅原友彌

〆

分取

一大砲　貳門

内　豊野金七ニ而　壹門

庄内ニて　壹門

小銃も有之哉ニ

一大小等御座候得共猶委曲ハ罷帰候上可申上候其内頼切たる庄内之隊頭
怪我いたし此上ニ而ハ乍殘念今晩中關驛まて凱陣いたし候間拜謁之上
縷々可申上候早々一通り奉御届候以上

八月六日　　長尾小太郎

小川源太郎

長尾權四郎様

八八　庄内藩士石原重美等書翰「色部久長等宛」明治元年八月七日

一筆致啓上候秋冷之砌彌御勇健被成御精務珍重之御儀奉存候陳ㇾ兼ㇸ御出兵被下候下筋之儀逐日勝利既ニ秋田領ㇸも討込ニ相成全く御出勢御盡力之故与深奉感謝候猶又秋田表ㇸ蒸氣船を以官軍追々相増候模様柄も相聞且近頃新潟表之事件も有之候付ても海岸筋甚以心配之仕合右ニ付早急軍艦用意越地幷弊藩等之海岸防禦ニ指向申度心得ニ御座候所スチル心組申出候次第ㇾ兼ㇸ尊藩會藩御始右之御組立金有之ニ付早々相願彌御出金被下候ハヽ弊藩出金も差加不取敢横濱へスチル罷越及談判軍艦二艘人數一百五拾人引寄候事ニ可仕旨申聞候間何分切迫之事情厚御斟酌被成下何卒スチル申聞候通御出金被成下早速弊藩へ御指向被下候ハヽ無此上幸甚

之至淳々奉懇願候猶又委ルトも申上候筈ニ付此段相願旁如斯御座候恐惶
謹言

八月七日

松宮源太夫
長貴（花押）

松平権十郎
親懐（花押）

石原平右衛門
重美（花押）

竹俣美作様

色部長門様

八九　詰之間用状「長尾景直宛」　明治元年八月七日

米澤藩戊辰文書（明治元年八月）

上泉刑部歸著之日ハ坂英力《仙老》　御本城江被　召出美作作兵衛參　殿中故於政府上總一己切紀綱裁判只御境固專要との評議故地之理も暗く關驛邊出先勢引揚一筋ニ御境堅固と而已相心得其旨中進候故出先初惣隊甚不都合ニ立到候由畢竟上總不見當不取量軍機を誤候處於其表臨機之御軍議を以出先引揚無之既ニ防戰手配之由嗚呼上總一筆之誤を度外ニ被差置夫々彌縫之御指揮ニ預り國家之大事其機發找失ハざるニ至り其處よ於而も誠以難有仕合ニ候定而御不審之筈ニ付此旨諸向江も御通置可被成候扨も〱不肖重職を汚し候條不及一言候恐々

八月七日

長惣督

詰之間

九〇　竹俣久綱書翰「長尾景直宛」明治元年八月七日

渡部利左衛門最壹人龍八と申もの來り下關御退き沼村邊へ御引上之御沙汰ニ付御本陣へ奉嘆願候事ニ御座候此上ハ是非〳〵下關御引取被下候ハヽ土崩ニ可相至此上ハ死力を盡し可相守候間是非共此驛ハ御退去無之樣奉願候云々血涙嘆願云々申出候依而先ッ〳〵關宿引取ハ無之事ニ可有之候間先々安心有之樣ニと申諭し戻候間氣底不抱樣御理解可被下候此者戻ニ付草々得御意候以上

八月七日　美作

權四郎樣

猶々板谷口先ッ爲差事無之候間先ッ御安心可被下候仙兵の惰兵何共以困却々々

九一　古藤傳之丞書翰「木滑政愿等宛」明治元年八月十日

拜啓仕候然ハ出張先佐藤今井小田切之議論ハ確乎と兵隊を以相迫り候見込ニ而不可奪樣子ニ付無據義と存候何向上ノ山江罷出候得共最上一體之樣子も相分候半と存候小生壹人上ノ山迄罷越探索いたし候處山形藩大奮激七ケ宿小阪相敗候而ハ最上一體之大敗と存莊藩ニ相すかり是非小阪江人數繰出呉候樣歎願いたし候と申事ニ而莊藩今日上ノ山迄繰出しニ相成候尤百人計之人數ニ御座候右之振合ニ而上ノ山ニ而も山形ハ大安心いたし居候樣子ニ御座候天童漆山ハ愈官軍方と申事ニ御座候然處仙合從府ニ而天童疑敷ニ付是非　君公

宮樣爲御伺白石ニ罷出候哉又ハ御隱居爲赤湯入浴弊藩江罷出候哉此兩條いつれ早速所置いたし候樣引合ニ相成候模樣天童生白石へ罷出候者ハ誠ニ難有御請いたし昨日歸國いたし候模樣ニ御座候國論ハいらゝ難計御座候へとも上ノ山ノ議論ニてハ追々承候處是非弊藩江相願度と申よしニ御座候由右ニ付一兩日も小生滯留いたし候ハヽ其內ニハ追而天童ゟ御藩江

相頼候事ニ可極候間御出張ニ相及間敷と申議論も有之又ハ却ゐ罷越迫り候ハヽ相片付候半と申議論も御座候小生も相迫り督責いゐし候ハヽ早速國論も一定いゐし候半と存候間明日ニも天童にも懸合可申と存候小生出張前山形上ノ山大配慮天童に懸合候樣子香坂七右衛門も同斷配慮いゐし候樣子何向最上地ハ油斷ゐらぬ儀ニ付頻ニ探索も仕候得共盡く御國之議論之樣ニハ不相聞先つ目前ハ靜謐ニ相聞候此聞長井歸國之節之咄抔ニゐハ山形も反形相顯ㇾ候抔之事ニゐ驚候得共上ノ山ノ議論ニゐハ大安心之樣子ニ相聞候隨ゐ小瀧口之騷動ハとふいふ物哉宮内邊ニ騷きの爲返ゐ上ノ山迄相騷き候樣子ニゐ最上ニハ一切怪敷事も無之樣子ニ御座候此條々爲御參考申上置候拜

八月十日夜認

傳之丞

要人樣

丹下様
新藏様

尙々明日吉江傳五右衛門弊藩へ罷越候ニ付申上候間委曲之儀ハ同人ゟ
御聞取可被下候隨而小田切城下ニ罷出候間いら〻御決評ニ相成候哉其
內當地ニハ香坂之朝倉運吉も罷居候間小生壹人ニ而天童ニ罷出候も不
安ニ付右兩人之內同行いたし候間不惡思召置可被下候以上

九二　千坂高雅等書翰「長尾景直宛」明治元年八月十二日

其表至急切迫ニ付諸勢繰出被　仰出候間可被得其意候萬一卑怯狡働き候
者於有之不依誰人斬棄候樣被　仰出候間可被相心得候此段申入候以上

八月十二日

竹俣美作
千坂太郎左衛門

長尾權四郎殿

九三　石川豐後書翰「島津敦忠宛」明治元年八月十三日

猶々駒ヶ峰圖面大略差越候間御一覽可被成候以上

去ル七日夕方白石表へ爲探索橋爪久兵衞樋口九十郎差越候處相馬堺駒ヶ峰宮内飛驒館あり切迫之模樣ニ付九日直ニ右口ニ出張探索左之通

○九日丸森ニ佐々備中館あり着仙藩周旋方數輩ニ出會談判之上何向戰場ニ赴探索之方可然と之評ニ決此夜泊り

○十日大内と申候相之驛へ着此口之大隊頭根來多兵衞指揮役近野三彌ニ出會之處先々固メ嚴重ニ而通行六ヶ敷幸明日ハ我ゟ隊繰出し之都合之右ニ交り行候得ハ無差支と之事ニ而其方ニ治定此夜泊り

○十一日早天根來隊へ混同出立菅谷と申村迄行ク此所ハ最早相馬堺之着否二丁程先キ之松山ニ潜伏之賊俄ニ發砲不意を被打候故暫時狼狽致候

得共可ㇾ立直し双方打合ニ成候處正面左右ゟ玉之飛來ル事夥し探索一通之爲斯る危キ場ニ長居ハ無益引取ラント思候處伊達藤五郎手之參謀常盤新九郎周旋ニ而本道ㇵ迚も不可行間道ハ難儀之場所ニ付案内人可差出とて手付ゟ壹人差出呉壹里程引取杉之目村と申所迄參り何向駒ケ峯之形勢新しく不探も殘念ニ付右口へ廻り探索と心懸ケ駒ケ峰より半道程手前新地と申村迄行候處伊達藤五郎ニ出會賊軍最早駒ケ峰之後ㇾ廻り極切迫ニ至候得ㇳ甚危ク探索所ニ無之とて被差留且藤五郎申ニハ切迫ニ付既ニ一昨日尊藩ㇾも御加勢御繰出し被下候樣相願候得キ則御覽懸ケ之通極至急ニ迫り候得ㇳ此上何國迄も御藩ㇾ御縋り致候外無之候間一刻も早ク御加勢御繰出し被下候樣御周旋相願とて實ニ丁寧反覆之賴ニ而家臣松本久米三郎案内人ニ差出壹里程手前福田村と申所迄送り呉申候由此時最早駒ケ峯之方ニ火ノ手揚ル夫より當村肝煎鈴木良助へ立寄り晝餉相認メ村人足を取案内爲致丸森ㇾ引取之途中山へ登り見

候處駒ヶ峯新地邊眼下ニ見ユル案内之者申ニハ火ノ手ハ則駒ヶ峯ニ相違なしと申候由其外海邊之方藤崎村之邊ニ當り火の手揚ル又菅谷之方ニ火ノ手揚ル丸森ゟ着ハ夜四時頃之戰場之模樣仙藩周旋方ニ談し九時過丸森出立十二日五時白石へ着戰場之模樣新傳ゟ及沙汰晝飯否出立戸澤へ着ハ七半時之

○片倉臣菅野良右衞門も戰場迄探索昨夕方歸着とて早速形勢爲知之爲メ入來段々承ルニ橋爪探索ニ符合右咄ニ駒ヶ峯隨而海邊之村々大底放火ニ候得も駒ヶ峯落城ニ相違有之間敷候然ル上ハ右口出張之仙兵ハ坂本迄引揚ケ菅谷口出張之兵ハ大内迄引揚ケ菅谷口出張之兵ハ大内迄引揚ケハ不相濟地形ニ付定而右へ引揚候半と之事ニ御座候右之行廻ニ而最早仙領ゟも押入候と申もの極切迫之樣ニ相見へ申候樋口九十郎ハ丸森へ相殘り駒ヶ峰彌落城ニ候哉聢ト見屆候上罷戻ル都合ニ御座候伊達藤五郎頼ミ應援件ハ定而御國評も可有御座候得共橋爪ゟ懇々相頼候ニ付

此段得御意候

○福島表ゟ之御繰出しハ既ニ御治定ニ相成候得共安心致候得共川東川俣ゟ賊一小隊繰込關門迄立置候勢全體事ヲ小ニ見セ俄ニ大を爲し候共賊之得手と申事ニ御座候得共今ニも何變難計實ニ此口々危候處先日も得御意候通り仙藩之手當一切無之固より仙藩受持之場所之仙藩督責と之評ニ而去ル十一日廣居直記白石へ差越新傳ゟ出兵周旋被呉候樣及談判候處疾其手配もなり精々談判之上漸一大隊繰出ニ成都合ニ致置候處十二日駒ケ峰之報告ニ而川東繰出所ゟ却而他ゟ援兵を乞勢ニ轉し此上督責之術盡果候間今更ハ人之事ニならを自分之身構ニ立至り候得共是非御國ゟ申遣し候上川東ゟも分配固メ候外有之間敷と之事ニ御座候此表勘考ニも御國表とても漸越後引揚之疲勞極り候兵休息之暇も無ク諸方ゟ兵隊御配り中々以川東迄之兵御繰出しハ無覺束事と存候よし少々御繰出有ルニセヨ廣々タル川東どふして堅固之固メ出來可申哉且背水ニ

候得共萬一賊大軍俄ニ押入り敗北ニ及候時ニも惜しキ兵隊鏖ニスル外
なし實ニ以いや成場所ニ御座候尤敵を一擊ニ挫程之大軍ニ而固メ候時
も格別ニ候得共前顯之通萬々不出來事と存候然も少分之兵を分ケ固メ
候程危き之最上ニ可有御座候乍去切角新傳之傳言ニ付此段も得御意候
右ニ付ケ福島丈之軍勢ハ急速御繰出し被下度相願申候

○作事方一切無之處何變起り候時ニ元〆量ニ而ハ迚も及兼候趣申出御座
候依而者作事方早急御遣被下度存候

○先便參謀ゟ薄々得御意候得キ宿陣中仙侯之御賄ニ致候由ニテ片倉ゟ伺
ニ相成候得共于今濟口ニ不相成候故其内ハ片倉量ニ而賄呉候事ニ御座
候先日ゟ頻ニ及斷候得共承引無之兎ニ角本藩より不申來內ハ於此方も
何分致方無之候間無彼是申請呉候樣連々申事ニ御座候何れニ相考へ候
而も一通り之通行又ハ御使者等とも違ひたといい應援之とて先之賄ニ而
宿陣可致道理も有之間敷扱又如斯儀國家交ル〳〵有間敷ニあらは往々

之差支ニも成可申ら何分懸念去ハとて承知も不致無據致御問合候間御評定御示被下度相願申候猶相馬口之形勢相分次第得御意可申さぞ御懸念の筈と是迄之探索旁々以飛脚得御意候以上

八月十三日　　豊後

利馬様

二白相馬變心實ハ僞成べしとの片倉探索件得御意候趣キ全之妄説彌以變心ニ相違無御座候橋爪等仙藩之者ニ出會申候折相馬ゟ使節を遣し米澤賊ニ内通反形顯れ何とも當惑之次第ニ候との口上申出候右使者歸否打懸候も七日之事之右使者之口上ニ而仙ニ而も暫時御疑致候得共使者歸否打懸候を以反間なるをさとり乍チ氷解致候と笑テ噺候由是等御心控之爲メ得御意候以上

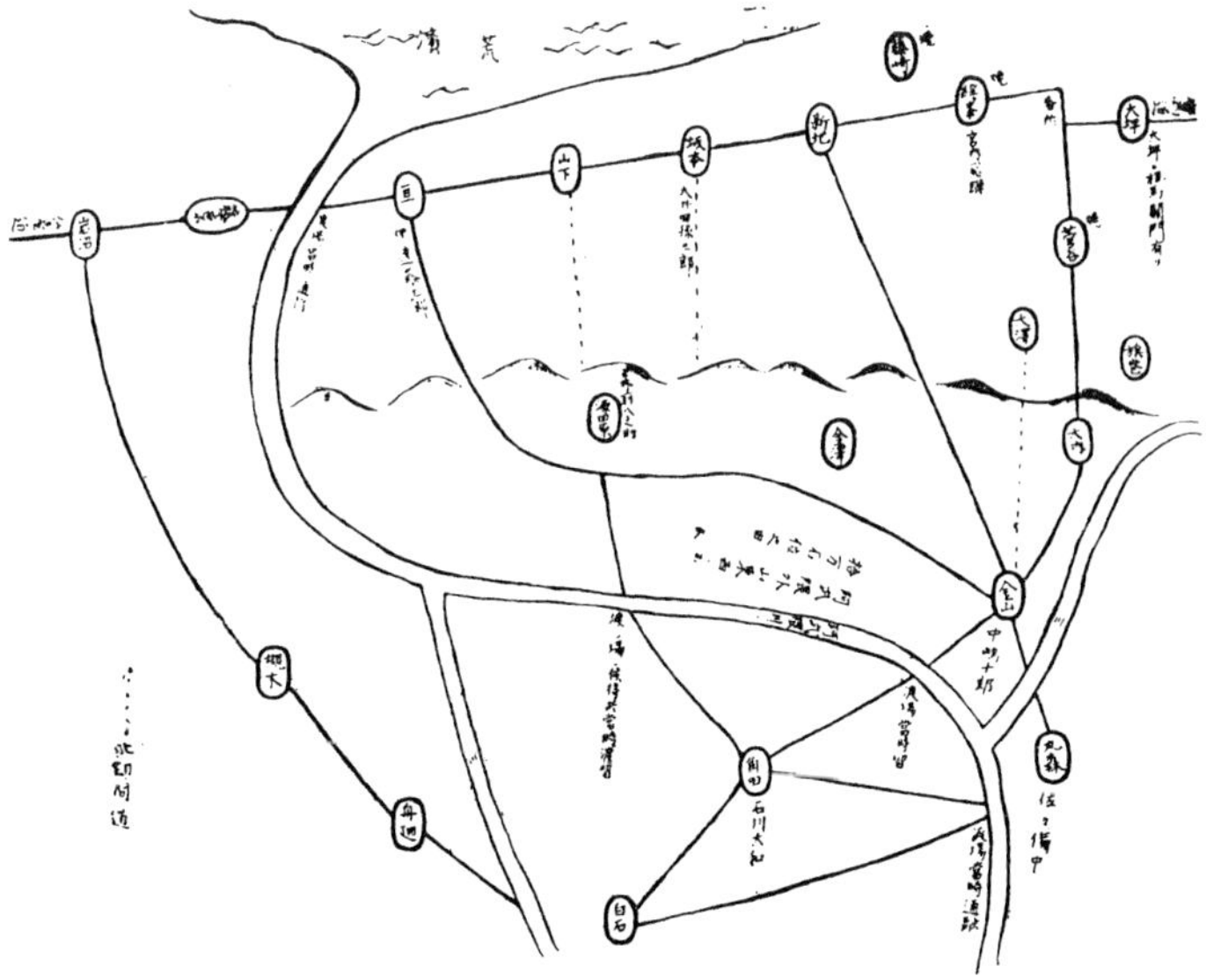
山下
坂本
新地
大坪
金山
丸森
角田
白石
石川大和
中嶋十郎
佐々備中

九四　今原某書翰「小林五兵衛宛」明治元年八月十三日

一簡拜呈去十日寒風澤着徳山（板倉勝靜）樣ハ拜謁諸事御咄申上候處能御呑込被成下甚都合宜敷日々御伺罷出御同席ニ而彼是深く米澤之事御配慮被成下産物も絹糸ニ限らす何品ニ而も差向申度品々書出セ抔被仰候ニ付品々ハ大凡之直段付迄爲致御覽ニ上ケ御身分ニも不似合御丁寧之御扱ニ而奉恐入候事ニ御座候然處待ゑの待遠ニ而今日ハシヤ（マヽ）クモ可參蒸氣船もとふたろふと日々相待候處今夕方庄内より飛脚着スチルより書狀相達申候其趣ニ徳山樣酒田より御出被下度旨申參候何譯と申事も無之唯一通御出被成下と計ニ而何等之趣意とも一切不相分候得共酒田ハ爲問合往復ニ日間取候ハヽ日後迚ニ相成機會を失可申ニ付無據兎ニ角徳山樣御出掛ニ相成私も御供仕候事ニ相成申候スチル何等之所存を以徳山樣御出相願候哉難圖存候得共定而酒田より乘出候方可相成候

一産物之儀ハ不案内之私故御國益ニ不相成不取量も必然と存候處途中ニ而宮内村石黑七三郎ヘ出會幸と存此者召連參候間寒風澤ゟ酒田ニ變候趣幷ニ私考付之事口上を以爲申上度一旦相返し申候諸事御聞上被下可然御差圖被成下度奉願候眞綿蠶種同人ヘ申付酒田ヘ爲持出候間御國産御荷物ニ不被成下ハ酒田表何彼差支之廉可有之候付御國産御荷物ニ御取量被成下度奉願候委曲ハ七三郎申上候筈ニ付筆略仕候

一酒田御拂殘青差にても賦共御拂ニ相成可然存候御含之直段被仰越被下度存候

一徳山様御前ニ而會津安部井政次申聞ニ諸藩申合鐵船買入之金子米澤庄内ハ新潟ニ而被差出候得共其金ハ新潟ニ而紛失致間敷ニあらは左候節ハ乍氣之毒庄内ヘ談判之上出金米澤ニ而もとふかして産物賣拂候か金山引當候か之内より差出呉候様被申候是迄ハ新潟ニテ如何相成候哉萬

一新潟ニ而紛失等有之候ハヽ如何仕可然哉早速被仰下度奉願候

一蒸氣船壹人前之運賃新潟ゟ横濱迄七兩貳分位之よし左候得ハ酒田ゟ五六兩兩人ニ而十四五兩往來之運賃遣候て三十兩近く殘貳十兩ニ而ハ心細く且此度之御用ハ重大之事件定而多分入用之事も難圖又御相手も貴人之御事ニ旁以最五十兩用意金として御渡しニ相成候樣御執成七三郎ニ御遣被下度奉願候以上

一仙臺勢弱く最早境内迄三里餘も被打入候よし此上仙臺も如何相成候もの歟危急切迫之至左候得ハ寒風澤出之荷物も危きものニ御座候依而酒田出し之方ニと存候時節も寒さニ懸り申候間荷物御固中山とか宮内とか迄御差出被成下候ハヽ可然と右之趣意拙筆ニ而申上候よりハと存委細七三郎を以申出候間よく〳〵御聞糺被下度奉願候

一出立之節中村甚助へ蠶種絹糸之事示談致置候間同人ゟも御聞上御取量被成下度奉願候右ハ用事而已申上度草々頓首拜具

八月十三日

今　原

五兵衛様

猶々七三郎桂屋喜助同道供共四人ニ而參候間左樣御承知可被成下候以上

九五　小田切勇之進書翰「木滑政愿等宛」　明治元年八月十四日

一筆申上候昨日申上候通上山藩中村祐右衞門自分より山形ゟ周旋相越候處山形ニ而一藩無殘心服ニて既ニ今日家老水野三郎右衞門用人石原某町奉行嶺岸勘解由三人中村祐右衞門同道ニて御城下ゟ參り主水樣御入奉願度參候途中中山ニて出會佐藤源五右衞門一同出會一應應接仕候事ニ御座候兼而御含御座候通千惣督幷大瀧六老之御見込ニてハ不止得候節ハ此位の邊迄押付ケ誓約相立させ候樣ニとの御底意御座候處此方より一向ニ不申出先ニ先方ニて兼而渇望致候事之由ニ御座候間可然御

大評被成下度奉願上候尤此通りニ御座候得𪜈村山一郡ハ動き申間敷奉存候尤以中村祐右衛門初め見込ニも可有之候間御聞取被成下度奉存候右ニ付而𪜈私一旦歸り可申心得居候處今日ニも上山ニ着否仕事も有之候間兩藩使者計り御城下江遣し私ハ佐藤江同道致候樣佐藤被申候ニ付任意申候萬一私歸り不申候而ハ御不圖合之儀被爲在候ハヽ御申付被成下候樣ニ奉願候其節至急立歸り可申奉存候右申上度早々如此御座候謹言

八月十四日

小田切勇之進

木滑要人樣

三潴清藏樣

猶々途中草筆御高免被成下度此段奉謝候以上

九六　小松驛在陣　軍事方用狀「淺宮喜内宛」　明治元年八月十五日

御隊下横田大藏方入江健三郎行衞穿鑿之由ニ而當小松驛迄御出之所廻勤之者見咎メ取糺候間種々胡亂之義も有之何分不審之事共ニ付役目之者ゟ申付同道爲致候間御請取之上夫々御糺明御取〆可被下候此段可得御意如斯御座候以上

八月十五日

小松驛
軍事方

常安寺御詰合
淺宮喜内様

猶々無相違御送り屆いたし候ハヽ送之者迄御請取書御渡し可被下候以上

九七　香坂全昌書翰「參謀宛」　明治元年八月十七日

米澤藩戊辰文書（明治元年八月）

三面大炊助江頻りニ談判之處味方ニ盡力致候樣挨拶ニ及候付安心罷在候處不思賊ニ通し居人足等ハ竊らニ賊方ニ出し置既ニ大炊之助迄昨日ハ賊軍ニ參り候由其内賊軍との勢押寄候由ニて村中騷き立て我々迷惑ニ相成候間早々三面を引去り候樣頻りニ申聞候由然るニ村上ゟ三面江之本道よれ小豆峠と中極難所有之一夫萬ニ當る之天嶮ニ御座候へハ此口さへ専ら防き候へハ大丈夫と相心得居候處左右ニ間道二筋有之此道ニも番兵差出置候處三面より東北之山ゟ此方より登り候ニハ至而難所彼方ゟ登り候ニハ峯傳ひニ下り候へハ至而易く三面ハ眼下ニ相成り迚も可防地形ニ無之加之大炊之助前顯之通ニ御座候へハ迚も持こらひ兼無據人家不殘燒拂へ折戶迄引上候趣之注進昨夜到着甚驚轉殘念至極心外存候何を今日ハ三面江出張間道迄も去りと穿鑿とふとら防戰相成候地形ニ候ハヽ早速猶又三面出勢爲固度所存ニ御座候間爾し既ニ人家燒亡之上ハ三面之怨恨も深りるへく今更何共當惑之至ニ御座候殊ニ地理功者之もの共ニ相尋候處ハ不

容易六ケ敷地形之よし相聞申候今日出張愈右之通りニ候ハヽ無據折戸峠ニ而死戰之外有之間敷と存候此口ニハ太皷澤日鞍と申兩所之間道有之由此口ニも番兵差出候處諸口ニ相成兵隊不十分ニ而何共困入申候然るニ追々承り候ニ御持口御大勢ニ而御餘計ニ行廻り候御勢も有之哉之よし相ならハ相成丈拝借仕度奉希候尤右兩口極間道容易ニ押來るへき道ニも無之處小人數ニ御座候へ共折戸ニハ物數四小隊大皷澤日鞍ニハ二小隊ツヽ差越候へハ先ツ可也間ニ合候半も外ニも間道有之よし相聞へ且兵隊きりきりニ相成身動きも不相成此上何ら變事有之候へハ應援之兵とても一切無之困入申候依而者何卒一小隊也二小隊相成程拝借仕度奉希申候此條懇々以飛脚奉願申上候以上

八月十七日

勘解由

兩御參謀

九八　大瀧忠恕書翰「木滑政愿等宛」　明治元年八月十八日

八月十三日板谷驛江着一軍議之上大國總督同道庭坂江出張佐藤宰配森軍監をも同道一同同十五日福島江罷出否諸藩軍務局江罷出山中靜翁（小笠原長行）公江拜謁委々御依賴有之卽夜二本松襲撃之策略打合有之候得共中々其運ニも移兼翌十六日夜と申事ニ相成候處其割合別紙之通仙會双松棚倉等夫々手配有之然處十六日折節終日大雨之處雨を侵し七時頃ゟ相發搦手間道請持大國總督小生三本左近ニ御座候二本松勢樽井何某先鋒嚮導有之然ニ終夜之雨ニ而山間細路深泥滑らりよ何分運兼殊ニ迂曲遼遠不行屆内ニ最早夜明夫ゟ城後江廻り相伺居候處諸道砲聲も不相聞寂莫ニ有之段々樣子柄爲致探索候處當時諸藩之人數二三千町家ヒシと相固居候由依之諸道後期候爲メ引揚候哉も難計僅貳百計り之兵士ニ而打入假令一旦ハ打勝候共前後ニ敵を請候而ハ活路も無之義無止も一同引揚候外無之義爾し聢と確信を不

得空敷引取候而も不相濟猶探索を入其内打入候者も有之哉と山上へ陣取暫時相固伺居候得共何之樣子も不相分其内番兵見付候哉諸方立騷候樣子も相見長居も相成兼無止元之道を引上ケ申候鳥渡と申所迄引取候上諸道之樣子問合候處本道之二本松仙兵ハ二本柳手前迄繰詰少々戰爭相始根子町迄引揚候由佐藤手ハ二本松城十丁程手前迄繰込候得共是亦二本松備相立何道合戰も不相始候故暫く猶豫致居候内先方手配向も有之樣子ニ付後を被立切度を不失樣早速引揚候由會兵本宮ゟ打入候哉不相分右之次第ニ而諸方大不都合ニ而折角之組立畫餠と相成歎息之至ニ御座候

○白城　宮樣御内意之由定而平田御國迄相越申上候筈今朝大河原甲之助當驛迄相越申聞候趣當節福城ニ諸藩出兵致居候ニ付是非御國ゟも御出勢軍務局ニ重役之内相詰候樣致度との事左も無之候得ハ不日福城陷沒信達瓦解ニ相至白石も岌々乎依之是非ニ福城ハ御固被遊度よし外ニ大森鳥渡邊ニも御國之人數ニ而相固吳候樣且福島詰諸藩ゟも同所詰坂蘭

溪迄引合有之由依之國許西境至急ニ而精兵ハ盡く同所へ繰出置當方ニハ誠ニ境固ニ人數而已ニ而外ニ可繰出兵迚ハ無之旨猶又大河原を以坂隱士迄爲相斷候得共福嶋丈ハ少ナ〳〵二小隊も不差出候而ハ諸藩へ對し不相濟候半外大森鳥渡ニも農兵ニ而も合義隊ゟ濟民隊之内なりとも一小隊ツヽも配り不置候而ハ東境不相持候半若其段ニ而宜敷ハ濟民隊御繰出し候樣致度候

○信達先鄕士渡部辰之進隊之者ハ其表ニ而御沙汰申上候通八嶋内領出方を以當納ゟ二人扶持ツヽ被成下方相達當時番兵を始爲勤置申候誠ニ難有樣子柄ニ御座候

○當時板谷ニハ麻公大總督ニ而御詰ニ付大國總督ハ先ツ庭坂へ出張信達之氣勢を張遙ニ仙臺之應援をも致度もの敵も參らぬ先ニ庭坂迄捨而退縮致候而ハ信達も瓦解致候國境も持兼候半當節是非ニ氣力を張置度ものと存候此節阿武隈川向川俣迄賊入込日々戰爭有之哉ニ相聞候得共是

ハ仙臺棚倉等請持尤御國ゟハ方角違ニテ手ハ屆兼申候無據次第と存候

○仙表駒ヶ峯を被燒候哉ニ候處大ニ奮發ニ而相馬領を燒打致シ候得共應援不至引揚候由之處勝敗相當と申譯ニ而先ツ國境ハ持居候樣子責而之事ニ御座候

○當時越境之模樣如何ニ候哉無心許存居候後便少敷御垂示奉仰候

○小生進擊之爲出張相願候得共前顯之行廻ニ而甚殘念之至爾し先ツ當驛迄蹈留り暫時鎭撫をも仕度相含居候間其段御心得被下度候

○敵方當時八丁目迄西ハ水原と申所迄入込日々見廻り或ハ砲發等仕候得共餘り深入も不仕三春口ゟ川俣を志し候哉ニ相聞同所ゟ梁川保原邊ゟ入込候得共桑折も危く白石ゟも相響キ候ニ付此方ゟも少宛御手配無之候而も可然哉爾しそふ〳〵御行屆も六ケ敷筈猶能御練詰御評判被下度候頓首

八月十八日晝後

庭坂詰
新　藏

要　人様
七左衛門様
小源太様
清　藏様

九九　在綱木守備隊報告書「役所宛」　明治元年八月廿二日

以飛脚申上候然ハ仙臺藩中大泉兵記と申者罷通候ニ付會津之様子承り申候處一昨廿日勝岩口石莚口両所ゟ賊入込晝四ツ時ゟ八ツ半頃迄打合則拙者兵隊も出兵仕候得共國元ゟ御引揚ニ相成只今罷戻候由申聞候今日只今ニ至賊兵須川野村木地小屋村れ間ニ居候由爰元ゟ木地小屋村迄八里位御座候由昨晩大原村燒候様只今も火ノ手相見ゐ申處賊兵誠ニ間近ゐ入込候

事相違無之様子ニ相聞ひ申候然ハ當口御固之御人數御遣被遊候もん聞繕ひ未タ戻り不申候へとも火ノ手近々と相見無心元存候ニ付兵記咄之趣不取敢申上候以上

八月廿二日五半頃認

綱木

御固中

御役所

猶々道法之様子承り候處平地ニメ心安キ檜原迄被參候由此段申上候以上

一〇〇　綱木庄屋大川孫四郎報告書「役所宛」　明治元年八月廿二日

以書御注(マヽ)心申上候事

今廿二日朝會津猪苗代横向口ゟ東軍打入夫ゟ二里程手前須賀野村と申處

放火致候よし此須賀野と申ハ猪苗代之直ニ向ニ相當ル所ニ御座候右ニ付
會君猪苗代ゟ御繰出しニ相成候模樣ニ御座候
右も只今仙藩右猪苗代ゟ今朝馳參り勞れ候由ニ而當驛止宿仕右之段申聞
候ニ付此段御注（マヽ）心申上候以上

辰ノ
八月廿二日

綱木庄屋
大川孫四郎印

御役所

一〇一　千坂高雅書翰「長尾景直等宛」明治元年八月廿三日

（卷表）
長尾權四郎樣
甘粕備後樣

千坂太郎左衛門

齋藤主計様

兵卒等ゟ相聞へ浮說申唱申しさわき立候而ハ決而不相成候ニ付深々御心得御尤ニ候

會津石莚ゟ相破レ猪苗代不殘燒失ニ相至城下ゟも被迫候勢ひア、殘念不啻天也命也不得止次第ニ候依而ハ三潴清藏着ニ而承り候へ共其御方面御尤之御評判至急ニ上候哉小川等之面々を利左衛門申出次第御差遣し實否ヲツキ留度存候然後ニ重役差越奥羽連合之儀ゟ順々如此段ニ立至り其本會仙ニウラレ被欺候云々迄相咄しウント議論ニ相及度存候然後ニアヤマリ可申時ハ誤リ何之カドハアヤマリ何之口ハリント立ルト相定め御國家之相立候樣不致ハ御互不相立死力ヲ盡シ候時ハ此時ト存候ア、綱木至急ニ立至候ニ付人數小玉川金丸方面ゟ都合次第一小隊之半小隊之多程好し何卒御遣し可被下候隨而甘粕參謀大急ニ御歸り之樣被仰出候間早々御歸り可有之候尤急之儀ニ付早々申入候以上

八月廿三日

太郎左衛門

権四郎様

備後様

主計様

一〇二 竹俣久綱書翰「長尾景直宛」 明治元年八月廿四日

（巻表）長尾権四郎殿　竹俣美作

一筆申入候然者利左衛門罷越候ニ付委細齋藤へ甘粕ゟ被申越候通り相決候間宜く御心得御取計可被成候諸藩之連合些と呑込之者加り不申候而ハ不都合之意味も有之候間黒井六老へ關應接中達候間此段御承知小川君江も能く御談判御座候樣致度云々右ニ付先ニ爲見候手續書面ハ此度東江差出候御嘆願書の寫則差越申候應接振の儀ハ早速御申越可有之候右草々不

盡

八月廿四日

美作

権四郎様

猶々若松城も最早落候哉ょ相聞嘆息之至ょ御座候最早至急切迫之時節到來深く困苦不啻候

一〇三 甘粕繼成書翰「齋藤篤信宛」 明治元年八月廿四日

今曉藏田熊之助會津ゟ馳戻り昨廿三日早天ゟ若松城ニ被迫大戰一時餘遂ニ八方へ火を被放最早落城之體見屆來候由扨々長大息之至ニ御座候右ニ付てハ一刻も早く悔悟謝罪無之てハ御國も危亡旦夕との廟議決し則土藩人ヲ紹介ニメ　天朝への御奏聞狀幷當春以來之御手續書共ニ御差出之方ニ相成居申候今更誠ニ泣血切歯ニ不堪候へ共事已ニ此ニ至て不得已次第

則大瀧ト小子ハ二本松總督府へ之御使被仰付只今出張仕候右ニ付てハ彼利左ゟ一件も何とそ首尾好施行致度もの勿論上小川利左ゟ報告次第速ニ可被遣旨被仰出次ニハ貴兄幷黑川談判可然との義ニ御座候依之東ハ御差出之御奏聞狀幷手續書共取集差上申候能々御熟覽之上御和平首尾調候樣偏ニ所希ニ御座候但シ初ハ一意御恭順之外無他事所一ハ下參謀世良大山等ゟ暴行ニ激シ二ハ官軍ト唱へて實ハ薩長の會庄ニ私怨を報する闘と誤り心得三ニハ越地御下向之官軍ニハ別ニ朝廷總督之御方もなく亂暴奥羽ト同しき由頻ニ會人の浸潤申聞候を偏信仕候ゟ列藩會議之信義を蹈んとして遂ニ東西　王師ニ抗し候ニ至りて云々元ゟ奉對　朝廷聊抗衡之素意無御座候へ共遠境僻邑丈四方之道路梗塞遂ニ會人ニ被欺て此形勢ニ立至り實ニ千悔難及云々を極底として可申譯義ト評議を盡し私東面してもやもり此意を以應接致心得ニ御座候但したとへ此際ニ至り候共仙庄へ談判之上諸共ニ悔悟謝罪不致してハ決メ不相濟獨り活を求メてハ御信義天下

ニ不相立此所ニ於てハ斷然ト御決意ニ候何彼申上度事如山ニ候へ共急迫
中故要文而已申上候早々以上
八月廿四日五時認
備後
主計様
猶々木滑仙臺へ參候處榎本ゟ海軍東北へ出兵之由慥ニ相聞へ活路出候
とて于今因循之書狀到來歎息之至ニ御座候
但し私が家來共へも早速戻り候樣御一聲被下度候以上

一〇四　上與七郞書翰「齋藤篤信宛」　明治元年八月廿四日

（上封）
大急御用筋
大里峠本陣ゟ
齋藤主計様
上與七郎

唯今利左衞門參り申候寺本ゟ書狀持參明廿五日出會之方申來候右ニ付大

急御用談御座候間早々御立戻被成下度此條早々以飛札申上候以上

八月廿四日

本陣ゟ

齋藤主計樣

一〇五　小川源太郎書翰「大里峠軍政府宛」明治元年八月廿四日

（卷表）
大里峠
軍政府
金丸詰
小川源太郎

三左衛門手代元次郎九助等關邊探索之大意昨晩爲參考差上置候處今日右面々共御本陣ニ罷出候間猶又委敷御聞取可被下候扨今朝興之助泰助等當御固メ出立之節附添參り候留之助申聞ニも一兩日中猶又手代之婦人共關迄引戻候間其節も無滯可相通旨申出ニ御座候此邊ハ軍政府ニ而御承知之上ニ御座候哉當金丸ニ近狀往返頻ニメ甚無心許奉存候實ハ興

之助泰助丈ケハ無是非次第と存候得共そふ〳〵我ゟも〳〵と敵地往來いふし候事ニ而ハいまふ敵情も不分明之内心外之寬典ニ過候御所置と奉存候萬一不慮之大難出來候ハヽ悔も不及譯ニ付篤ト御評判婦人共ハ先ッ〳〵御取押へ置被下可然義と奉存候若し又外ニ御趣意も有之不苦御評判ニ落着いたし候ハヽ嚴重軍政府印形之通判御授ケ被下度奉存候無左節ハ相通不申候間右樣思召置可被下候是も敵之恐ゟのミニならに味方兵隊も自ら怠惰ニ行渡り候口ニも可相至と甚懸念奉存候

○昨日齋藤參謀當地御出張ニ付當御固メ之義ハ思ひ之外手廣く且ッ手違ニメ何變之節ハ兵隊不足ニテ配り兼候行廻りニ付猶又是非ニ最五十人御人數御附益し被下度段御沙汰いたし候處尤と御聞取ニ而早速御手配被下候方ニ相成候得共方々御廻勤ニ而遲成候樣子ニ付一刻も早方ハ甚仕合之至と奉存候間方今玉川ニ而休兵之細矢中津川加藤等之隊が其內今日菅名附周旋方河村才助小玉川ゟ來着ニ而中津川小玉川邊ハ自然之

天嶮ニて誠之番兵位ニ而可然哉の見込ニ御座候得ハ當時小玉川邊ニ出張之御同心鈴木佐左衛門山崎勝次郎隊之内鈴木佐左衛門隊當口ゟ御差向被下候而も不苦義と奉存候猶御評判之上達度候も五十人丈ケハ明日中ニ御出勢當地ゟ繰込候樣御手配之程奉萬願候右申上度誠惶不具

八月廿四日　金丸詰

小川源太郎

大里峠

軍政府

猶々今日ハ大隊頭八ッ口出張ニ付已ニ評議濟ニ相成居候末小生ゟ申上候間よろしく御聞取置被下度奉存候以上

一〇六　詰之間用状「長尾景直等宛」　明治元年八月廿四日

若松昨朝落城ニ相成不殘燒失ニ相成遂ニ大變ニ相成候得し何とも〳〵
ア丶仰天長大息之至ニ候依而何ニ知らす大急ニ人心ニひとりさる樣御乘
切りニ而御歸城之御沙汰御尤ニ候此上ハ上下ニ而官軍御迎ひ而外無他事
候何卒關利左衞門が口此變動不知內御談判ニ相成和議相調へ候樣御取量
有之度存候參謀衆も大急ニ其方面を大丈夫ニ被致乘切早ニ而御城は可被
相詰候何事も面晤と乍略儀一同ニ御達之樣相認め候間御沙汰後ハ玉川方
面は大急ニ御遣し可被下候以上

八月廿四日曉

詰之間

權四郎殿

外記殿

備後殿

主計殿

如何小國御役屋ニも爲御知可被下候ア丶歎息〳〵泣血之至ニ候

与總右衛門殿

一〇七　長尾景直書翰「千坂高雅等宛」明治元年八月廿五日

猶々細矢十左衛門隊差越候間是又御心得可被成候以上

賊徒會津猪苗代迄討入候儀ニ付此表ゟ精兵小田井藏太隊御城下ニ差越候間着ニ相成候ハヽ宜御指揮可被成候以上

八月廿五日　　　權四郎

太郎左衛門様
上總様
美作様
利馬様

一〇八　下條外記書翰「長尾景直等宛」明治元年八月廿五日

今曉七半時石瀧
御止宿へ別紙相達ァ、何と可申言葉も無御座候歎息ニ不堪御座候
若殿樣ニも尤直樣
御立　御歸城之御都合ニ御座候早々以上
八月廿五日曉

外　記

權　四　郎　樣
主　　計　　樣
總　五　郎　樣

【備考】本書中に所謂別紙は、上掲本月廿四日付詰之間用狀を指す。

一〇九　菅名但馬上申書「軍政府宛」明治元年八月廿五日

以書面得御意候然ハ私江御附屬之六小隊之内山崎勝次郎隊鈴木佐左衛門隊之兩隊ハ周旋方川村才助ニ預ケ候而小玉川ゟ中津川筋之間道爲探索差遣候處才助儀昨日當方面金丸へ引戻し夫々探索も行届案念無之樣ニ聞請罷在申候依之山崎鈴木之兩隊ハ則私附之隊ニ御座候間小玉川邊屯集之兵無詮儀思召候ハヽ當方面手薄キ義ニ付軍監ゟも得御意候末其段御手配被下被遣被下候ハヽ隊下も私も仕合ニ存候間其段ニ御心得小玉川邊兩隊當方面江被遣候樣御下知被下度若又小玉川邊御案念ニ有之壹小隊も御殘ニなら ハ殘隊之分ハ御取加へ五拾人ニ御見込被下被遣被下候樣致度存候此段如斯得御意候以上

八月廿五日

菅名但馬

軍政府

一一〇　今井利義等書翰「勘之丞宛」　明治元年八月廿六日

只今戰士ニは菜料御酒等被成下御沙汰ニ候とて御達之趣御通達委曲承知仕候右故御評判之上之事ニ御座候哉然上も軍政府之達と申も不法之儀ヶ様之儀ハ三局評之事ならは格別軍政府之御達を以取量可申ものニハ有之間敷扨又金穀等之事迄軍政府之達を以取量候事ならバ我々出勤ニハ不相及儀ニ付金銀方御臺所役而已出勤之上御取量候方トメ早速御免相願候方勿論之儀と存候何之ためニ御年寄當局御役所出勤之事ニ御坐候哉些と御勘考被成下度尤明日ハ市内罷戻候方ニ付委曲御城下表へ御評判仕早速御免奉願候外無御座候間御年寄へも御沙汰被下度此段早々得貴意候以上

猶々御達之書面返却も余り如何とぞんじ蓬生戸迄相送候間右樣御承知可被下候

八月廿六日

吉江
市内

勘之丞様

一一一 千坂高雅等書翰「齋藤篤信等宛」明治元年八月廿七日

二本之都合ハ今日森早ニテ來り先キの本陣迄罷越又同所大村之參謀ニも出合初よりの行違一々條陳致候處至而寛大都而妙々ニ相見申候然ニ彼書物類差出候事ニ而ハ過去の事とハ申條先々腹なんもはに相障り候義多々有之又御歎願書も大きニ因循之意味も有之候間是又せんなき事へ都而書類も一切不差出口上ニ而一々申述候方ニ相成申候其口も是非〳〵一樣ニ出不申候而ハ不都合ニ可相至候へ彼の書類ハ盡く御延引御口上ニ而御申出の方ニ可被成候尤御歎願ハ御差出無之方ニ相成申候先ツ東の方ハ一先安心之事へ深く御心得爲國家厚く御心得候樣念々他事故不覺候不盡

八月廿七日

美作
上総
太郎左衛門

主計殿
小源太殿

一一二　島津完蔵書翰「千坂高雅宛」　明治元年八月晦日

（上封）
千坂太郎左衛門様　　嶋津完蔵
御用筋

山本寺御高家胸壁之為吉野芳次郎同道被参忽チ一ノ胸壁成就仕申候吉野諸人足を鼓舞し萬事皆迫て働き呉候事感心之至已ニ今朝抔ハ不快をおらし早天より取懸り山間を馳廻り夫々差圖よ相及候斯る貞實之者ニ付永く留

置度ものと御高家ゟ相談致置候間否御示し可被成下候扨又中津川田澤邊諸々間道も有之由右數口ゟ胸壁之御手配ハ如何ニ可有御座候や若御築立ニ候ハヽ當所ゟ新開共引連レ直ニ出張致度ものと御高家被申候事ニ候尤小子義當口御固之將も相勤罷在候ヘハ相殘申候是も手後レニ相成候てハ人足の不都合ニ罷成候間早急御報奉願候以上

追啓昨日ゟ今日ニ至り會城西四里程相隔片門ト申所ニ大砲之聲頻ニいたし候此口も中々持難き地勢之由ニ御座候〇二本松藩已前御城下ニ止宿之內會藩ゟ分配ニ相成候所尙又此分計入境御許しニ付昨日ゟ大凡百人計入込申候ア、〳〵落人ニハとんと困却仕申候以上

八月晦日

嶋　津　完　藏

尊　大　夫閣下

一一三　高知藩士谷干城等書翰「米澤藩重役宛」　明治元年八月

（上封）

米澤御藩
御重役中様

土州
谷守部
片岡健吉
伴権太夫

此度爲會賊追討　天兵被差向候處豈圖ン貴藩儼然抗拒之趣驚愕之至ニ候尤仙藩始メ其他同様之藩も有之由ニ候へ共貴藩ニ於ハ不外御家ニ候へも默然傍觀ニ不忍不得止及陳言候抑貴藩祖霜臺公ハ戰國分裂之世天下無道之際ニ被處斷然御入洛被謁將軍家就而も希有之　天寵ヲも被爲蒙候御事大義凛然今ニ至迄史冊ニ昭々タリカヽル御家ニ被爲在既ニ先年も於京師不一方爲　王家御勤勞被遊候ナト海內之耳目ニ徹シ萬一東方有變之日ハ他藩も扨置必ス貴藩ニ倚賴可仕と孰も不堪感激之至候然ニ今日諸藩奉

天子之命大兵被差下候上ハ確乎タル　天兵忠邪曲直不待多言候處案之外貴藩與會賊謀ヲ通シ堅ク　天兵ヲ御拒ミ被成候ハ御遠大之計とも不相見何とも奇怪之至ニ候過而不改ハ小人之所爲對君父謝罪ハ臣子之當然萬々可恥義も有之間敷一旦御悔悟之上深ク被存恭順御謝罪之道相立候へハ
天朝へ之御申譯も被爲立長ク奕世之宗祀ヲ存シ藩祖之御美名ヲも御取返ニ可相成忠孝兩全此上之御事と存候　天兵之所向一旦貳心之徒モ往々望風而降伏候へハ天理人情必至之處能々御洞察有之度現在賊名ヲ受シ會藩ニ與シ一藩戮力死生徇賊ハ如何ナル御心事ニも候半哉海内有數之御家ニテカヽル賊徒ニ黨シ内ハ無罪之良民ヲ殺シ外ハ笑ヲ萬國ニ取リ徒ニ祖宗數百年之社稷ヲ被爲棄候ハ實ニ口惜キ次第無情御事ニ候一尺之土一介之民孰非
天子之有恩威並行ハ天下之至道ニ候へも　天恩之寛大ナル亦近日之所見ニ候畢竟貴藩ニ在而も御親縁之情御同列之義某等ニ於も無餘義奉存何卒

断然御悔悟之道有之度萬々不堪企望是亦某等寡君ニ報スル所也用捨去就ハ貴藩之心ニ在他日矢石之間可申承候以上

辰八月

土州

谷守部

片岡健吉

伴権太夫

米澤御藩

御重役中様

一一四　毛利業廣書翰「長尾景直宛」明治元年九月朔日

一筆令啓達候然も左近司周助ゟ別紙結副之通被　仰付候間可被御申達候

随而同人代四番隊半隊頭追而被

米澤藩戊辰文書（明治元年九月）

仰付候筈ニ付當一過於其表可然者ハ假役可被御申達置候右爲可申入如斯
御座候恐々謹言
九月朔日
毛利上總
業廣（花押）
長尾權四郎殿

【別紙】

覺

御馬廻四番隊
半隊頭
御加增
百石
元取共貳百石
左近司周助
右者此度七番隊々頭被

仰付御加増右之通被成下之

九月

一一五　會津藩士萱野長修等書翰「千坂高雅等宛」　明治元年九月七日

（上封）
米澤樣御藩

竹俣美作樣　萱野權兵衛

千坂太郎左衛門樣　上田學太輔

彌御堅勝御凌可被成珍重奉存候然ハ桑名樣御藩別紙人別を始惣勢貳百七拾人程是迄弊藩ニ罷在夫々盡力御座候處此度君矦之御手元迄罷越候ニ付尊藩御關門通行之鑑印相渡候儀ニ御座候處御取締筋之御都合も有之候哉ニ付尚又拙者共ゟ爲念一書相渡申候間御懸念なく御領内通行ニ相成候樣其御筋へも仰渡被下度御賴申上候右之趣早々得貴意度如此ニ御座候頓首

九月七日

學太輔
權兵衛

美作様
太郎左衛門様

【別紙】

桑名様御藩
服部半藏
岩崎五太夫
山脇十左衛門
立見鑑三郎

一一六　公現法親王書翰「上杉齊憲 上杉茂憲宛」　明治元年九月八日

涼氣肅然之處御揃益御安泰珍重不斜候抑今夏以來大義之舉種々御盡力之

處形勢進退近日其御藩之儀ニ付傳承之趣も有之此方ニ而も甚令痛心候元來重厚之御國風故斷然疑惑等者無之候得共此上猶俯仰不愧天地之名算有之樣致度委悉之儀者圓覺院可申述候也不備

九月八日

公　現

米澤

兩　御　名

尚々時下不揃折角御厭之樣存候也

一一七　會津藩士手代木勝任等書翰「堀尾重興宛」　明治元年九月八日

尚以手前ゟも手續を以休戰之義申立候積ニ御座候

昨夜内啓仕候處西南兩方ゟ被攻寄城中へ道路差塞り今以日夜戰爭仕候由同藩共申聞候事ニ御座候就而御内敎報之義も精々盡力是非以爲行屆度存

候へ共日夜之戰爭無已時勢ニ而ハ右談判も整兼候間此上何とも恐入候へ共暫時休戰之義御取計之程奉伏願候前文之通道路塞り候ても兩生ニハ如何體ニもいたし城内へ相達候覺悟ニ御座候間左樣御含被成下度奉存候已上

九月八日

秋月悌次郎

手代木直右衛門

堀尾保助樣

一一八　大瀧忠恕書翰「倉崎清典等宛」明治元年九月十日

九月八日晝頃出立大澤ニ而福島藩池田權左衛門へ談判之内廿參謀ニ後レ庭坂へ深更着之處最早參謀初メ佐藤宰配福島行ニ相成候付同所へ一泊翌九日夫々量向有之猶豫之内大國殿着ニ相成打合之上福島表無心許候間早

書ニメ出立七半時同所本陣へ着之處諸方江之應接向相濟少しハ心懸りも有之候得共荒方落着之模様ニ相見へ申候委曲ハ參謀初メゟ之書翰ニ而御詳悉可被下候依之二本松表江も右之云々申越兩三日中猶豫相願相成丈穩ニ所置致度手配ニ罷在申候尤二本松大夫江も引合庭坂ゟ四小隊程爲繰込御國勢七小隊同斷

○諸藩江之懸合振も成丈手荒ニ無之説得承服之上爲引候方頻りニ手配罷在申候只仙庄二藩本藩ゟ之報告無之候而ハ引揚六ケ敷由尤之事故其段ニ聞濟申候其他諸藩ハ格別異議無之候由

○右東方面ハ先ツ無事ニ相濟候ニも可有之只懸念西方ニ御座候最初打合之通森行人澤本岩村等同道是非ニ小國ニ足を留逗留爲致當地之所置相定ルを待乘込候樣周旋有之度念願罷在候若不得止節ハ城下之固嚴重相心得町家ハ不殘戸を下見物等一切差留整肅ニ相靜り口々辻々兵隊ニ而ヒシ〳〵相固メ高貴之官人行懸り候ハヽ捧ケ筒の禮式を嚴肅ニ相盡シ

水も不通ト申様相備度且相成丈城下ニ一泊無之書通位ニ相通し度もの是等其表ニ而宜御熟評有之度如何ニ尻毛を挾候とも開城とハ不相成候間其旨宜御心得有之度候

○兼而依頼罷在候諸藩へ不殘布告説得之上速ニ謝罪歎願之運ニ爲移度もの其内長岡村松等ハ方面違ニ付西方へ歎願爲致候方可然其他上ノ山山形天童等東西何方ニ而可然哉速ニ其手配有之度右小藩ニ而ハ當家の鼻息ヲ仰キ居候ニ付誘導提携不都合無之樣世話致呉度もの其内棚倉ハ飯坂ニ罷在候間是ハ此方ニ而手配致し可申候福島も同斷

○八島田詰新發田藩士ハ夫々衣金相與差戻し候由出町ハ漆山柏倉詰之者共も同樣之筈夫々不失歡心樣御手配有之速ニ相返し度もの無御油斷御取計有之度候右得御意度早々拜啓頓首

九月十日

新　藏

七左衛門様
小源太様

一一九　竹俣久綱書翰「長尾景直宛」明治元年九月十日

（巻表）
長尾権四郎殿　（竹俣久綱）加地権平

猶々飯田与總右衛門儀ハ此節官軍繰込色々用向懸合等可有之ニ付暫く差扣萬事不都合無之様可取計旨可被御申達云々

御自分其御境口大頭被
仰付置候處追々人數御引纏ひ御歸陣之様被
仰出候間早々可被引取候以上

九月十日

竹俣美作

長尾権四郎殿

米澤藩戊辰文書（明治元年九月）

一二〇　小幡親徳等書翰「倉崎清典等宛」　明治元年九月十一日

一翰啓上然者兩人去ル九日八時着翌十日重役面會申入小子片山小田切三八城中へ罷出遠藤主税大内主水面會　世子新發田御出張之始末監察下向之一條山口元助を以申越候筈ニハ候得共猶委曲申上候樣被申付罷出候旨縷々申述候處尤以疑心之樣子も不相見於此義ハ萬々御安心いたし一件老臣切之評判ニ不被及候得共追々察知之輩有之書生之異論抔も有之候得共誠ニ取るに不足論此度之義誠之天幸斷然和親ニ決し居候と申事

一歎願書進達之義相促し候所是迄之談判兩國之情行違居仙之趣意ハ兩藩相揃二本松へ罷出先方之情篤と突留候上歎願候心得ニ而先達而堀誠次郎庭坂迄罷出候所米澤ニ而ハ歎願書之手運ニ相成居由ニ而罷戻候ニ付此上兎角元方之評議承り度横田寛平外ニ壹人差添米澤迄差立候由ニ付

米澤へ被差出とも別ニ相違之筋も無之ニ付早追ニ而兩人庭坂へ差越し御連名之舊格通之御決議次第早速進達之手都合ニ及度旨取詰及沙汰候得共猶評判可致由ニ而卽答無之寬平歸着之上ならてハ埒明申間敷何共不都合之次第ニ御座候

一福し海表出兵引上ケ之義ハ專ら其手都合ニ相移り庄内應援之兵も品能く相歸し續而諸隊國境迄引取之筈ニ候

一列藩布告之義何分果敢〳〵敷不參候得共最早追々相洩候樣子ニ付先々内實相明し不日ニ公然と布告可致旨及評判候

一宮樣德山山中へ沙汰之趣ハ元ゟ于覺悟有之格別難事とも不思樣子幕兵之義ハ大ニ當惑之樣子ニ候得共何を歟說得可相成と申事先前顯位之談判ニ而深更ニ相成候ニ付昨夜も引取猶追々催促ニ可及心得ニ罷在候間右樣御承知被下度書外元助今日立ニ而罷戻候間御聞取可被下候幸才領之者歸國ニ付此段得御意候以上

九月十一日　　仁一郎
　　　　　　　源吾

七左衞門樣
小源太樣

一二一　圓覺院書翰「米澤藩家老宛」　明治元年九月十二日

寸毫致拜啓候秋涼日加候處各樣御揃愈御勇健奉恭賀候然者去五日德山四(板倉勝靜)郎左衞門
宮御方御前ニ被罷出近日御藩之議論御模樣替ニも相成候哉之由被申上右者元々重厚之御國風故何レニも同盟列藩會議一決之上御所置有之事与
宮御方ニ者思召候得共巷說等種々之儀相聞旁猶最初御依賴之廉等厚御賴被仰進候旁拙僧爲御使罷越候然處薩長兵隊等御城下ニ繰込有之由右ニ付

拙僧罷出候儀御不都合之程モ難計御城下入口ニ差控否及御問合候尤御直書モ持參仕候事ニ候否御報可被仰下候依之如此ニ御座候以上

九月十二日

猶々拙僧罷出候儀御不都合ニ候ハヽ御直書丈モ御渡シ申上度候間其筋ノ御人御遣シ被下度此義も御不都合ニ候ハヽ委細ニ被仰下候樣仕度候

御家老中樣　　　　圓覺院

【備考】本書中に所謂御直書は、上掲本月八日付公現法親王上杉齊憲等宛書翰を指す。

一二二　小幡親德書翰「倉崎清典等宛」明治元年九月十二日

一簡拜啓然ハ一昨十日城中へ罷出深更迄談判昨日終日返答相待候得共何之義も無之其内昨夜福島表ゟ若林宗太早追ニ而相越し彼地之件々縷々申聞候付今朝猶又城中へ罷出右談判候處昨日城中大評有之稍國論致

一定候由ニ而益田齋富田敬次郎若林宗太同道今朝出立　御連名之歎願
書差出都合ニ相成候御安心可被下候
一宮樣へ御沙汰列藩布告之義明日よもと相迫り候得共明日とハ參る間敷
併兩三日中ニハ片付可申候
一幕兵說得之義も仙臺藩中里半九郎と申者懸りニ而餘り六ヶ敷樣子ニモ
無之由
一窪田次右衛門片山仁一郎へ更代被　仰付今日着之所當時片山罷戻候而
ハ却而不都合有之ニ付暫押留候間此所ハ御任セ被下候樣宜敷御沙汰可
被下小子滯留之義委曲奉畏候此上之動靜次第進退可仕候間宜敷御沙汰
被下度奉希候山田元助只今出立ニ付大略如此得御意候猶同人ゟ御聞取
可被下候以上
九月十二日　源吾

七左衛門様
小源太様

一二三　大國頼隣書翰「千坂高雅宛」　明治元年九月十四日

猶々甘粕參謀二本松ゟ被罷越候ニ付古幕敗兵いたし落切りニ不相成模樣承り萬一御國へ監察使着日並等クルイ間敷ニ無之其節ハ明日急速可申筈何之儀も不申上候則本文之通り御含被成下度奉存候
仙臺　御兩名御書付一條心外因循罷在内去ル十一日夜中仙藩ゟ駒ケ峯之方へ一通差出し候旨屆有之此方面ゟ之都合ハ一切不相分依之十二日迄相待何之儀も無之ハ無構御一名ニ而差出も旨差斷相待居候も十三日晝頃迄何之儀も不相分候ニ付直樣出立夕方二本松へ着之處最早夜中ニ相成候へ共甚遲々いたし候始末一刻も早く差出し度旨岩村へ及談判候所勿論御出張次第御案内之積ニ打合置候得者至極〳〵トノ事且先達而表向之廉相濟

候へハ此度ハ參謀本陣へ案內トノ事ニ而岩村同道罷越候處搃而御落手且月計りニ而日付無之所岩村周旋ニ而先達而四日二本松着五日參謀面會ニ付則五日日附ニ而可然トテ其通ニメ差出し候所則五日御差出し之積ニ相合御總督へ申上置トノ挨拶妙々之都合ニ相成申候右無滯落手ニ相成候條ハ改而可奉復命本意ニ御座候所委曲大瀧六老へ相咄し候通ニ御座候間其段御聞濟被下度奉存候

○福島へ監察使下り候條ハ御承知も被遊候筈然ニ御國表ゟも同斷ニ而福島ニハ渡部（渡邊淸）參謀幷吉岡俊衞御國表ゟハ御使番彥根藩松本勘三郎幷備前人ゟ壹人と申事ニ而姓名不相分外ニ岩村虎雄も御國へ參り候都合日竝ハ明後十六日前文人頭一同福島表へ着右ゟ一泊十七日大澤泊十八日御城下着之方取極申候右ニ付板谷ゟ福島迄之扱振是ゟ評判いつれも不都合無之樣取量可申ニ付板谷ゟ御城下迄ハ宜御含夫々御達被下度奉存候

但福島表迄ハ三小隊一小隊五十人引率ニ而參謀之吉岡餘程逗留之模樣

是ハ仙ニ而餘り因循ニ付兵威を示しヒタ〳〵取片付候趣意らと被察申候

○今日事方落着九時頃二本松立町出離否甘粕參謀仙人を案内被參候ニ出合申合候ニ付委ク承り候所仙ニ而漸く歎願書持參之所小子も罷越候留守且ハ極因循故福島本陣ニ而大義論を得爲其俄ニ臆病神ら付キ不一通依頼され無據同道トノ事扨又高山も是迄二本松詰ノ所御一通差出し候故壹人も相詰居ニ不及トノ事ニ付此上奥羽降伏之者罷越候ハヽ如何ト岩村へ引合候所是ハ一式引受周旋いさもニ付案念ニ不及ト申ニ付則高山も同道罷戻候途中前文都合之所高山是迄二本松詰故深く仙ニ而依頼是非引戻し周旋いたし呉候樣云々ニ而無是非是も引戻し今夜半ならていい參謀高山共々福島着ニハ相至り申間敷候仙ニ而も此度ハ青菜へ湯相成可憐樣子ニ相見へ申候

○高山も早速御城下引戻之方御都合も御座候御模樣ニ候得とも福島へ渡

部參謀罷越候ニ付而ハ是迄二本松詰ニ相成居未彼是不居してハ不都合
且岩村も是非高山ニ福島逗留之方いたし呉候云々も御座候模樣ニ付暫
時留置候ニ付其段思召奉願候甘粕參謀も此表色々評判向も御座候ニ付
コヽラ取極ル内逗留之方ニ罷成可申此段ハ拙生ゟ申上置候樣先刻途中
なから咄しニ付申上候

○御國へ監察使兩人ト岩村切ニテ兵隊一切引率無御座候

○御國監察使下陣之後ハ越後ゟ罷越候衆中ト一同ニいたしもらひ度由ニ
御座候

○會ゟ古幕ノ敗兵桑印同斷間道ゟトン／＼引も不切三千人位福島表へ出
夫ゟ悉く仙　宮樣へ參り御差圖を蒙り候ト申事ニ付仙ハ充滿ノ模樣ニ
御座候監察使下りト相成上ハ諸口ヒツシリ差留夫々取〆候議ニ御座候
拙者此度ノ一擧御家御實効見へ候大事之場合ニ付衆力一致いつきり御
不都合なキ所尤ニ御座候右監察使取扱手數向等之儀ハいはさ取極り不

申候ニ付委細ハ不申上候先是等之條不取敢申上候以上

九月十四日　　　　　　　　　　　筑　後

(千坂高雅)
與一様

○

別紙申上候監察使福島迄ハ馬ニ而参り候由御國へ罷越御兩人ニハ福島ゟかこを仕立不申候而ハ相成申間敷是ハいつ迄も福島表ニ而都合いたさせ可申ニ付爲御遣被下ニハ及不申候間其段御含奉仰候以上

九月十四日

一二四　倉崎清典等書翰「山田八郎宛」明治元年九月十四日

官軍城下表ニ而此度會津江討込候ニ付而ハ御領内外檜原ゟ先キ〳〵御賄被成下積り御約定いたし候ニ付取量貰ひ度旨申出候由成程當所江参り候

而も同様申出ニ御座候いつれ之譯ニ御座候哉尤御城下表ニ而左様之約束ニ相成ャ何之事も一切不申參候我人數さへ米噌御らんじ無御座何分當惑之處左様なる約定ハ城下ニ而なるべき様も無之儀と存候彌以左様之事ニ御座候節ハ城下ゟ別段其手配無之而不叶譯之處何之事も無御座候以之外之難題と存候然處今晩之上も幸ひ玄米ニ而二十五俵手ニ入候へハ入込候官軍へ二三俵ツヽ先ツ送り候事ニ御座候明日ゟハ迚も左様なる事ハ不相成御らんじハ是又克々無御座候へハ相斷り申候米噌迚も明日ゟハ可送様無御座斷可申と存候處ニ御座候萬一御城下ニ而左様なる諛言を以談し候上ニハ何分困り入候をのこりし何之事も不申參其手配も無之上ハ左様なる事も決而萬々有之間敷被存候國內とも違ひ敵地江入る迄之世話ハ迚も可致様無之事ニ候以之外之儀申募り心外之事共ニ御座候此段ハ早く御城下表へも此書面も御添被遣早速爲御問合可被下候御らんじ之儀ハ我人數江可渡様も無御座宿々アバラ屋ニ而鍋釜も無之諸器物同斷餘之物ハ兎ニ

角ヒらんじニハいたし方無之早々御送り御手配被下今晩中相達候様御取量可被下候左も無御座候而ハ軍サハ相成申間敷薩長等ニ先登被致候而ハ誠ニ殘念之至越後ニ而被仰立候儀も相欠ケ候儀ニ付是非〱御送り今晩中相達候様返ス〱も御取量可被下候事

○病院飯田忠林壹人ニ而戰爭相始候上ハ中カ〱行届間敷綱木ニ兩人殘り居候分明日早急繰込熊倉鹽川迄我軍之出先迄參り候様御申達可被成候依而最三四人も御い者出張之様御城下表ゟ御申越可被下候

綱木檜原も醫者なしニ不相成候間壹人被遣候様申上候　檜原元〆所

○會謝罪降伏一條追々會使も參り候へとも無理之事共申候而周旋等ハ十ニ八九ハ相成申間敷官軍ニも宥免之模様も無之明日ゟハ戰爭ニ相至り可申と存候

扨々思ふ様ニ不參無是非〱　檜原元〆所

○大井田隊も明日ハ繰込候方御達ニ相成候へハ右之分も惣而御見込追々

明日ハ御送り可被下候事二本松丹波隊小山五兵衛隊廣居富之助隊三隊
相殘其他繰込相成申候

○昨日之報告書差越候間御城下迄披見ニ御差越可被下候委曲之儀ハ元〆
方ゟ御役所迄不足品ハ為申越候處ニ而御詳悉御取計可被成候何事も明
日ニも猶又可申越と先ツ如此御座候以上

則報告書差上申候

九月十四日夜

清藏

七左衛門

八郎様

扨々熊倉鹽川邊ハ味噌と酒ハ濁酒等ハ有之御咄しニ御座候今日も大
疲レニ而相認御推見可被下候以上

酒わらんじ今十五日差送申候　檜原元〆所

一二五　小幡親徳書翰「黒井小源太宛」明治元年九月十五日

去ル十二日城内へ罷出御歎願書一條及談判候所即時相決し益田富田兩使若林同道夕方當所出立其後十三日晝後列藩片倉小十郎宅ニ而會議仙藩重役四人出座細川宇和島兩家ゟ申越候趣有之ニ付重評判之上國論謝罪ニ相決し候間列藩ニ而も同様謝罪可然旨家老大枝(條)孫三郎と申者ゟ相談有之列藩一統主人重役ニ可申聞由ニ而壹人も異論無之早速談判相濟猶別席ニ而重役ニ面會頓ト布告ニ及候上ハ早速宮様へ御沙汰無之而ハ相成間敷旨及評判候所何分繁多其段迄評判不行屆御座候得共今日宮様ゟ主人御用召之所不快ニ付爲名代伊達將監罷出候ニ付謝罪之一條も少敷申合差出候由ニ付然らハ復命之趣承り候上追而御評判可致旨申述其日ハ引取十四日平田要人相越宮様之御模様相尋候所最初ハ何彼御尋も有之候得共此節ハ一切何之御尋も無之由何歟御隔心之様ニも相見へ且將監罷出候末包置候而ハ

却而不實之樣ニ行廻り不都合と存し候ニ付謝罪之趣列藩爲惣代仙臺ゟ申上候樣ニ可相成歟仙米兩藩ゟ御沙汰之都合ニ可相成哉其邊之所ハいはゝ治定不致候得共列藩謝罪之所ハ相決候旨御內々申上置可然旨及相談候奥羽之議論一定之上宮樣とても御陳謝之外御所置も無之筈彌御歸府御歸洛ニ相決し候上ハ御趣意之趣仙臺ゟ使節を以官軍へ相通し二本松迄ハ仙臺ゟ警衞差出し其先〱護送之所ハ官軍評意次第無止も二本松迄平田要人御送致し候方右之節五拾金と歟百金と歟御餞別不被爲進候而も相成申間敷と存候此段豫伺置候間御沙汰之上否御申越可被下候幕兵ハ勿論仙藩ニも和議不同意之者多分有之此度之和議米澤ゟ相起候旨申唱へ米澤を狙擊之評判相聞候趣天童藩より報告有之其他流言訛言等有之何分物情不穩候得共頓ト歎願書進達ニ相成候上ハ廟論ハ決而相動申間敷候間御案念被成間敷候昨夜御側衆着官軍も頓ト繰入ニ相成候迚御心配之程奉察候右ニ就而も御無人御當惑之筋と存候ニ付今日晝立ニ而小田切勇之進差戻候間委

曲同人ゟ御聞取可被下候以上

九月十五日

源　　吾

小源太様

一二六　高鍋藩士坂田潔書翰「齋藤篤信宛」明治元年九月十五日

昨日御會議所ニ罷出候處御藩惣御兵隊人數書幷新發田御處置ニ相成候書類等一切差出可申旨御沙汰ニ付委曲上與七郎殿へ申述置候得共只今迄因循ニ而御答不被下右樣等閑ニ相成候而ハ參謀方へ對し濟不申甚以迷惑仕候ニ付早々上氏ヘ御紀問御取調被下度此段奉願上候以上

九月十五日

坂　田　　潔

齋藤主計様

米澤藩戊辰文書（明治元年九月）

大急要早々御答所待也

一二七　高山政康書翰「大瀧忠恕等宛」明治元年九月十五日

先達而二本松表江出張仕候處最初ハ依頼もるものも無之甚苦心仕候よりし追々日ニ兩三度も呼懸參り多く參謀方江罷出居候處大事ハ參謀ニ引合小事ハ御使番書記方等之談判ニ有之やう〳〵其道筋も相分候樣ニ相至り候其内御國表江監察として彦根藩橋本勘三郎殿下り候方達しニ相成り外ニ先日御國江參り候吉岡俊衞方江も被仰付候ニ付御禮勤ニ下宿〳〵江抔罷出候事ニ御座候然ルニ急ニ吉岡ハ御國表江出張延引ニ相成彦藩計被參候方ニ御座候付而も委細之義大國ゟ申上吳ら建候筈ニ御座候宜御取量被下度奉存候吉岡抔ハ御國之御取扱御厚き事ニ而恐懼至極と達而禮を申述此度ハ左樣之御取扱ニ無之樣ニいたし度と申事ニ御座候至極先ツ御國之御都合ハ宜き事ニ御座候福島表江明十六日參謀幷御使番兩人下向ニ相極

り候尤御國ニ之監察橋本同道之方ニ候此節福島表ニ諸藩ゟ入込ミ候を二本松之方ニ而ハ殊之外くツちく思候樣子ニ相見へ候付而ハ福島表諸藩引取らせ候ハ御國之實効ニ可相成と頻りニ内意も有之候處先ツ都合善く諸藩共ニ引取りニ相成り候ニ付爲其參謀抔ハ急ニ出張之方ニ相成り甚都合善く御座候奥羽諸藩ニ御國ゟ說得ニ及干戈を不用平定いゐし候ハヽ是ぞも大ニ實効ニ可相成由ニ候處追々諸藩謝罪ニ相至候由昨日ハ仙藩ゟやう〳〵二本松關門迄罷出候小生昨日參謀之下りニ付先量ニ先ツ罷下り候途中ニ而仙藩ニ行逢彼是賴を受二本松迄引返し候

御家之御歎願書も仙ノ爲ニ甚遲成候得共無御滯御落手ニ相成り何之御不都合も無之候仙ハ昨日先ツ關門外ニ留らぞ今日參謀面談之方ニ候折角周旋仕候爲其昨日夜遲く二本松表出立今曉福島ニ着罷在候當表詰軍勢ニも官軍之印し肩ニ下ケ候絹を明日給ひる方ニ候官軍相印ノ籏も用意し用ゆる方ニ候諸藩共ニ盡く其藩々の大隊籏を相用ひ宿陣之節ハ陣門ニ立置候

御國ニおゐても先々官軍ノ印を給り候上ハ大隊旗も入用ニ候然ルニ春中京都表ゟ御頂戴ノ大隊旗外ニ肩江下ケ候錦之札只今御國表ニ御座候ハヽ相用度候ニ付不苦候ハヽ大急今日中ニ御差越ニ相成候樣いたし度奉存候尤此表ニ而も參謀方へ伺之上不苦候ハヽ用ひ度と此表評判ニ御座候肩江下ケ候錦ハいづれも用意いたし不申候而ハ不相成此度會江も御人數繰出之由ニ付大隊旗等爲御持ニ相成候ハヽ無據候ニ付別ニ大隊旗仕立不申候而ハ不相成候何向此兩條切用之義ニ付御評判旁急飛を以申上候いつれ急速御申越可被下候參謀ハ當一過福島江來り無間二本松江被歸候由ニ候扱又鷲尾殿ハ三春ゟ江戸江歸りニ相成り正親町殿ハ四五日以前二本松江出張ニ相成り昨日ハ二本松表ノ胷壁等御廻り騎馬ニ御座候御供騎馬五六騎位ニ而外ニハ供なく山上ニ至ル迄盡く巡覽之由ニ御座候追々奥羽も鎭靜ニ可相至模樣ニ付正親町總督御國表江も御巡覽として御出ニ相成候由御治定ニ而其節ハ參謀も被參都合ニ御座候筈小生相考候ニハ總督御國江御

出ニ相成候ハヽ御國之爲ニ甚宜しきと存候且ッ二本松表參謀ハ甚人望之
由諸道參謀之長たる由旁御國之爲ニハ宜しく御座候扨又二本松表ノ總督
ハ奥羽陸路ノ大總督ノ名義ニ而先ッ奥羽之政事を專らニいゐし候姿之由
ニ御座候小生義最兩三日も此表ニ留り諸事取量其後罷歸度相含罷在候ニ
付此段宜御詰之間ニも御沙汰置被下度奉存候前文大隊旗之一條御評判不
苦と申義ニ御座候ハヽ明日官軍着前ニ入用ニ御座候間早速御差越可被下
候以上

九月十五日

與太郎

新藏様

七左衛門様

清藏様

一二八　倉崎清典書翰「三潴政清宛」明治元年九月十五日

（卷表）
○此書面ハ倉崎ゟ三潴迄遣し候分也

昨夜半森臺へ上使入來彌降伏決心嗚呼可憐大小取上ケ同道若松城下ニ至伊地知參謀ニ參り御治定云々相屆候處彌左樣之上ニハ我々參謀職之もの之差圖ニ可及ものニ無之去らし夫レハ御内々大總督江伺之上又内々御引合可致大事件之事ニ付土州參謀江も參り可申出との事又三人則召連來候事ニ付御調へ被成下候樣申談候處只今ニ相成候而ハ御藩ハ何ニ可疑譯無之ニ付貴君方之御申聞ヲ直ニ御内聞ニ而宜しき由彼三使之もの城外ニ爲待置候ニ付夫迄ニメ直ニ土州參謀板垣泰（マヽ）助方へ罷越候處折節風邪ニ而面談斷ニ付其下役江通し呉候樣委曲申入候而夫ゟ我陣營江參り晝支度いたし居候處土州本陣ゟ使ひを以案内有之候ニ付猶又我々兩人罷越候處土州參謀無理ニも御目ニ相懸ルとの事ニ而面談之處上方之是迄之形勢ゟ會が爲メ奥羽諸藩如此之段ニ相至候條々ゟ會り罪狀一體之議論ゟシテ懇談降

ルものハ居ルト申譯ハ決而無之譯と申處ゟ忠實之談判詰り是も宮樣へ御伺之上いつれニも可致譯ニ候へとも表向軍門へ下り候處ニ而御沙汰ト申ものニ付先ツ彼三使者ハ明日ニも城中へ相返し其上ニ降伏之一條ニ可移云々誠ニ厚意之敎諭も有之我々も板垣が公平之主意感心ニ見受申候此上は會が城門ゟ君臣上下一同伏罪謹愼トサヘ相至候上ハ尤屹度行れ可申右ニ付而彼是ケ條々々中々不容易事柄有之都合之調候迄ハ一日二日ニ而ハ落着相成間敷又其內止戰トモ不相成何共六ケ敷譯ニ而成丈ケ取急キ候方三使にも申談し候事ニ御座候いつれか此上不都合等無之樣無御座候而ハ不相濟尤會議所參謀衆之差圖次第と申ものニ候へハ

御家に關係ハ無之譯ニ候へとも實ハ彼是參謀之差圖を申聞候ニも今日之上ハ受次候姿ニ候へハいたし方無之我々も一兩日ハ戾り候事も相成申間敷存候ニ付其段ニ御心得置可被下候

但薩ノ參謀伊地知ゟハ先ツ彼三使我藩へ御預ケニ相成候達ニ候へハ城

内へ相返し候迄ハ警衛人も差戻し兼申候
仁和寺宮様も此節ハ芝《(マヽ)》田御立會之坂下ニ御越しニ相成申候扨右之一條之儀ハ大事件之儀ニ而四參謀衆大會議ト相成模様然ニ　宮様近キニ御出ニ候へハ此邊ハ至極之都合ト相見申候
○今晩も遲相成何分盡ク不申越猶手透次第可申進候
○庄内へ御繰出し兵一大小隊トハ如何之事ニ候哉不相分候へとも極々入用丈ケハ相殘し可成丈ケ御返之外有之間敷ニ付中隊之芋川隊ハ熊倉鹽川迄之鎭撫兵御繰合一小隊ニ而二三ケ村も割付之繰合ニメ御返し可然哉と評判仕候間宜御心得總督へ御沙汰之上御取計可被成候與板之一番隊之方ハ迚も動し可申様無御座候尤一大隊皆引上ルコトハ相成間敷いつをか御間ニ合候處ニ而御返し候様可然奉存候
○米之儀大不都合御不義理ニ相至るんといふし可然哉明日ハ早々急送り御取量可被下委曲ハ額田ゟ御聞取可被下候以上

一二九　林邊大八等書翰「檜原驛軍事局宛」　明治元年九月十六日

（卷表）
九月十六日　林邊大八熊倉ゟ申越ス

態ゝ拜啓午刻大鹽へ繰込候處當驛之村民米澤繰込ト聞山澤ゟ追々歸家疊敷等之世話いたし漸下宿も相成候都合ニ而猥りニ發砲等いたし候ハヽ民人又々迯散何分いたし方も無之模樣ニ付先ツ砲發等ハ延引セし迄候扨又當驛落人ハ昨夜ゟ引拂ひ只今ハ僅ニ婦女子病人等隱レ居候計ニ御座候熊倉も同斷盡く引拂候模樣ニ付當驛ニ惣勢滯留中官軍ニ先立レ占らレ候而ハ適大事ニ付早速須藤鈴木福島大關之四小隊差越取占申候右隊出張前須藤隊中澤勇次郎差越熊倉迄探索爲致候處夜五時頃歸り申出候次第左ニ

一熊倉は參候處果而今曉七時頃ゟ盡鹽川へ引取候由右辭名ハ一昨日官軍熊倉邊へ押寄セ候ニ付戰爭ニ及ひ官軍を小荒井邊迄押し拂ひ互ニ死傷

多分有之候處官軍鹽川ゟ廻り後道を斷切ルの模樣ニ付爲其鹽川へ引上ケ候云々の由扨熊倉ニハ村民も半ハ住居候も候哉の由又代官何某も住居客兵敗走人も少々居是等ハ米澤勢應援ニ來ルト心得盡喜悦の色をなし有之儘相咄し候由右驛の米倉ゟ人數多勢ニテ米を運出し傍の在家小沼とか申處へ送り候由爾し未タ〳〵米之糀之澤山有之模樣ニ相見候由

○熊倉驛の風說ニ今晚ハ必小荒井の官軍押來べキ由ニ付彌押來候節ハ官軍ゟ探りを打懸候ハ必然左もきれ官軍ト不慮の戰爭相始ルも難計適一大事ニ付速ニ小荒井の官軍へ米澤勢熊倉へ繰出候趣通置ハ專要とて須藤早速小荒井へ馳行候由ニ候へハ先ツ今晚不慮の戰ハ決而有之間敷存候扨又須藤小荒井へ參候ハヽ明日ハ必戰爭ニ相及へキ哉と存候子細ハ須藤の參候を幸として明日ハ此方ニ而ハ小荒井ゟ押寄候間御藩ハ熊倉ゟ進擊可被下と官軍ゟ談判ニ候ハヽ何ト辭スルの言葉も有之間敷無據も戰爭ニ及ゟ外有之間敷存候左もきれ明日ハ何向其驛よりハ相成丈

ヶ早く兵隊御引率御出張被下度候何事も御評判之上ならてハ取量兼候間宜敷御心得可被下候○鹽川と小荒井ト遙ニ對陣互ニ篝火も星の如く燒き候有樣仰山之と申事會兵も七八百も有之哉ニ相聞申候○彌明日戰爭ニ相及候事ニ而ハ米噌始わらんじの類早急御送なくてハ不相叶義ニ付元〆方へ御嚴達可被下候今日抔ハ飯も足らにわらんじハなし當驛詰之元〆大心配飯ハ本陣の世話ニ何とり間を合せ候樣子扨々當惑之至ニ御座候○今晩ゟ明朝迄ニハ河村も歸ニ相成御變評之向も有之へく候得共今日之形勢御懸念之筈ニ付大略申上候先ツ大鹽鹽川兩驛ハ一擧して手ニ入り大切〱監察使手前もなしからざる義爾し鹽川ハ之先鋒不致候而ハ實功ニも相成間敷是のミ何分懸念何も明朝拜顏之上に早々得御意候以上

九月十六日

軍目付

軍　　監
大隊頭

檜原驛
軍事局
御衆中様

一三〇　倉崎清典等書翰「木滑政愿等宛」明治元年九月十七日

追々申參候筈ニ候へとも兵粮彈藥無申迄日々急送可被下其外蠟燭等も可求樣無之早急御送不被下候而ハ軍も出キ不申在々宿々皆明キ屋ニ候へハ何壹ッ品物相求可申樣無之候へハ鱸久右衞門ゟも申上候筈是非〳〵夫々御手配嚴達之樣何分〳〵御心得可被下候

○只今周旋方を以申越候趣ニ薩長土藝ゟ於若松森三郎左衞門江申懸候條々今日ハ白米十石ㇸらんじ百五十足味噌蠟燭等軍費之分城下表ニ而御

約束ニ付差出候樣日々之注文サイソク右品々若松城下宿々在々無御座
官軍も大困り之模樣ニ而如何ンともいふし方無之御城下ニ而如何之御
約束ニ而誰人ゟ誰ぃ御申談しニ而右諸品諸軍へ續ケ候樣御受合御座候
事哉以之外之督責ニ而毎日々々頓と當惑金も克々元〆所ニも無之總督
抔之懷中金抔ヲ借受一寸遣り之仕事間ニ合可申樣モ無之迚も手も足も
出し可申樣無之なんといふし可然哉以之外之事共御城下ニ而誰がいつ
迄之御約束ニ而御引受ニ相成候事哉御申越可被下候彌左樣之御約束ナ
ラハ毎日〳〵米百俵味噌迚も酒迚も右ニ準し御送り無之候而ハ相成間
敷蠟燭も千挺ツヽも毎日御送り御續ケ無御座候而ハ如何とも石ニ手可
致樣無御座候若又御引受無御座時ハ其段を以斷然相斷り候外無之儀信
義を御失ひニ而ハ夫レニ而御國相立申間敷今日ニ至り頓と困却此事ニ
御座候なんと申譯可致樣無之次第克々御心得被下度官軍も飢餓ニ相及
ひ可申先鋒哉進擊ゟハ第一之急務態々鱸久右衛門差上候へとも于今何

之事も無御座以之外之事ニ御座候御國力之なくらん限り御送り外無之儀
と奉存候以上
九月十七日
三潴清藏
倉崎七左衞門
木滑要人様
黑井小源太様
猶々四藩ならハ包らんじハ四五百足ツヽ蠟燭も同斷之督責ニ預り候條
御察可被下候以上
○本役之御使番も無御座軍目付不引足ニ付御使番一人軍目二人も御遣
し被下度周旋方も可然人物御座候ハヽ最兩人も御遣し可被下候以上

一三一　倉崎清典等書翰「木滑政愿等宛」　明治元年九月十七日

若松出先之土州參謀板垣泰助（マヽ）ゟ差圖之由を以官軍之御使番ゟ引合ニ相成候由杉山盛之進申越候趣別紙書面之通ニ付二本松村松勢引返之儀ニ付テハ藤卷與惣隊ヲ警衛ニ差添差越候間着候ハヽ御城下へ御留置村松ナラハ越後方面ノ參謀ゟ國邑へ引取謹愼可罷在旨達ニ相成筈ニ付夫レ迄ハ御國之御城下ニ御留置之方ニ付宜御心得可被下二本松も同斷二本松詰之參謀ゟ同斷之方此段ハ板垣ゟ方面々々ニ可申越との事之由右ニ付當所詰之村田勇右衛門ニも爲念申談候上別意なき處ニ而差越候間御城下詰之黑田參謀ニも宜御屆御取量可被成候尤送り越候藤卷與惣一小隊ハ又候當所へ經返し來候樣との差圖ニ御座候間又々御差遣し可被下候扨々出先ノ參謀當所御國之其上慶德村ニも參謀有之區々之御差圖ニ而何分六ケ敷事共有之困り入候ものニ御座候

　但二本松村松共ニ追而差圖之上御城下引取國邑ニ戻り候節ハ兵器彈藥始之軍器ハ御取上ケニも可相成ニ付其旨心得居候樣との事も出

付

先之板垣之方ゟも有之候由ニ御座候

○檜原大鹽ニ而會之人數之内手負人始召捕置候分ハ皆切レとの差圖村田勇右衛門ゟ有之候處只今村方鎮撫之此節差支ニ可相及旨を以評判ニ相及候處何向猶沙汰之上御引合可仕との事ニ付是迄之通番人付置大小迄取上ケ預り人ニいたし置候處又監察使之方ニ而ハ降ルものを切ルと申筋無之ト被申候ニ付旁村田之差圖ヲ相待居候處又若松出先薩土州之參謀ゟも先ツ〱切ニ不及との事もアリ政之多門ニハ何分困り入申候

○別帋九ケ村鎮撫方會議所ゟ御達右ニ付而ハ約定之事有之候へともいつれか鎮撫ハ行屆可申御安心可被下候

○於越後芝田（マヽ）先鋒之御申立も被爲在候事之是非先陣苦戰不仕候而ハ不相濟方追々村田參謀之方江も申込置候續別帋之城内江密使ニシテ城内ゟ放火之策相立候事ニ候ハヽ夫レ程之御實功不可過之抔之大策一條村田參謀ゟ密談之死士ハ屹度可差出候へとも放火之都合ハ彌出キルト申御

箋

請之儀ハ何分無覺束段相答置候續出先キ之參謀ト打合ニ相成候ものト
相見先ツ評判懸リと相成居申候
○（以下齋藤篤信加筆）只今齋藤參謀乍恐
君上奉始御案念御主意之程恐入奉御尤存　御儀頓と只今ニ相至候而ハ
會ニハ固ヨリ義ノ絶候事之是非先陣ト競ひ居候心得ニ而村田等へハ頻
ニ申込置候處ニ御座候然ニ若松城も最早落かゝり諸藩之人數大軍ニ相
成則諸藩ニ而も互ひニ其功ヲ相立度主意と相見城攻之先鋒トハいつ迠
ニ行付候もの哉大進撃ト申約束ニ相成候上ハ其手配も可有之ニ付其節
ち御引合可仕との村田ゟ談判ニ相成居申候其内今日ハ青木村ト申處會
兵潜伏ニ付追打之都合ニ而梅澤運平隊監察使附キ御城下へ參居候分ハ
浦井只見隊大關武四郎差遣し薩土之兵ハ合隊ニ而青木村ニ而合戰有之
梅澤運平隊（鶴巻文作　才丸金兵衛）大關武四郎隊（鈴木卯三郎）三人之手負有之候尤深手ニハ
皆無之死生程之疵ニハ無之由ニ御座候尤此上ハ諸藩之疑ひ等ハ有之間

敷トハ存候へとも何分ニも六ヶ敷意味有之檜原ゟ追々米噌酒等之世話一條芝（マヽ）田ニ至迄元〆江來リサイソク然ニ檜原大鹽邊米噌等之送も無之包らんじ同斷いらんとも可致樣無之金ハ元〆所ニ克々乏敷處鹽川ニ至り村々ゟ漸々兵隊ヲ多人數差出し說得いたし差出しもらひいつれか間ニ合候行廻之處一昨夜ハ薩州ゟ明日ハ白米十五石之兵糧世話いたし候樣申參り土州ゟハ白米十俵明日之注文有之いつれか間ニ合候由昨日ハ長州ゟ十俵今日ハ芝（マヽ）田ゟも同斷于今御國米ハ相違し不申候へとも村々江相賴差出諸藩之氣底ハ損し不申樣夫々手配ニ相至候間先ツ御安心可被下候

○御國之會議所之參謀も六ヶ敷意味ニ御座候由扨々言外之事共あれ共餘ニいたし方も無之返ス〳〵も諸藩之氣底損し不申樣之取量之字眼ゟ外無之儀扨々意外之事共ニ御座候軍サゟハ事柄之取量ひ之六ヶ敷事書面等江ハ認兼候事共有之難申盡次第ニ御座候此レゟハ今日之晝後ノ合戰

之模様も聢と不致候ニ付一兩日中ニハ猶可申進候
○諸隊ゟ飛脚差立ルト申事も何分六ヶ敷是非〳〵本飛脚二組も御遣し置
被下度奉存候事
○主計事咋早朝出立關村を始綱木檜原大鹽熊倉鹽川諸有司云々之心得此
際乍恐
御國家御存亡ニ引替死力を盡無間欠様踏込而取計可申旨御敎諭懇達各
奮勵爲致候間御安心可被下候諸吏方さへ右之次第ニ御座候へハ諸兵隊
ハ之說得向ニ彌以之儀ニ右樣御汲量可被下候頓と實境ニ向ひ差當形勢
彼是之意味合夫々相糺候得ニ隨分無餘儀行違も有之實ニ階前千里一概
ニ咎兼候事も不相成此上ハ只々第一先鋒勇々敷
御家名を奉輝字眼無他次第此度之奮戰ニ是非ニ實功を相立第一奉安
君慮隨而官軍之安心を得候處ハ千祈萬禱右ニ付越地等之戰爭ニも難換
意味合人情會ハも難忍云々を勉而奮勵御國勢一手を以會城を拔クを期

スル大字眼死力々々此儀懇諭罷在申候其内先刻摠督同道鹽川之會議所ハ態と罷出則薩州參謀村田勇右衞門藝州同斷因州岡村喜兵衞面會夫々相伺且是迄云々之行違ゟ兵粮を始諸品相辨兼御不都合を懸恐縮之次第懇々申譯候處拙者兼而知音之親ミも有之敢而深くハ不相咎先ツ穩便之申聞此上之事ニ御座候依而尙不落著之趣も手控を以會議所ハ申出候樣有之則別紙之通爲相認軍監林邊を以爲差出候繰言も第一先鋒諸兵隊奮戰實功を立　御國家を奉安候處ハ至急之心得ニ御座候

○流石ニ御家御運之被爲續候事もかゝは敵地之諸村迠も米澤樣之御聲懸とて申せも甚乘り合附近之米噌等も相辨いつ迠御國ゟ運送之內三分一位も相辨しそふの模樣責而之都合ニ御座候乍此上村々敎諭說得其筋盡力之樣聲懸置申候

但出先之要地諸吏不足爲其取計向多々差支候間是非ニ諸役人附益出勤被　仰付候樣奉存候此內頭立候大吏御撰可被下候

○米噌草鞋人足等少しハ都合も罷出候行廻ニ相成候得共未〻不足官軍無限督責ニ御座候間乍此上其筋御聲懸十分運送行渡候様所願ニ御座候實ニ百聞不如一見之趣正ニ其實境ニ當候へハ御詰之間御察外之儀多々有之中々不容易場合御汲量奉仰候

九月十七日

主　計加毫

清　藏

七左衞門

要　人様

小源太様

付箋
此二本松村松惣引上ケニ而國邑ニ引拂之節ハ軍器玉藥御取上等之事ハ方面之參謀ゟ是又達しニ可相成との事ニ而是ハ達し次第ナルヘシ追而之事ヲ板垣申聞候事ニ而差懸り候儀ニハ無御座候以上

【備考】本書中に所謂別紙は、次の杉山盛之進書翰及び軍務局伺書等を指す。

一三二　杉山盛之進書翰「黑井小源太宛」　明治元年九月十七日

以書面得御意候然ハ小生監察使土藩澤本守也同道爲警衛梅澤運平隊引率若松城下迄出張致申候時刻相後れ夜分ニ相成り宿陣を初兵粮等ニ至迄盡く土藩之周旋を以無滯甚仕合之至ニ候翌十六日土藩ゟ澤本を以薩州本陣へ是迄出張致候趣を以罷出候樣申越呉候ニ付同人同道罷出候處軍議取込面會難叶ニ付後刻罷出呉候樣斷ニ付空敷相戻り直樣土藩本陣ニ罷出候處參謀板垣泰(マヽ)助病氣ニ而面會六ケ敷大軍監兩人出會談判左之通り

軍監

此迄御藩官軍ニ對し御抗し被成候ニ付甚御疎遠ニ打過候處此度御悔悟候上ハいつく迄も御國之爲宜敷樣盡力致候ニ付御安心可被成候

問

此上いつれゟ實功之相立候樣致度何卒先鋒御周旋奉願度旨申述ル

軍

只今ニ相成候而も城責之人數中〱大軍各藩持場有之いつれ於交代可爲致場所も無之當分之處ハ如何とも可致樣無之ニ付先ツ軍議次第いつれニゟ周旋可致ニ付若松近在森臺邊へ三百人位之兵隊を屯集爲致彈藥兵粮等十分ニ備置此方ゟ差圖次第何時ニ而も共直樣出張相成候樣心懸ケ置へき云々

問

此際至急ニ一ト實功立度ものニ付いつれの方面なり共出張相成間敷や御周旋奉願

軍

然らハ城南青木村へ會賊百人計り屯集ニ付明早朝薩土兩藩ゟ出張打拂候ニ付當時若松へ御繰込之一小隊を御差遣し御盡力御座候ハヽいくもくの御實功ニ相成可申且ツ諸藩之見込も宜敷譯ニ付出張爲致候樣申聞ル

答

此ノ兵隊ハ監察使警衞之爲ニ引連候ヘハ誠ニ少人數且彈藥も十分無之ニ付不苦ハ鹽川村屯集之內ゟ最少々繰出し責ゟ五十人位の人數差出可然や

軍

至極宜敷ニ付早急人數可繰出云々彈藥等ハ明日之上ハ弊藩ゟ御借し致候ゟも宜敷何向御實功之立所ニ付手後無之樣可致云々

問

會藩落人手負人追々召捕銃器大小迄取上ケ置候處村田勇右衞門差圖ニゟ盡く切り殺し候樣御座候も民心鎭撫之此節ケ樣之取計ニ相及候ゟも何分鎭撫方ニ差支可申らと甚苦心罷在申候如何ニ思召候哉御高許被下度旨申述ル

軍

猶薩藩惣督へ談判之上挨拶可致候追ゟ呼懸ケ申來り候ニ付罷出候處落人

手負人之儀薩重役伊地知正治ニ及談判候處村田ゟ差圖甚不宜則此迄之通

番兵附置追而差圖有之迄其通りニ致置候樣薩藩伊地知正治ゟ差圖ニ候と

御心得可被成候

軍

村松二本松ハ城地を失ひ候者ニ而たとへ降伏致候とも御藩ト一樣ニ出兵

致置候而ハ甚不都合ニ付早速御藩迄引取り謹愼可罷在必不日ニ村松ハ越

後ノ參謀ゟ君公始家中婦女子ニ至迄國元に立戻り謹愼罷在候樣達ニ相成

ル筈二本松同斷之趣渡部淸左衞門ゟ達ニ相成候都合ニ付其節ハ御歸し可

被成候

軍

城責ニも大砲ハ第一之器械ニテ彈藥等十分備置候樣可致云々

先大略右之通ニ付早速森臺村迄立戻り與板隊ゟ浦井只見隊大關武四郎隊

早速繰出し申候ニ付御安心可被下候隨而二本松村松人數米澤表へ爲引取

候ニ付右様思召置可被下候
一若松城下酒店數百店有之處大軍故盡く呑盡し當時一滴も無之渇望難堪様子ニ付薩長士ニ一藩之本陣ニは御國ノ酒十樽ツヽモ御送り被成下候ハヽ御實功ノ一助ニも可相成りと存候ニ付御評判御別意も無御座候ハヽ早急御送り可被下候尚委細之情實ハ六老方ゟ被申越候筈ニ付相略申候以上
九月十七日
杉山盛之進
黒井小源太様

一三三　米澤軍務局伺書「會議所宛」　明治元年九月十七日

御伺之覺
一若松城ハ死士を募り降伏開城之儀説得彌以不服之節ハ直ニ城中ニ相留放火可致旨御内達

但弊藩ニ而死士を募り説得不服之節決死之處迄ハ御請仕り放火相果候條ハ何分無覺束奉存候御汲察之程奉願候

一弊藩守場都合九ケ村取扱候樣當御會議所ゟ御達ニ相成申候其節右方面最寄之村々同樣可相心得旨敬德村御出先長州御藩平岡兵部殿ゟ御內達ニ御座候萬一轉傳行違候而者如何ニ付此段改而奉伺候

一最寄之村々追々會津步兵隊等之亂暴分取ニ逢候故土藏等御印封被成下度旨願出御座候ニ付尙又御伺申上候處會津之官物ニ者公ケニ　官軍之印封いたし其他百姓中自分物ハイツソ手ヲ不下其儘ニ以爲し　官軍難有御仁惠犾相諭置候御指圖之趣承知仕候

一二本松村松勢降伏歎願書ハ奉差上候得共未ゝ　御下知前ニ付早速米澤城下𛀁爲引取謹愼申付候ニ付而ハ右途中警衞之爲兵隊を爲附添候分既ニ迯屆候上ハ不取敢尙又當地𛀁出張之方取計候樣承知仕候

一弊藩事既ニ從

大總督討會先鋒相勤候樣被　仰付候然處御參謀方ニ而青木村之賊徒進擊之樣御指圖御座候付御旨意之程奉伺候處若松城攻其他之賊徒進擊之實功同樣之儀ニ付緩急之差別無之旨被仰渡之趣委曲奉承知候

右者過刻御參謀方江拜顏之刻夫々奉伺候續改而書付を以申上候間此上御指圖奉願候以上

九月十七日

米澤　軍事局

御會議所

一三四　原三左衛門書翰「黑井小源太宛」明治元年九月十七日

態と拜啓然ハ當所會議所ゟ呼懸候付罷出候處村松二本松之兵隊ハ追而御沙汰有之迄米澤城下ニ謹愼罷在候樣白川口參謀ゟ申來候間宜敷取量候へ

との事ニ付右兩藩兵隊之分御城下へ繰込可申候間夫々御手配可被下候

一此度改而守場村付御割渡ニ相成候村々左ニ

守場

熊倉　大寺　鹽川　赤星　慶德　荒町

岩澤　小荒井　山崎

右九ケ所御渡ニ相成鎭撫行屆候樣との儀ニ付今日ゟ兵隊分配右村々江差越候都合横山之一大隊ハ戰爭へ向き鹽川ゟ壹里餘先キ森臺と申所ニ滯陣其內今曉百人程諸藩へ合兵靑木村と申所へ會潜伏之兵進擊之都合只今比ハ合戰之模樣何れなる哉ト懸念ニ御座候扨追々申參候筈當地諸藩數千之人數屯集之處兵粮等都而世話いたし候樣御城下表ニ而御約諸有之迚諸藩より兵粮味噌ともらんじニ至迄督責いたされ僅二人初新之元〆大當惑何分困却斯る數千之人數取扱候ニ元〆ハ二人切最早金もなく兵隊中ゟ借受間を合蠟燭ハなしともらんじハなし何といたし候事歟畢竟ハ御國之御一大事

附箋(一)　附箋(二)

ニ預る此際斯る御世話之行届さる次第實以歎息之至此上ハ是非精撰之諸役人數多早速御差越御世話なくてハ適御大事と存候間宜敷御含可被下候日々會議所ゟ呼懸ニ付幾度となく罷出候處每度手之拔さる事件而已申談らせ殆困却御同役方兩士大事件之儀有之若松城下へ出張留守中前顯兩藩御城下へ引退之方達ニ付則從小子申上候間事々宜敷御含可被下候右要用而已早々得御意候以上

九月十七日

三左衛門

小源太樣

附箋(一)

本文之通御座候當方面關門〱ハ相達し村松二本松兩藩御城下迄相通し可申旨取量申上候明日歟明後日迄ニハ御城下ハ罷戻り可申候ニ付此段御承知夫々御取量可被下候

綱木ニ而

小源太

本文之通御座候處唯今比ハ最早眞野勘定頭參り夫々手配ニ及候筈ニ存候へ共過刻も眞野より早速貳千兩差越候樣申越候事之何向金と米とをらんじと御役人ハ是非〳〵至急御さしこしニ相成候樣御取量可被下候

附箋（二）

小源太

一三五　黑井小源太書翰「木滑政愿等宛」明治元年九月十七日

明十八日官軍千五百人當綱木ゟ繰込候段唯今薩刕藩上田庄助と申もの參り及引合候處元〆方金子兵八輕易ニ請込候由申出候處當驛之儀ハ八百人ゟ外ハ迚も下宿無御座候何分迷惑セしめ申候へとも無理〳〵繰込と申時ハ何ニも〳〵當惑至極此上ハ何邊ニして可然哉又〳〵相斷候も返ハ〳〵氣之（毒脱カ）ニも相當り可申氣之毒千萬ニハ御座候へとも去り迚もろ〳〵繰込せ

てハ米もなし包らんじもなし下宿もなく迚も〳〵難受込儀ニ付何とそ品能く御申談じ八百人ッヽも繰込ニ相成候様御取量被下度奉願上候右ニ付土肥健太郎至急ニ差越候間萬事同人ゟ御聞取惣而不都合無之様御取量被下度泣血千萬祈る計りニ御座候イヤハヤ大混亂中斯る不都合のミ生じ晝夜一寸之間斷なく心配いたし居候へとも大勢之内ニハ不心得もの多々有之トント困却セしめ候扱又當所詰柹崎猪平も檜原ニさしこし申都合ニ御座候處御役所役人とり金藏トり壹人惣括之人無之候而ハ何分不都合千萬御座候而是非〳〵猪俣とり又ハ金藏ゟ壹人爲御差越被下度奉祈候嗚呼至急〳〵差當り今日中米百俵と包らんじ（一萬足）人足（三百人）ハ十分ニ爲（今日中當驛迄）御登不被下候而ハ何分致し方無御座候間其筋々ニ嚴重御申達可被下候已上

九月十七辰之刻

從綱木驛

小源太

會議所御詰
要人様
新藏様
惣五郎様

猶々此書面會議所御出役之衆中ゟ御廻し何とそ一同繰込よ不相成様返呉〳〵も御手配不被下候而ハ當驛之もの皆々逃去り候鹽梅ニ而是等之情御察し何分繰込八百人已上ハ固く御斷り被下候様祈る計りニ御座候

一三六 黑井小源太書翰「木滑政愿等宛」 明治元年九月十八日

別帋數通至急之云々申來候處尤以當驛ゟ着之分ハ人足之有丈ケ米之巳らんし之少も不打踏運送爲致置候へとも出先注文程ニハ參らに就中蠟燭ゟ不相達是ニハ困入候よし何向其表ゟ送り出しニ相成候とも途中差支有之候而ハ可相達様無御座候ニ付關驛ゟ會津領鹽川迄〆六驛へ五百人ツヽ差

置運送差支無之樣取計可申旨此度參り候福島小七郎口演を以申出ニ御座候其御見込を以御申達可被下候關驛當驛ハ先ツ可之ニ御座候へとも檜原ゟ先キ會津領ハ人民盡く逃失一切運送可致樣無御座候依之檜原えハ牛馬之人足之十分爲差登置不申候而ハ相成まじく是等之事情猶小七郎ゟ御詳悉可被下候已上

九月十八日

小源太

要人樣

新藏樣

惣五郎樣

猶々今早朝當驛ゟ栜崎猪平差越先々驛々之事情委敷見聞之上爲取量中方ニ御座候役人不足ニハ何分困入申候

一三七　庄田秀苗等書翰「木滑政愿等宛」　明治元年九月十八日

若殿様無御滞申半刻當驛御着益御機嫌克被遊御座御同様恐悦奉存候時ニ當方ハ尾州勢三十人薩州之軍監宮川助五郎と申者出張之處右ハ無類之暴激言語道斷ニ御座候今日御晝後被召出御頼ミ　御意被成下可然御評判ニて惣五郎三左衛門外ニ古藤御近習も同道下宿寶萊屋ハ相尋見廻旁御逢被成度旨申入我等案内同道〆參り寶積坊と申寺之門前ニ至り菊桐之挑灯門之左右ニ懸候を見而各〆立直ニ玄關ゟ土足ニて踏込米澤下宿ニて菊桐之挑灯幕を取設ケ候ハ不屆ト之意味ニ候へ共右ハ不顯亭主不居哉と憤怒鳴り立勝手之方へ入り白刄を振廻り手も足も不附席中充滿之侍組隊各切齒ニ不堪候へ共監察使之事故控而罷在候内戸障子迄斬立荒し廻候ニ付皆盡ク逃出候へハ氣ニ乘し追懸ケ近邊之下宿〱も同斷誠ニ危き事儘有之候得共人ハ不傷候右致方無之尾州人を雇ひ參り漸く取鎮メ下宿へ連戻候ハいやもゑ以之外成大騒き右ヨ甘參謀ゟ之御自狀ニて御詳悉可被下候

○我ハ朝廷之大監察使若し我ゟ指揮ニ背カハ米澤侯も斯ノ通能く心得よ抔と迚も致方無之過激ハ世良ゟも猶甚しく以後之所ハ甚懸念ニ付穂保隼人平岡勇記へ取扱申達られ爲附添置候斯る狂亂同然之者大切之場合ニ至り自由自在之處置被致候而ハ大變を引起もましきニ非も無きニハ劣り候間外ニ最壹人も勘辨之人遣し呉候様相成ましきや是非ニ御頼入被下度存候全酒亂のミニあらす不飲とも今朝ゟ彼是咎メ立候次第ハ無頼剛慢無比類者之由嗚呼困たる事ニ候

○明晩も長谷道御泊之方ニ御宿割走らせ且天運隊之内兩三人探索方申付差越申候只々神保乙平ゟ計らひ果し候所のミ如何〳〵何向最上地江出不申ハ模様不相分儀ト存候右早略得御意候以上

九月十八日夕

三左衛門

惣五郎

要人様
新藏様

一三八　庄田秀苗等書翰「木滑政愿等宛」　明治元年九月十九日

夜前騒擾ニ付尾藩小隊取締役佐藤健三郎ト申人温厚之人物ニメ右暴客狠籍之取扱ニ立入周旋盡し呉候様今朝我等寶萊院へ罷越右佐藤江面會申譯之方ニ評判いたし候處同人先ッ今朝之氣分を見而周旋可致迚猶盡力いたし呉候處暴客も今ニ相成夢を醒し折角之體ニて昨夜之次第ニ双方咎立候而ハ事六ヶ敷米藩よていつく迄も承知不致候節ハ手前も量見可致候へとも酔狂之儀ニ付からハ昨夜之仕打ハ打消し穏便ニ致度云々ニて折角之様子ニ有之由ニ付今ニ相成改而御申譯等ハ無之御面會も無之引戻候様佐藤申聞ニて存外之次第實ニ可笑之至先々大安心いたし候間御安心可被下候依而ハ夜前申上候へし昨夜亂暴之次第評定所江顯し而御懸合等ニ相成候

而ハ却而再發之變ニも可相成ニ付惣而穩便之方ニ御心得差替等之儀ハ決而沙汰なしニ致度存候間宜敷御心得置可被下候右樣之次第ニ付穩便之模樣一通得御意候以上

九月十九日

三左衞門

傳之丞

惣五郎

要人樣

新藏樣

一三九　大石琢藏書翰「參謀宛」　明治元年九月十九日

今十九日朝五時過有報告昨日山形表引取莊勢三百計舟町ニ逗留罷在候由四時猶又有報告前同斷之處人數も莊内譜代之者至而寡く新ニ召抱候桑名

脱走勢并故幕脱走兵之由四半時猶又有報告山形ゟ引取之莊勢ハ舟町ニ屯し又別ニ清川口ゟ繰出し候ハヽ、尾花澤ハ少々屯營其外楯岡長瀞谷地寒河江盡く屯營都合千人計之由其內寒河江も未タ繰込不申哉ニ相聞へ候事八半時有報告莊內勢三問屋安部孫七同孫一同三右衞門ハ四百人餘逗留之由且又楯岡谷地邊尾花澤長瀞ハ都合四千人餘繰出之由

右も今日古海探索差出候事

實も御內命承り候故榮吉呼寄可申手配致候處不在故古海相尋候處右探索實事ニ付不取敢申上候猶又今日晝後差出候仁四人今晚五時歸宅ニ相成候由小生手口ゟも三四人敵地ハ差遣申候薩人兩人ニ出會之處大被爲愛彼是談話ニ相示居申候今晚再應之探索相辨候次第早急罷出可申候榮吉も同道引連可參候間此段御承引被成下度此段御願申上候米澤ゟ繰出之薩勢上山滯留明日も山形ハ繰込ニ相成可申候

一右之一條ニ付何向今晚丈も廻勤等げん重御達可然と奉存尤以前章方向

之勢も降服謝罪之氣味一切無之米澤勢を以て賊と唱居申候右等之義を以萬事御推量被成下御手配之義偏奉願候小生直ニ參登と存候處薩人始古海再應之報告相待其後よて可然樣被申聞其義ニ相順申候間此段御含置可被下候餘も拜眉ニ相讓申候稽首

九月十九日　　琢藏

參謀

御執事中樣

一四〇　小田切勇之進書翰「庄田秀苗等宛」明治元年九月十九日

猶々庄内兵米澤人を惡ミ探索人抔と既ニ首找被刎候勢迄有之稍々逃亡之實事有之由ニ候御用心可被成候以上

以飛足態々御報告申上候陳ハ東町可祝屋何某と申者古海朝岡兩人之手先

ニ而今日晩方山形迄立返り申立候趣ニ丈庄内兵中村七郎左衛門隊其外都合六百三十人之内船町ニ貳百三十人長崎ニ四百人止陣明日明後日なとハ中々立去り不申様子申出候右ニ而薩州探索方白石角左衛門早かおまて山形を晩方出立上山出張參謀黑田了介ヘ報告致し候事ニ候右同人之旨意ヨてハ明日官軍山形ヘ止宿故止め直ニ庄兵故打拂致候手筈可致と申事ニ御座候併此手筈ニハ運ひ兼可申と大石古海申事ニ御座候右ニ付而丈猶以探索人御指出し被成

御陣御進退之儀可然御軍議被遊候様奉願候

右早々申上度如此御座候謹言

九月十九日

山形出張先

小田切勇之進

莊田惣五郎様

米澤藩戊辰文書（明治元年九月）

原三左衛門様

一四一　山本寺勝強書翰「千坂高雅宛」明治元年九月十九日

去ル十七日
若松城西南之方一里程有之候青木村之會賊追討ニ付薩土ゟ合兵進撃之處
味方勝利ニて二里程山手ゟ追まくり賊ノ陣所ゟ火を放チ候よし今ハ味方
之陣所ニ相成申候我兵ハ手負淺手貳人卽死壹人土藩ゟハ廿人位も死傷有
之よし薩同様之よし討會先鋒初陣勝利如何〳〵と大ニ懸念之處いつれも苦戰いたし候
よし土藩ゟて米勢之苦戰いたし候段感心致候よし杉山之咄あり
○十七日仁和寺宮様會領坂下ト申處迄御繰込ニ相成候迚岩崎誠之助殿同
所ゟ出張之よし是ハ米藩ゟ監察使出張之所米藩實功も相立候ニ付則宮
様ゟ御届之爲出張与之事
但杉山之咄之

○澤本守也事杉山書中之通ニ付其段御承知可被下候
○青木村之殘賊徒追討之ため昨日横山隊ノミ一大隊青木村まて繰出ニ相成爲應援芋川大膳二三大隊之内四小隊森臺と申處迄繰出今日之勝負大ニ懸念罷在申候近々大進擊之節も尤以出陣之心得ニ罷在申候
○乍恐
若殿樣爲御先鋒庄内表は御繰出之御事奉恐入候ア、不容易御時節唯々恐縮之至奉存候
○先刻會議所は清藏罷出候處此度若松表は繰出之内一大隊引返し庄内へ差向候へとの事ニ御座候然ルニ今日ハ齋藤參謀森臺は出張ニ付評判モ仕兼候ニ付決議之上可申上候諸藩も一小隊ツヽ引返し繰込候よし云々ニ御座候彼ニ付是ニ付御城下之上奉遙察候
○御國之御實功相立候云々ハ青木村進擊致候ハヽ、則御實功ニ相成候と土州參謀板垣泰（マヽ）助申聞ニ御座候小子共ハ是非城責之上からてハ御實功ニ

相成申間敷と心得罷在候ニ付村田勇右衛門にも城中大進撃致度段歎願之處城責ニ無之候共城外之賊討候ハ則實功ニてソコニ差別無之との申聞ニ御座候其本不好軍サニ御座候へとも只今ニ相成候てハ一統必死之覺悟ニ罷在候間御安心可被下候追々可申上候得共先ツ一通申上候以上

九月十九日　　伊豫

與(千坂高雅)一樣
　　机下

再白小子ハ兎角亂筆不文ニ付萬事之儀ハ齋參謀ゟ委しく被申上候樣仕度存居申候以上

一四二　黑井小源太書翰「木滑政愿宛」 明治元年九月十九日

村松藩士一條云々之御紙面昨夜深更相達し致拜見候然上ハ昨日出張先同

役衆ゟ之書面之通ニ而出張先參謀中ゟ二本松村松兩藩ともニ引戻し城下ニ謹愼爲致置可申旨達しニ相成直ニ出立最早昨夕當驛止宿ニ相成申候依之今日關驛ニ而晝飯未刻比迄ニハ兩藩ともニ御城下ニ相着し申筈ニ候其段御承知可被下候委曲ハ周旋方富井澤次郎ゟ御詳悉可被下候已上

九月十九日朝

小源太

要人様

一四三　羽後松山藩主酒井忠良歎願書寫　明治元年九月中旬

方今

王政御一新之折柄素ゟ勤

王之志他事無御座候得共微弱之小臣萬事心ニ任兼奥羽列藩ニ同盟仕候條深恐入奉存候今更先非悔悟仕先以城外ニ謹愼罷在奉仰

天裁候仰願者既往之罪者幾重ニも
御寛大之
御沙汰被成下度伏而奉歎願候恐惶恐惶頓首謹言
辰九月　　　　　　　　　　源　忠　良

一四四　羽後松山藩使者天利十右衞門口上書　明治元年九月中旬

是迄奥羽合國之御談判御申合相成候處於　尊藩從
朝廷追々被爲蒙　　仰候御儀御座候ニ付御申合之廉ニ御斷相成尙本家にも
御使者御差出相成候得共于今歎願之筋も不相見候段左澤詰役人迄御使者
を以御口上之趣具ニ承知仕候於小藩ニ素ゟ勤　　王之志願ニ罷在候處只今
ニ至り
尊藩ゟ御出兵と相成候而ニ殆与當惑之至奉存候尤當夏中仙臺表に

九條殿下　御下向之節左澤表之儀ハ御鎭定相濟是迄通御預相成候之間動
搖致間鋪旨
御沙汰ニ付兼而陣屋詰主役之者ハ堅申付置候得共此度如何之譯哉寒河江
邊ハ御人數御差向ニ相驚同所住居家來之者萬一對
官軍不敬之儀等御座候而ハ以之外之儀と差考心配之餘不取敢爲立退候趣
ニ付騷立候哉も難計甚恐入奉存候右ニ付別而不取締之儀も可有之何分御
汲察被下災害無之樣御取扱之程御賴申上候且同盟之列藩申合之廉ニ而本
家差圖ニ隨候之儀も有之候得共今更悔悟之至謹愼罷在候間其邊之處も可
然御執成被下度此段奉賴候

酒井紀伊守使者
天利十右衞門

一四五　龜田藩主岩城隆邦歎願書寫　明治元年九月中旬

米澤藩戊辰文書（明治元年九月）

臣隆邦恐惶頓首奉歎願候抑當春以來
王政御一新ニ付勤
王之素志相貫度戰爭之場合押而上
京萬端無滯首尾能歸國仕難有仕合ニ奉存候然ルニ奥羽
御鎮撫
總督府樣之御沙汰ニ付不取敢出兵仕候處小藩微力指揮不行屆戰不利進
退相窮不得止事開城仕今日之形勢ニ立至候段重々奉恐縮候此上先非悔
悟勤
王之外他志無御座領地退去謹愼恭順罷在家來末々至迄嚴重謹愼申付伏而
奉仰
天裁候　仰願臣微衷深
御憐恕被　成下幾重ニも
御寛典之　御沙汰被　成下候樣不顧萬死奉歎願候誠恐誠惶謹言

慶應四年
辰九月

平隆邦

一四六　新保朝綱書翰「千坂高雅等宛」明治元年九月廿一日

宮内御止宿ゟ一翰拝呈仕候得キ翌朝者正明六を待而御發駕大瀬御晝長谷堂へ被爲入候所米拂底ニ而　御宿難相成旨ニ付無止柏倉迄被爲入御宿陣七ツ半時御着此所我手ニ屬し越地出兵を始官軍ニ抗し候陣所付之面々之ア、困タ事夫レニ付色々謝罪手配等致置候事御座候扱置夜ニ入別紙大石琢藏ゟ一時を隔小田切勇之進ゟ一紙中々降伏所ニ無之只四百之孤軍且深入ア、沙汰之限り追々藤吉手ゟも申出有之實說相聞今更無是非次第其内八ツ過頃官軍監察付穗保隼人下宿へ罷出申聞ニ只今上之山ゟ黒田軍監早追ニテ乘込ミ宮川トノ談判最早一刻モ猶豫不相成候ニ付薩勢不殘九ツ時上之山を發し船町へ打懸直ニ長崎へ押寄候間米澤様御人數只今ゟ直ニ御出立長崎御先鋒可被成云々兩人揃而申聞候由ニ付兎ニ角一歩も御猶豫可被遊儀ニ非ス運を天ニ任セ御實功御立外無之儀ニ付迅速兵糧支度ニ取掛り兵隊を配り七時ゟ追々繰出し先鋒二ノ手應援隊夫々分配十丁程ツヽ隔候正明ニ至御出馬山ノ邊ニテ模様を御覽之上夫々御指揮被遊候方御座候正明御本城前被爲出候所ニ而神保乙平早追ニ而到着頓ト庄内も謝罪之方決心重役罷出候由併シ米澤重役ト評判之上兎も角も云々之由申出候間最早其様ある兎も角抔之段ニ無之是此ノ勢以之急々中村八郎等を打拂候ト申候所大ニ膽を潰し實ハ中村ハ庄ニ而モ手餘シ居中々引揚候様申付てもいらあ不聞入候ニ付御打被下ト申スニ付ヨシ戰爭ニ及候とも謝罪ニ相決し申出候へハ休戰之上御裁判も可有早く連來レ云々申付候處膽藏早馬ニ而山形へ迎ニ參り候ニ付小子暫く御本陣ニ相控居候處其內綱島長之助青柳延之助着委く御事狀奉拜承候宮內一條ハ委く庄六ゟ申上候筈馬鹿〱敷

事なりら先ッ／＼幸却而後々之爲好キ騒キナリシ馬抔へ乗セ候所至而思
召ニ叶候容子ニ御座候尚よく取扱御不都合無之樣可仕候延之助ハ早速取
扱ニ差越し平岡勇記ハ引揚軍目へ返し申候
一今日之合戰委細大河原甲之助ゟ御聞取被成候筈ニ付相略不申上候小子
儀も晝時柏倉出立山ノ邊御本陣之積りニ而馳付候處疾ニ川を御渉候由
ニ付直ニ寒河江へ罷越候處是も御立チ一里御進ミ八《ヤ》鍬《クワ》ト申ス驛へ御止
宿相成直ニ御本陣へ罷出御機嫌奉伺候所益御勇々敷恐縮之至奉存候ア
ヽ御勝利トハ申條深く敵地ニ被爲入何共困却之至恐入候次第御座候へ
共無是非次第奉存候
右廿日認メ
一今朝も曉七時御供揃正明時八鍬御發駕八聖山迄御進ミ之御都合兵結而
不解何共困タ事此分ニ而ハ六十里越ハ勿論鶴ケ岡迄も被爲入不申して
ハ不相叶勢ひ實ニ／＼困却黒田宮川抔申聞ニ御先鋒御願之上ハ是非御

自身鶴ケ岡城迄御乘込ミ御指揮無之而ハ不相成云々今更無是非次第奉存候扨置庄内ゟ昨夜ニ入五ツ半頃カ柏倉本陣ヘ罷出候由石塚武七郎應對仕候所謝罪之譯ニ而罷出候ヘ共頓ト今日戰爭一發ト雖又々王師ニ抗し候而ハ兎ても謝罪仕候共御用捨ハ無之譯今更致方無之云々武七郎も夫々說得仕候由之處尊藩ト計ノ合戰ならハ何國迄も謝罪可仕候ヘ共敵ハ薩之兎ても〳〵出來ぬ事依而ハ是ゟ直ニ米澤ヘ罷出御スカリ申上候外無之明早朝發足米澤ヘ罷越との事今日ハ必御國ヘ罷越候半一刻も早く軍門ニ出哀訴歎願仕候樣御說得被下度扨又元ゟ君命をも不用中村某之事ニ御座候ヘハ右人を取押差出候ハヽ聞受も宜謝罪御取用可相成實ニ人ノ事ニ非ス長々深入之戰爭詰り如何なるもの哉深く考れハ大ニ案念不啻奉存候是非〳〵御說諭謝罪歎願一刻も早く軍門ヘ罷出候樣何卒〳〵〳〵〳〵奉願候扨又頓ト米澤表迄庄人謝罪罷出候ト申儀ならハ岩村等之內御國ニ殘り之衆も可有之模樣御探り被下而ハ如何いつれニも

宜く御心得奉願候實ニ〳〵當表之勢ハ次第ニ深く困却御察し奉願候途中ゟ大急相認メ飛脚差立候間大亂筆御用捨奉願候已上

九月廿一日

御途中白岩驛ゟ

左馬之助

（千坂高雅）
與一様

上總様

（竹俣久綱）
權平様

【備考】本書中に所謂別紙は、本月十九日付大石琢藏、参謀宛書翰及び小田切勇之進庄田秀苗等宛書翰を指す。

一四七　大國賴隣書翰「竹俣久綱宛」明治元年九月廿一日

御付札之御別帋御云々委細奉畏候會も極切迫其内謝罪申出御座候情哉最少し早くハ都合も可出ニ此上いつきニ落着ハ案念此事ニ御座候庄ハ如何

〱案念罷在内謝罪之段式ニ相移甚都合宜敷
世子御出陣奉恐候事ニ候へとも先ツ〱本ものニ不相成誠ニ妙々恐悦ニ御座候只此上ハ仙ニ御座候數千ノ脱走説得振又ハ其動靜いつれ成モノ哉當方面にも一切不相分右も尾形良作へ一兩日前片山小見兩名ノ書狀相渡し探索差出し又兩國境邊へ斥候をも差出候もいまた其報告一切無御座尤此度ニ至而ハ仙ノ實效顯れ候廉ニ候へハいらてら鎭靜ニも可及候得共何を申も多人數故大きよ被案申候扨又西ノ監察使激ナルニ付大御配慮隨而吉岡も大心配何分御國情不通りの廉々有候を氣之毒之餘り又々引戻し扨々仕合成事直樣二本松へ被立越候模樣ニ付此方ゟも一同二本松に罷越渡部（マヽ）參謀へ直歎願いたし候方可然ト評判相決候へとも何向吉岡内意不承候而ハちと失敬之意味御座候ニ付御城下表模樣承り置旁吉岡下宿に高山參り云々相探候處至極〱トノ事ニ而直樣本陣へ誘引小子も暫時對談御國表之へ此出先共ニ是非參謀渇望云々懇々歎願仕候所至而受込も宜敷右一

同今朝否高山を一同二本松へ差遣し申候とふり渡部同道ニ仕度念ニ罷在申候吉岡も御國御手厚ノ御取扱を深く忝く存居模樣第一此方面諸藩ノ多勢甚心懸りㇾ所乍打拂鎮靜ニ及ヒ又奥羽說得ㇾ所ゾロ〳〵毎日每夜謝罪歎願書出候勢ひニ而御國ノ實効顯然相立候を深く賞歎候此上ハ是非周旋ノ心組故越ノ激ナルを深く心配ノ模樣右ㇾ振合故高山二本詰ㇾ比ゟ諸藩誰ト云事ナク一面會ㇾ者モ扨々御國ノ御實効大こふ成事ㇾ而と賞歎相咄し候へし由ア丶御國ハ此上ㇾ仕合トカ天幸トら此上渡部參謀ハ是非共御國へ參り深く周旋越ノ激を解すい不相成付コ丶ハ衆力周旋仕度含罷在申候尤高山戻り其模樣相分次第速ニ可申上先ツ是迄ㇾ手續計申上候以上

九月廿一日

筑　後

美　作　樣

一四八　倉崎清典等書翰「木滑政愿等宛」　明治元年九月廿一日

十八日夜半頃針生虎之助手代木秋月桃澤之三使を森臺ト申處鹽川ゟ一り半與板本陣迄約束之通召連來候ニ付最期之一盃味噌ニ而振舞大小等取上ケ我々之僕ニ為負若松表薩州本陣伊地知參謀迄夜明ケ前ニ罷越候條々迄ハ大略申參候由之通全ク我藩ニ而會ヲ救助之筋ハ今更無之處最初手代木等が御城下迄參り甘參謀堀尾應接以後猶又御挨拶之方ニ相成居候續きを以來り候譯ニ而候得も初メ村田參謀之方にも談し置候事故隱クシ可申筋ニも無之只今ニ相成會之使者受次候事後日之患もアリ聊周旋等之儀ニハ無之正直之處ヲ沙汰ニ相及可然評判ニ相成伊地知參謀に齋藤小生罷越此上もいり樣とも御差圖次第ト申談猶土州參謀板垣之方にも可申出云々モアリ候ニ付板垣迄談判ニ相及候處迄ハ鹽川迄申越候趣も御國迄申參り候由此板垣も甚同意ニ而薩之方にハ自分ニ而周旋之模樣専ら土州之盡力之右ニ付而ハ會ゟ使者參り候ニ付表向之使者ニシテ一方之固メヲ啓キ相通し候方

ニ而已ニ昨廿日朝薩土幷我が警衛人ヲ付ケ而差越候處ニ猶又會人來ルト
申聞有之候ニ付承り候處昨十九日土州之下僕壹人會城へ囚ハレ今日右ヲ
相返し候ニ付會之彈藥懸之役人兩人附ケ而會重役之書面持參土州之重役當
テシテ來候ハ此度使者貴藩へ差上度ニ付御通シ被下度趣之書面之此彈藥
懸り之役人ハ則百姓ニ相成參り候ニ付土州參謀自分ニ而取糺し候處則手
代木同樣之主意ニ付土州ゟ高屋左兵衛ト申是も重役之一人之依而齋藤小
生高屋同道いたし手代木ニ面會爲致候處城内之模樣も相分り至極之都合
ニ而則重役之手代木が居り候へハ別ニ御使者ニも不相及との引合ニ相成
夫ゟ直ニ三使ト役人兩人一同ニ甲賀町大手門ゟ入り申候然ニ雙方砲戰日
夜不相止何分出入六ケ敷頓と會公ゟ降參ト表向不相成候内ハ官軍ニ而止
戰爲致可申樣も無之會城ニ而も同斷ニ候へハ振旗等相用ひ玄もし止戰爲
致入候事ニ御座候伏罪之上も其手形ケ條々々何分六ケ敷城下之盟ニ相至
候都合ニ御座候へハ兵器玉藥差出家老禮服ニ而出城其後トニ會侯父子乘

與ニ而被出軍門ニ而軍監ヘ御歎願書被差出候方是等之手數不容易手都合も有之旨々我々ハ會ニ而スガリ候ヘバ土州之方ハ夫々申合置一引キニシテ廿二日四時之方ニシテ降參之大二字ヲ認候旗を差立城門ヲ啓キ候方之昨朝右五人城内ヘ差立候上先ツ小生ハ總督ヘ御沙汰之爲メモ了リ候ニ付鹽川ヘ引戻し今日猶又若松之方へ罷越候處ニ御座候此上ハ只々會城之兵隊始舊幕臣取合三千人餘有之候よし城内異論ヲ起シ亂ヲ生シ出し候樣之事有之候而ハ不相濟いつを混同ハ可致候へとも會公重役之方ニ而ハ一決之事ニ候へハ先ツハ安心之方ト被存申候明日之上見詰通りニ參り候ハヽ明日中ニも猶又以飛脚可申上候

○昨日若松城下引取候節土州之參謀ゟ會之手代木ヘ尋候趣ハ桑公ハ如何ト尋有之申候手代木答ニ先達而國ヲ被出何方ヘ落られ候哉我々ハ城中ニ居行方不相知旨答ヘニ相成申候依而追々桑名センキニも可相成哉御國ニ而潜伏ト申儀相分り候而ハ相濟申間敷此會之模樣ニ依而板谷御境

ニ而も被居候而御歎願ニ而も可然哉此等之處先ツ爲御含迄ニ申上候先ツ〳〵會之上も明日ハいつれ急度見詰通りニハ相成可申左すれハ細クトモ血食ハ絶申間敷天命助カリ候ト申その於　御家も御安心之筈ト奉存候御詰之間ニも宜御沙汰可被下候只々明日之上而已安念罷在申候

○兵隊之儀も庄内向勢不足ニ付御引上之條昨日於若松士ノ本營深尾三九郎ニ出會相談申候處福島ゟ一大隊半之内一大隊ハ御引上ニ付夫レヲ庄内へ御向ケ之御都合ニ付當地之兵ハ一人も御引上ケハ不相成方との事ニ而御座候又當時相返し可申樣も無之ニ付其段ニ御心得可被下候

○末文ならら　若殿樣又々庄内　御出馬被遊段恐入奉存候是又御見詰之被爲在候而之御事ニも可被爲在御成功之程奉祈上候是ゟハ猶又七左衞門も若松ニ出向候處ニ付右之段のミ草々得御意度如此御座候以上

○昨日薩長土藝新隨而米澤勢當表引上ケ米澤通行庄内ニ繰出候樣御達しニ相成候旨申上候趣猶又今日於當所村田勇右衞門ニ突留候處其義ハ先

ツ御見合セ候方ト申事ニ付右樣　思召置可被下候其内必右之御沙汰ハ
延引ニ相成候樣相見ヘ申候追而米澤之人數抔ハ是迄之人數ニ益呉候樣
村田ゟ賴も有之候へとも此上四方ニ人數も差出置候事之所詮六ケ敷旨
相斷候處何れ御國表迄申遣し呉候樣達而賴ニ付左樣ならハ何之向ニも
國元迄ハ申遣し可申なりし必す六ケ敷都合ニ可有之ニ付此段ハ宜敷心
得呉候樣談置候間右樣御承知置可被下候

○

熊倉村　小荒井　岩澤　荒町　山崎　赤星　大寺　慶德　鹽川

〆外ニ鹽川先キ之森臺村へ一大隊

差置候方

右北方之村々亂暴有之右鎭撫可仕方兩三日以前ゟ達ニ相成夫々手分ケ
ニ而大井田一大隊手熊倉村へ本陣ヲ相居へ九ケ村ニ少々ツヽ人數配り
置鎭撫爲致置候處其餘之村々も諸藩ニ而ハ不行屆樣子ニ付其外之村々

も相成丈ケ鎮撫いたし呉候樣村田勇右衛門ゟ賴ニ相成相成丈ケハ廻村も爲致可申と存候只今會議所ニ而村田が咄しニ古幕之歩兵ノ分ハ就中亂暴甚敷是ハ切捨之方可然事平ク之後モ御藩樣江御預ケニ相成候上ハ後ト々々之御苦體ものニ付御斬捨之方宜キ抔之談合之尤切捨も可然哉ニ候得共取押へ吟味之上ナラデハ相成申間敷其時々々ニ御伺可仕御差圖次第可致旨相斷罷戾り申候然ニ右亂暴ハ尤歩兵如キものも可有之又薩人ハ多鷄ヲ始家財ヲ奪ひ馬ヲ盜ミ駄送りニメ白川口差出候迚追々相聞、以之外之至日々訴訟ニ而其內其村々も惡黨有之左樣之もの共ヲ召捕來鹽川本陣ニ而も不容易手配ニ罷在申候

○與板橫山隊之先陣も土州勢ト一同ニ相進ミ城外之會賊ヲ討チ候積り之處其後格別之戰ひニ相成候事も不申參必一ノ瀨要人萱野權兵衛佐川官兵衛等之隊ハ田島之方江引取候ものと相見申候先ツ氣付之儘得御意候以上

九月廿一日

清　藏

七左衛門

要　人様

惣五郎様

小源太様

一四九　齋藤篤信等書翰「木滑政愿等宛」明治元年九月廿二日

以飛脚得御意候然も當形勢之儀ハ昨日申上候通ニ御座候若松之方ハ昨暮方小生出張いたし候處雙方砲聲も無御座大ニ安心仕候彌今日四時開城ヲ相待居候處ニ御座候

○只今若松之會議所ゟ呼懸ニ付小生罷出候處左之通庄内之形勢何分不相分已ニ

世子君も御乘出し被遊候上ヽ御報告無御座候哉承知仕度旨若シ下モ手之形勢相分り不申候ハヽ無心之至ニ候得共斥候方二三人も御差遣し御探索被下事相成間敷哉との懇々之賴ミニ御座候實ヽ庄内之模樣ニ依ゐ會地ニ諸藩之兵隊繰込置候分下モ手ニ差向候變も可有之ニ付何卒片時も早く御探索被下度との事ニ付成程御尤之儀國方ゟハ何之形勢も不申越當所ニゐも御同樣不安ニ罷在候ニ付ゐハ早速以飛脚城下表ニ申越城下迄分り居候事ニハ城下ゟ爲申越可申又城下ゟも庄内迄斥候差越し實事も篤と爲探候ゐ其時々ニ御沙汰可仕旨相答來申候依之御城下ニゐ相分り居り候事情ハ有り之儘ニ被仰越可被下候又庄内ニも則此大瀧新太郎朝岡虎吉ヲ直ニ差上候間右兩人を庄内迄被遣可被下候御國ゟ夫レ前ニ別ニ被仰越被下度奉存候委細ヽ大瀧へ直話いたし差越候間宜敷御聞取可被下候猶又後刻當會城開候ハヽ其節可申越草略此段のミ得御意候

以上

九月廿二日朝五時　倉崎七左衛門

齋藤主計

木滑要人様

大瀧新藏様

一五〇　木滑政愿書翰「大瀧忠恕等宛」明治元年九月廿二日

二白栃窪口も佐伯盛衛隊今井久右衛門隊佐藤長之助隊最一隊何隊之筈か不意ニ相越候四小隊御繰出ニ相成候其段御承知可被下候

○別紙會津西方ゟ之書面ハ入用ニ付御覧後御返却可被下候

世子御本陣ゟ之飛脚昨夜半相達候處庄内仙臺引揚ケ之兵隊寒河江邊ニ遲留候爲メ戰爭ニ相成薩之御參謀ゟ達之趣ニ有之

世子ニも　御出馬被遊候由恐入奉存候扨々不都合之次第ニ御座候處其內

御總督幷大瀧御同僚御馳着之上も夫々御説得必無故引上ケニも相成候半与想像罷在候得共最御一左右無之内ハ彌安心ニも至兼候とふり速ニ引上ケニ相成候樣相祈のみニ御座候

○會津出張同僚ゟ之來書御廻しいふし候トント城下之盟ニ相至候條可憐可愍然し此段ニ至候而も頗寛大之御趣意も有之御模樣御尤之儀此上庄ニハ彌謝罪之道相立候ハ丶是ニ而奥羽之平定ニ相至り可申とふり一日も早く其運ニ相至候樣いたし度ものニ御座候然ニ其初討會討庄之命相下り候節會庄二藩ニ而此上も何分無是非次第ニ付力の有らん限ハ互ニ助ケ合力盡テ倒レ候節ハ共ニ相倒レ可申与死生存亡を共ニシ候段ニ堅ク盟約いふし候云々其砌御宿老ニ而會の伊東左太夫ゟ密語も御承知御座候由右之盟約有之候上も會ニ而謝罪ニ不至相倒レ候節も庄ニ而謝罪と申儀ハ彼ノ質朴の國風柄嘸懸念ニも可有之与相察候處會ニも前文之都合ニ相成候上ハ庄ニ而も安心ニ而謝罪之運ニも可相成候間右之

趣ハ早速庄使節ニ聞カセ度との与御宿老之御趣意甚御尤之御事ニ付別紙之趣不打置委細ニ御聞カセ置相成度存候右之趣従小子申上候樣御詰之間被仰聞候ニ付大略得御意候

○官軍會庄二方ヘ追々御繰出ニ相成御城下ハ少シ靜ニ相成候樣ニ御座候處會降服ニ付而も彼ノ方面之軍勢を御引返し庄ヘ御差向ニ可相成哉之樣子モ相聞候得もとふり一日も早く謝罪之運ヒガ付キ右等之儀無之樣いたし度ものニ御座候以上

九月廿二日

要　人

新　藏　樣

惣五郎樣

一五一　高山政康書翰「木滑政愿等宛」明治元年九月廿三日

猶々大國大隊頭ゟ委しく被申越候ニ付小生ゟハ相略申候

一昨廿一日監察吉岡と二本松表ニ出張仕り翌廿二日渡邊參謀ニ面談此際何卒米澤表ニ參り被呉候樣先達ゆゟ薄々内意も聞居候續き相願申候尤吉岡監察も小生面談前ニ委細ニ話し置被呉候ニ付至極善く聞請ニ御座候依ゆハ昨廿二日晝頃迄ニハ御國ニ參ルニもいづれよも總督ニ御沙汰之上相決し候との事ニ御座候其節渡參謀之話ニ是非ニ米澤表迄罷出度存候ニ付爲其ヱざ々々白川口ゟ同勤之木梨と申もの當表迄一昨夜引寄置候間已ニ昨日ニも當表出立之含ニ候處別ニ大急之用向出來延引ニ相成居り此上ニ猶總督ニ御伺決議と存候先ツ十ニ八九ハ米澤表ニ出張と被申候ニ付をこしく安心猶懇ニ相頼ミ候事ニ御座候且ツ吉岡監察ニも折入りて相頼候處則渡參謀同樣別ニ急なる事出來候ニ付先ツハ今日中ニ參謀同道罷越度含居候もし參謀六ヶ敷都合ニ相至候ハヽ我等計今日晝頃ゟ出立米澤表ニ參ルと申事ニ付猶以て相頼ミ小生ハ昨日四時頃二本松表出立八時過當福島迄

着其後如何〳〵と案念罷在候内只今別帋之通吉岡監察ゟ申參候ア丶是ニハとんと當惑至極ゑりし無據次第ニ候昨日談判之節も前文ニ認候通り別ニ急なる事俄ニ出來候ニ付テと一と通りならぬ思案之樣子ニ候處右之次第誠ニ殘念至極ニ存候何向キ何ニ譯り福島表ニ而ハ不相分候ニ付明朝ハ猶二本松表江罷越し委細ニ承り度き含ニ罷在候且ツ西又太郎江御申越之條もやんの内々ニ吉岡ニ相伺且ツ時宜ニより參謀江も伺度兩樣兼而罷越候方と存候さて〳〵思ふ通りニ參らぬ殘懷之至ニ奉存候其内追々可申上与一ト通り飛脚を以得御意候以上

九月廿三日

與太郎

木滑要人樣

市川（大瀧忠恕）宮內樣

一五二　庄田秀苗書翰「木滑政愿宛」　明治元年九月廿三日

干城隊ト云當地ニ流浪罷在候博徒之由昨夜海味御止宿ニ罷越今日ゟ被召連候處三十六人之内拾三人ハ刀所持殘り貳十三人ハ丸腰夫方同然天運隊等之前ニ對しゟハ甚不面目ニ存候由且得道具なしニメ被召連候ゟハ何之益も有之間敷ニ付鎗ニゟも爲持度候ニ餘計物壹本もなく袖がらミ抔相渡御先拂等爲致候體ニ付刀三拾本鎗三拾本も早速御送遣可被下候

○御附軍監ゟ進軍之督責頻りニメ一同も足を不止取急き不申メハ不相成勢ニゟ今日ハ

若殿樣ハ本道寺迄御繰込被遊志津迄繰込居候先隊ハ六十里を越へ庄内領田麥ト申所迄繰出候筈扨々庄降伏之使節共機會を遁し十ニ八九ハ遂ゟ申ましく多分必死之戰爭ハ覺悟罷在候依ゟ坂田潔周旋ヲ賴候鳥銃越地ゟ參り候哉是ハ至急ニ御取運且彈藥も同斷官軍ト手違ニ兩道ニ分を候へハ借受候儀不相叶何分心配のミ御察可被下候右軍監ハ只々ぜん〳〵進メ〳〵

と尻ゟ追立られ候都合何分六ケ敷勢ニ相成候右早略如斯御座候以上

九月廿三日　惣五郎

要人様

一五三　新保朝綱書翰「詰之間宛」明治元年九月廿三日

委細庄田ゟ會談所へ申越候通り干城隊御本陣江着仕候所無刀ニ而何分致方無之依而大急餘計を見詰

〇三十腰　刀

〇同　鎗

右之通り被遣被下度此隊藤吉隊ト頗ル戰功を爭ひ大ニ可用氣象此邊を窟ニして居り候樣子別して無刀ニ而ハ顏付も不都合ニ付何卒大急奉願候扨又庄之三人歎願罷出候へ共如何相成もの哉ちと機會も後れ候樣ニ而大ニ

懸念最早今日ハ先鋒六十里を越して乗込ミ候都合先方ハ後レ此方ハ手運ヒよろしくいつきら調子を合せ度存候へ共何分〳〵因循も致し兼無是非ズン〳〵手運ヒヲ付御本陣も本道寺迄御進メ之御都合御座候へハいつきニしても戰爭ニ相成可申候黑田參謀とうら大懷ニ謝を容休戰ト相成きれよれら夫レニしても兩三日之中ハ戰爭致し居らねバ不相成仕合御座候今非久右衞門も黑鴨引揚當所へ相詰候樣申達候間彈藥右をも御見詰被遣被下度奉願候以上

九月廿三日

左馬之助

御詰之間

一五四　新保朝綱書翰「大瀧忠恕宛」明治元年九月廿四日

今廿四日志津宿迄無御滯　御着被遊候處御國元ゟ脚力着御用状二通相達

候間早速御廻致候會藩も頓ト降伏條相調候模樣一昨日ハ夫々都合ニも相成候半扨置當表其後海味驛ゟ御進軍ニ相成頓ト當驛御着御先勢ハ細越關門際迄相進ミ最早戰爭ニ相及可申勢ひ嗚呼危哉無是非次第其表之都合如何ニ御座候哉黑田參謀廿六日迄休戰納得ニ相成候哉於當表ハ黑參謀ゟ休戰之達シ無之内ハズン〳〵進軍致候若シ休戰ニ相成候ハヽ大急御申越被下度黑田ゟ宮川へも通し貰度何も大至急一刻を爭候義機を失候へハ大事を過り候義迅速之御取量偏希申候大事之御場合ハつきニも大急御申越被下度摘（マヽ）先生も和戰ノ二字取極り次第迅速御本陣迄御出之筈とハ存候へ共一日三秋之思罷在候尚後便ト先ツ別紙御屆まて草々已上

九月廿四日　　左馬之助

新藏様

再白庄御同僚別紙一見直ニ出先へ出張ニ付小子執筆御不審被下間敷候

以上

一五五　倉崎清典書翰「木滑政愿等宛」明治元年九月廿四日

一昨夜ハ御國ゟ之御用狀以飛脚御廻し被下今日ハ福島善三郎ゟ同斷村々降伏手負人取調被遣慥ニ御受取早速御屆之上御下知取量差越し可申候間其上之御仕末ト申ものニ付御下知成丈ケ取運ひ可申間其段御承知置可被下候

○廿二日會降參會公父子乘輿ニ而出門最初地組之通ニ而先ッ々々無滯直ニ瀧澤村之寺院へ御立退キ謹愼之處迄ハ申參候筈其後會議所ゟ之呼懸ニ而罷出候處明廿三日會城之兵隊猪苗代迄爲引取候ニ付　御家ニ而前後之警衛護送候樣御達ニ相成木村丈八隊ゟ申達明ケ半時天寧寺口ゟ繰出し凡三千四百人尤刀劍ハ御免之右之處へ木村隊三十五六人只一小隊ニ而送り越候事ニ御座候尤無滯猪苗代迄送候得共其內拾壹人ト り足弱

之もの有之其日之内ニハ參り不申途中滯り今日追々着之由ニ而猪苗代詰之　官軍方へ御屆之上明朝立ニメ當所へ先ツ立歸り之都合ニ付只今櫛田忠助罷戻大安心之事ニ御座候

○昨夜深更ニ及會議所ゟ申來諸藩廻文ニ而明廿四日十二字半時城受取之式ニ付諸藩一小隊ツヽ差出候樣有之昨夜急段又々森臺へ申越松木幾之進隊爲相詰七時頃ゟ諸藩甲賀町大手門ニ相揃候上差圖有之我隊大手門固メ御割付ニ相成先登直ニ相固メ今日ハ晴之事故御拜領之御旗も伺之上爲持候事ニ御座候外ニ周旋方も無之松木殿計ニ而も相成まじくと存爲軍監森三郎右衞門差出し候事ニ御座候暮時過ニ戻りニ相成何も無滯由ニ御座候然ニ今日計り之事ニ無之先ツ〳〵此節御門番之儀ニ候へハ可引取樣無之模樣ニ付明日ゟハ木村隊も戻り候ハヽ十五人位ツヽニ而宜キ由ニ付順番交代相勤候樣可申達と存候ニ付此際少敷右之兩隊押へ置候間其段ニ御承知總督ニも御沙汰置可被下候尤芋川殿ニも右之趣申

越置申候右ニ付而ハ挑灯之注文等杉山之御役所ゟ申參筈ニ付早速御送り可被下候

○官軍も敏速最早今日薩州之一大隊引揚ニ相成申候依之右跡七日町通り拔ケ柄ラ𛀁又々我宿陣引移元〆方迄向ふ𛀁移し至極用便ニ相成甚仕合ニ相成申候

○横山隊も中野青木ゟ引上ケ田嶋之方之殘黨を追拂之達ニ相成薩長土尾紀之兵ト合兵尤先鋒ト相成今日ハ本郷ト申處宿陣之積り之由ニ御座候會ゟ使者も差立候由ニ御座候へハ必明日ゟ明後日頃迄ニハ引取ニ可相成ト存候其内古幕兵四五百人計も有之模樣之處大抵ハ脱走ト相聞申候

○御國ゟ之申來候庄内之方歎願之御使者も來候内官軍之我兵隊も繰込ニ相成候爲メ上ノ山ニ逗留庄ノ中村七郎右衞門兵隊不引取處ニ而餘程之打合ニ相成候段扨々不都合之至ニ存し中村ゟ出先キ一己之戰ニ候へハ國論一決之處ニ而急度申譯も可相立格別罪之重り候程ニハ至間敷存候

○庄内之謝罪降伏之模様ハ内々参謀之方ニも申込置候へハ當地之兵ヲ北ニ向ケル段ニハ決而至間敷ト安心罷在申候

○監察使岩村精一郎殿も今日止宿へ被参咄ニハ明日頃ハ正親町様當若松城迄二本松之方ゟ御乗込ニ可相成との事左それハ又手段も附置可申と存罷在申候

但先達而鷲ノ尾様三春二本松之方へ御出張之處御病氣ニ而御歸り故為御交代正親町様御出之由ニ御座候

○今日之事ハ杉山盛之進書中ニ可有之御参考可被下候扨々三十萬封之大諸侯之落城其實ハ降伏周旋相進メ候上之事ニ候へハ何分〳〵心痛可憐之至ニ御座候此上ハ庄内之方早く平定　若殿様御歸城被遊候處のミ奉祈上候先御挨拶旁如此御座候以上

九月廿四日

七左衛門

要人様
小源太様
清藏様

一五六　杉山盛之進書翰「黑井小源太等宛」　明治元年九月廿四日

昨夜半頃會議所ゟ以廻狀申來候趣ハ明日開城ニ付請取渡有之候ニ付諸藩ゟ一小隊ツヽ差出候樣佐土原ト御家宛之廻文來り候ニ付卽刻以飛脚森臺村屯集之芋川隊ゟ一小隊夜之內ニ若松迄相繰出置申候今日ハ十二字ニ大手前ニ詰揃之達ニ御座候處城內取片付方手間取り候ニ付最二時猶豫奉願候ニ付七時諸藩繰出し大手前ニ相揃ひ申候尤御家御實功之廉ニ候へハ諸藩ゟ小半時前方繰出し申候尤今朝會議所へ周旋方差出內々願出候趣も今日も我ら藩一小隊も第一難澁之場所へ御差向被成下度旨申出候處いつれも尤と承諾致候由なれハ必六ケ敷事被申渡候半と相待居候處七半時頃御

使番ト申人我ら屯所へ來り申達候趣も米澤御兵隊ハ第一先登して大手門へ入諸藩兵隊幷ニ人足等猥之無之樣御取締可被成萬一猥之者有之候ハヽ無用捨取締可申趣ニ御座候ニ付直樣繰込ミ申候薩長兵隊我ら兵隊の先キニ繰込んとする勢ひ中〳〵當るへからさる樣子なれ共遂〳〵大早足ニ進ミ諸隊を馳せ拔ケ第一ニ乘込相固メ申候無程夜ニ入り候處御使番より之御達ニ而城内ニいまゝ貨物等有之ニ付以下〳〵之者共不心得を以盜出間敷ニ無之ニ付嚴重取押候樣達ニ付いつれも嚴重相心得居候處追々出候者共相改申候處以下之者計りニ無之歷々之内ニも不心得之者多分有之取押候品物も暫時ニ山をなし申候先今晚之上も右御門相固候樣尙御使番衆より達有之一小隊を夜半代りニメ相勤候方ニ相定小生も四時頃本陣へ引取申候明日之處ハいつれの御割付ニ相成り可申り尙明日之上ニ御達ニ相成ルと申事ニ御座候然るニ諸藩ハ高張燈灯を初として弓張等誠ニ美事ニ燈し實ニ目を驚し候樣子御家ニ至而も高張ハ壹ツなし弓張ハ壹ツなし實ニ汗顏

之至ニ御座候是迄之因循ニ而ハ此度ハ相濟ましとふそ〳〵諸藩ゟ劣らぬ樣致度ものニ付役所ゟ申越候通り早急御遣し被下度候昨日猪苗代護送として罷越候兵隊ハ明日若松迄罷戻る模樣ニ付是も當分之內當表へ相殘し置申候間右樣思召置被下度候日光街道へ押出し候與板隊も兩三日之內ニも必罷戻り可申や之樣土州重役申聞ニ御座候然上ニハ半分も當所へ相殘し半分ハ森臺邊へ相戻し可申候此儀ハ其時之都合次第と御心得可被下候正親町樣明日頃二本松ゟ若松迄御繰込之御模樣ニ相聞へ申候最初ゟ盡力致吳候大村藩參謀渡部(マヽ)清左衞門ハ于今二本松ニ宿陣之由此者へも御家ゟ壹番人氣之聞候者附置候方可然ヤと土藩重役へ相談候處至極尤之儀ニ付一人も差出置候樣申聞ニ御座候右ニ付澤本申聞ニハ若松表も大底形付候ニ付渡部へ之周旋ニ罷越吳候而も宜敷段申事ニ御座候最初御治定之通り高山同役出張ニ御座候ハヽ萬全萬一引取り候ハヽ誰そ壹人御差出之方御評判被下度候先不取敢草略得御意候取込中ニ付前後大亂筆御推覽奉仰申

候敬白

九月廿四日　　盛之進

小源太樣
清藏樣

一五七　三潴政清書翰「木滑政愿等宛」　明治元年九月廿五日

最早開城引渡之手數も相濟薩一大隊迄引揚候手運ニ相成候へハ此上後々之御所置振何ぞニ相成候哉齋藤參謀ニ呉々申上候通是而已被案事申ニ付御受等之儀於御國表御熟評萬全之處奉仰候

○山田八郎不調法書壹通差出候ニ付則別紙差上候間齋藤參謀ゟ委曲御聞取御評判早速御申越可被下候

○去ル廿三日於百川村大砲四門分捕之内貳門ハ四キン砲ニ御座候則昨日

當驛ニ相達し申候ニ付林邊ゟ之書面計り差上申候

○會議所ゟ御渡之御書付取調板札等爲建可申此以後ハ此口計り被案事申候

○小生ハ當驛鎭撫之取調隨而北方八萬石鎭撫方御達ニ相成其方面夫々取調罷在候處此兩三日ハ至而平穩ニ相成拾ニ七八迄山々澤々ニ迯込候者共も我り住家ニ落付漸く鎭撫之廉も相立用向も相辨し至極之都合ニ付此際氣向不取欠取締相立候樣手配仕度是而已念願罷在申候

○濟民隊假參謀ハ額田大吉へ被　仰付可然与當表決評仕候間其段取量可申ニ付右樣御承知置夫々御沙汰可被下候

○森行人ゟ高山與太郎當表へ罷越候樣歎願ニ御座候御國表も御手薄ニ相成候へハ御六ケ敷ニ御座候筈可相成ハ御遣し被下候ハヽ仕合ニ御座候先ツ要用而已込合中得御意候以上

九月廿五日

清　藏

要人様
小源太様

一五八　新保朝綱書翰「毛利業廣等宛」明治元年九月廿五日

尙々尾州勢天幕三ッ所持之様子ニ付大急借受差越候手配御座候間其段
思召奉願候以上
昨廿四日無御滯志津驛御着座尙以御機嫌克被爲涉御勇々敷御同然恐悅奉
存候
君上奉始　御方々様益御機嫌克可被爲涉恐悅至極奉存候庄使海味驛罷出
候云々ハ先日申上候筈爾後何之義も無之當方宮川軍監ハ無二無三進軍と
の論嚴敷督責一刻も御猶豫不相成スン〱御進軍相成御先隊二之見細越
ト申所迄相進此處庄之關門固兵二三百位一里を隔田麥ト申驛此所ニ四五

百程有之由謝罪之件も申出候へ共頑固之弊風中々以關門を開候樣之氣底更ニ無之若者共ハ奮然米兵ナラハ相手セン抔之口氣も相見無左ト徒手進軍ハ不相成宮印ハ進メ〳〵一三昧頓ト困却廿六日之期限も有之候へ共三秋之思嗚呼待兼候形勢今曉七時先鋒ゟ打懸關門を破り田麥迄進擊スンスン鶴岡城迄御乘込ミ之御都合ア丶危哉其内昨夜半淸川口ゟ平勘ニも候哉神尾某大急早追ニ而御本陣迄馳來り宮川軍監へ黑田參謀ゟ一封來ル隨而市川古海ゟ廿六日迄休戰云々庄兵境を引取候共決して境を侵候儀致間敷云々申來嗚呼一刻を爭實ニ危キ場合直ニ出先ニ右趣申越先ツ休戰之都合仕り候此報二時も後れ候へハ大事ニ相至候場合幸哉此上如何之落着ニ相成候哉難計候得共先ツ〻恐悅至極多分平穩ニ相至可申奉存候最早今日ハ晝ゟ雪交り風雨兵士之難儀筆紙ニ不盡次第御座候此上ハ一刻も早く事落着ニ相至鶴城へ御乘込ミ被遊候樣奉祈念候和戰いつれニしても是ゟ御歸陣トハ不相成鶴城へ御乘込之御都合可相成候間其段思召被下度奉願候廿

六日迄休戰ト申セハ和之調候ニハ無相違相見へ候ものゝ庄兵頑童共いつ迄も之暴動働間敷ニも無之必和ト安心も不相成聢ト取極り不申內ハ實ニ懸念之至奉存候扨山上ニ兵隊出張爲致置候處前顯最早今日ゟ降出し兩三日中積雪見へ涉候所當驛も極山間萬事不自由假小屋補理も六ケ敷依而ハ大急天幕三張被遣被下度實ニ氷ミ死ヌとも申程此所ゟ日々交代爲致酒力を以漸取凌居候へ共長引候事ニ而ハ兎ても穴中之考トハ大相違火疾樣體ニ御座候

會藩も頓ト廿二日を期シ降伏之云々取極り候由定而都合も相調候半至極之御都合とふり血食寬大之御沙汰相成候樣念々罷在候當表も九分九厘ニ相至候へ共何分宮監ニ世話り立ラレ事も破レそふニ相成困却六ケ敷意味合御賢察奉仰候當驛ゟ田麥ト申迄行程七八里人家更ニ無之所謂六十里越大嶮難之地戰爭ニ相至候而ハ實ニ策略も更ニ無之只々困却罷在のミとふり和議都合相調候樣のミ千祈萬禱他事無御座奉存候尙兩三日中可申上と

先ッ休戰之一條のミ草々奉呈寸楮候已上

九月廿五日

左馬之助

上總様

權平様（竹俣久綱）

再白此程追々申上候彈藥を始刀鎗奉願候通り大急被遣被下度偏奉歎願候以上

一五九　山本寺勝强書翰「毛利業廣等宛」明治元年九月廿五日

一筆令啓達候然も會議所ゟ御書付二通別紙結副之通御渡ニ相成扱村々ニ立札致候様御達ニ相成候間夫々取計申候

一昨廿四日會城請取渡ニ付一小隊人數可差出旨前同所ゟ御達ニ相成候間不取敢松木幾之進隊木村丈八隊差出申處大手門相固候様御達ニ付請取

相濟迄警衞爲相勤申候右兩條御承知之上宜被遂御沙汰候此段爲可申入
如斯御座候恐々謹言

九月廿五日　山本寺伊豫㊞

毛利上總殿
島津利馬殿

【別紙】

會城降伏ニ付而ハ君臣共夫々退去謹愼之場所も相定候處猥ニ會津藩士抔と僞唱へ乍帶刀諸所致徘徊候輩も有之候由右ハ譬へ眞之會津人たりとも主人之命令をも不奉ものニ付諸在取押へ手向致候ハヽ切捨候ても可爲勝手次第もの也

辰九月

會津在陣
軍監

【別紙】

近日ハ騒動ニ乗し無頼之悪徒等相集良民之家ニ押入狼藉いたし剰へ間ニも官軍之藩名等唱ヘ候もの有之由以之外之次第ニ付以來右等之向も於諸在屹と取押へ或ハ切捨候共不苦敷候就而も譬へ官軍ニ致關係候下輩等たりとも兼而之法令をも不憚ものニ付同斷取計可然もの也

辰九月

會津出張
軍監

一六〇 倉崎清典書翰「三潴政清宛」 明治元年九月廿六日

廿四日城請取之後大手門之警衛番御達ニ相成松木隊ニ而昨日迄相守候處昨夜ゟ今日七時過之間ハ大垣家ニ而交代相守今日七時過ゟ猶又御家之番

ニ相成候ニ付昨日森臺へ申越小山田之一小隊ヲ爲相詰其外木村丈八隊猪苗代ゟ引戻候ニ付右之内ゟ骨ニ相成候もの十人當所へ相殘し右人數ニ而御門番相勤候方申達置候尤芋川殿にも申越候上取量間ニ合セ候都合ニ御座候間其段ニ御承知摠督ニ御沙汰置可被下候

○昨夜宮嶋熊藏庄内一條ニ付而來ル卽夜土州參謀衆へ同道談判之處至極尤ニ被聞受猶明日會議所評ニ相懸ケ御挨拶可致との事ニ而罷戻ル今朝吉井參謀迄宮嶋熊罷出候處是又同樣之事ニ而甚尤ニ被聞受庄内向之黑田參謀之方ニは書面ニ而も遣し會津スラ斯ク寛大之御沙汰ニ相成候上ハ況ヤ庄内ハ是非寛典之御所置ニ無之而ハ不相成筋ニ付篤と相認申越との挨拶ニ有之由之夫レ前ニ庄内暴動破裂無之樣念願罷在申候右之次第ハ宮嶋ゟ御詳悉可被下候

○召捕置候降伏人隨而手負人之條武器諸品取上置候分夫々會議所に伺置候間明日ニも村田勇右衞門靑木村之方ゟ相戻候上ナラデハ何分六ケ敷

意味も有之候ニ付一兩日中相極り候處ニ而可申上候間其段ニ御承知可
被下候
○表御用狀之通猪苗代警衛之儀西園寺樣昨日當所ゟ御出ニ而御同所ゟ之御
達ニ御座候依之大隊人數位も差出置不申候而ハ相成間敷所大井田隊之
芋川隊之八組之村々鎭撫ニ相成居候へハ可動樣無之ニ付横山隊本鄕村
之方ゟ引揚ニ不相成候而ハ差當りいたし方無之趣申談候處尤先隊本鄕
ゟ引戻り之上ニ而宜キ旨ニ御座候依之一兩日中ニ横山隊引戻りニ相成
候上猪苗代ニ差遣し可申候間其段ニ宜御沙汰可被下候右ニ付而老兄か小
生之とも猪苗代之方へ當時形之居り候迄罷越居不申候而ハ相成間敷此
段御總督へ御沙汰御越被下候ハヽ甚宜御都合と奉存候鹽川之御本陣ハ
尤是迄之通ニシテ林邊ニ而も明日ニも御戻り可相成候ハヽ差越可申候
○只今此處迄相認置候處會議所ゟ呼懸ニ付罷越候處左之通頓と本鄕村先
キ田嶋之會勢も降參申出候ニ付大抵人數ハ千四百人程之由猪苗代ゟも

置キ兼候ニ付鹽川ゟ大人數差出外無之ニ付横山隊ゟ二小隊護送ニ而明日鹽川迄差越候方右ニ付食糧之儀御賴いたし候事ニ付御引受被下度との達之猪苗代ゟも五百石猶又千四百人之食料何共當惑之至ニ御座候へとも差懸り何分可辭口も無之引受申候尤永き事ニハ有之間敷哉ニ候得共明日之上ゟ賄ひ不申候而ハ不相成儀宜御心得御申達御取量可被下候尤下宿割等之儀も夫々宜取量候樣是又御申達置可被下候尤刀劔等ハ本鄉村ニ而取上ケニ相成候上送り候由ニ御座候且ツ達之趣ハ熊倉森臺ゟ我藩之人數差置警衛之樣ト有之候へとも夫レニハ不相及鹽川宿之前後ゟ我人數ハ差出候而可然哉御本陣ゟ是迄之通ニ而可然奉存候何分宜御取量可被下候事宮嶋熊藏爲待置草略相認得御意候委曲ゟ宮島熊藏ゟ御尋可被下候餘之儀ハ猶明日ニも得御意可申如此御座候以上

九月廿六日

七左衛門

清藏様

尙々右等之事尤御國江も御申越可被下候以上

一六一　江口復藏上申書「軍政府役人宛」明治元年九月廿六日

仙臺領野上驛ニて米澤之者兩人被切殺候風聞有之候處中山御手附尻馬伊勢次昨日山形より出立右探索之爲ニ笹谷まて罷越仙臺大目付新田孝右衛門宮澤養作小川清左衛門三人ニ面會段々容子相尋候處廿二日八ッ頃日野德次郎と申者之隊下之内ニて松本誠藏堀尾敬助兩人ニ及傷同夜八ッ頃猶又兩人ニ立向ひ頓と落命ニ相及ひ候條相違無之よし尻馬出會之小川清左衛門深く探索之上尻馬ニ申聞候趣ニ御座候右兩人不慮之災難とも申條仙臺ニ於ても申譯無之次第委く尻馬より御聞取可被下候此段乍早略申上候頓首

九月廿六日

江口復藏

軍政府

御役人中様

猶々小子ハ兵粮米周旋之為ニ昨日ゟ山形ニ罷越候處ハ今七ツ時前尻馬尋來り壹封授候樣申候まゝ望ニ任せ斯の通り認め申候よろしく御心得可被下候

一六二　山本寺勝强書翰「毛利業廣等宛」明治元年九月廿六日

一筆令啓達候然ㇾ　西園寺中納言殿ゟ別紙御書付一通御渡ニ相成候付降人警衞を始夫々取計申候右別紙結副差越候間御承知之上宜被遂御沙汰候右為可申入如斯御座候恐々謹言

九月廿六日

山本寺伊豫㊞

毛利上總殿
島津利馬殿

米澤藩ゟ

【別紙】

右此涯猪苗代ニ被
召置候降人御預ヶ被
仰付候條入念警衛可致候事

九月

一六三　新保朝綱書翰「詰之間宛」明治元年九月廿七日

其時早此時遅嗚呼危哉間不容髪頓ト昨日迄之期限今曉七時御先隊繰出し細越關門ニ向一封ノ書翰を投し續ゐ下平彦三郎關門ニ迫り最早期も至候得ゟ關門相開我軍可相通旨申談候處隊長安藤定右衛門挨拶ニ鶴岡城ゟ云

々申越置候へ共今ニ挨拶無之内情如何候共差圖無御座候ニ私ニ御答御勢相通し可申樣無之此上ハ無是非次第細首差上候云々中々承知仕不申諸兵隊ハ嚴然相備幾重り之胸壁へ大砲小銃相配り專ら合戰之手配り九仞之山も最早手切レ無據も我軍も夫々分配左右翼を張り鷄頭を仕掛ケ指揮ニ依り打懸手配も行屆今哉々々と諸隊白眼合居候處細越關門ゟ一騎駈來り候則安藤定右衛門之只今鶴岡表ゟ書面到來無異議關門相開キ御勢無滯御通シ可申庄兵ハ悉ク引揚候樣申來候實ハロク〳〵用狀も誦兼大急要用之所披見仕候いまゝ兵隊ニも布告不仕是ゟ迅速引拂候へ共頑乎ノ兵隊實ニ愕然夢之如キ譯ニ而手運ひも出來兼候へハ田麦驛へハ一小隊位御繰込ミ被下殘リハ明日順々御乘込ミ被下度胷壁をも打毀チ御案内可申上義ニ候へ共急遽之義ニ而手配屆キ兼候得ハ其段ハ不惡思召御周旋よろしく御沙汰云々懇談ニ而罷戻り繼而諸隊追々引揚相成申候（此時最早未下り古藤傳之丞志津御本陣へ暮時報告ニ來ル）
明廿八日曉七ツ時御供揃正明時志津驛御發駕田麦迄御出陣被遊候御都合

御座候

〇摘大夫も新庄邊御用向も事濟ニ相成今日四ツ頃當本陣へ着ニ相成申候

市川（大瀬忠恕）宮内も已前清川ゟ庄内へ乘込ミ候由戰爭ニ相成候而ハ如何ゟト案念

罷在候處是も虎穴ニ入盡力之程嘸ト相察申候

扨庄内ニ御乘込ミニ相成候而ハ兵器彈藥等取物を始メ夫々段式も可有御

座候へ共頓ト今日ニ至候而ハ小細ノ義ニ拘りも無之譯ニ御座候へハ此上

長々御手間取ニハ相成申間敷候へ共其邊ハ尙追々可申上不取敢今日之御

吉左右一通り申上候恐悦已上

九月廿七日

左馬之助

御詰之間

執事

再白摘大夫和戰取極次第早速歸國候樣嚴命之由ニ候へ共

若殿様思召も被爲在候之且御國表差當格別之義も有之間敷嗚呼勝て兜の緒をメル此上鶴城ニ至如何變事出來も難計極々忍ヒ御供御次武頭入ニして被召具候間其段思召被下度尤其御地御用も御座候ハヽ御一報次第早速御返シニ相成候間其段思召置宜御沙汰奉願候以上

一六四　米澤藩願書「官軍參謀宛」　明治元年九月廿七日

一筆啓上仕候然ㇵ今度庄内藩ゟ降伏謝罪之歎願書指出候ニ付弊藩ニ而周旋致候様賴ニ付只今庄内重役金井右馬之助副使戸田治作兩人同道御陣營ヘ罷出候様主人申付候依之暫時之内御休兵被成下度奉賴候此段御賴得貴意度如此御座候恐惶謹言

九月廿七日

米澤藩

神保乙平

官軍
御參謀中

一六五　中村藩士泉胤富等書翰「毛利業廣等宛」　明治元年九月廿八日

（上封）

上杉彈正大弼樣御内
毛利上總樣
竹俣美作樣

相馬因幡守内
泉内藏助
大浦庄右衞門

一筆致啓上候秋冷相慕候處各樣愈御勇健御國事御精勵珍重奉存候然者當春以來爲弊邑不可言御高配且平落城以後別而數多之御應援厚御盡力被下候條上下擧而忝奉感佩候然ニ蒙昧不肖之某等頗闇成敗屢失勝算之機其上不能善隣好之大道
王師已ニ臨城邑之際大藩之震怒を生し强敵既ニ城下ニ迫遂ニ一國斷滅之

勢ニ及生民之塗炭無罪之兵卒徒罹鋒刃之體見ニ不忍且多年一藩勤
王之素志も今日ニ至徒千載逆賊之汚名を殘し
天朝及祖宗江對し不忠不孝此上有間敷縦爲一日共其素志之所在を明ニ歎
訴仕然して君臣鼎俎之嚴譴ニ就候ハヽ遺憾無之儀與土地人民共ニ奉還
王師江降伏仕候處寛大之御處置歎願之旨趣
御聞届ニ相成實効を以可償前罪蒙
命令候右狀實之儀疾御通申上度奉存候得共
王師降臨以來國事甚多端且道路之梗塞遂ニ至遲緩候段不惡御照察被成下
置尚此上君臣可務之儀海涵御高諭相蒙從來之好義を維ニ至候ハヽ一藩之
大慶不過之右情實相訴度且季胤以來別而御厚配御盡力被成下候御禮宜申
上旨被申付如斯御座候恐惶謹言

九月廿八日

大浦庄右衛門

榮清（花押）
佐藤勘兵衛
俊信（花押）
泉内藏助
胤富（花押）

毛利上總様
千坂太郎兵衛（マヽ）様
竹俣美作様

一六六　倉崎清典書翰「三潴政清宛」明治元年九月廿八日

如命今日之風雨寒冷一入相加へ申候然ハ宮島熊藏ゟ得御意候降伏人鹽川ゟ引寄ニ付而千四百人一同差越候ニ付前後警衛二小隊ニ而護送候様會議所ゟ之達ニ御座候處昨夕方本郷村ゟ須藤兵八郎罷越申聞ニも七百五十人

ハ明日相送方田島之七百人ハ明後日頃之護送ニ可相成との事ニ付左樣之節ハ二切りニ相成候得ハ今日ト明日ト取合四小隊鹽川ニ護送之方ト申候ものニ候右ニ付初メ猪苗代ニ之警衛人數之儀ハ出先キ之一大隊戻り之上差越候方屆置候得共鹽川も同斷降伏人之警衛不足ニ而も相濟間敷依而今日之二小隊ハ鹽川へ御留置ニ而も可然哉御總督へ御沙汰之上宜御申達可被下候明日ト明後日跡護送之二小隊ハ猪苗代行之方ニ無御座候而ハ相成申間敷候間猪苗代へ御遣之方御申達被下度候其外之横山始惣隊も明日ト明後日之内ニハ跡護送相濟候と一同ニ引揚ケニ相成候模樣ニ付當城下へ一泊之上直ニ猪苗代ニ相詰候方ニ昨日須藤へ申越候間其段ニ御承知可被下候又鹽川之方夫レニ而ハ御不都合有之而ハ不相濟候ニ付宜御評判之上明朝迄ニ可被仰下候別ニ御別意も無御座候ハヽ被仰下候ニ不相及候右ニ付而老兄猪苗代迄も御越被下形タ之居ハリ候迄御出被下候ハヽ至極之都合と奉存候此際御六ケ敷譯も御座候節ハ林邊横山一同被遣候而も可然哉

總督之思召次第ニ而可然奉存候尤猪苗代ゟハ跡護送之二小隊明日ゟ明後日鹽川迄着之上ニ一同御引連ニ而可然奉存候扨々當會議所も區々之差圖ニ而何分ニも困り居申候

○仁和寺宮様も越後之方へ一先ツ御歸り其内今日ハ正親町様御着ニ相成いつれか會之御仕末振も相付可申哉其内土州澤本守也土州之谷守部ト申軍監之由米澤ゟ庄内迄罷越候模様𪜈不致候へとも明日ゟ明後日頃ニも可相成との事ニ御座候右草略貴報如此御座候以上

九月廿八日

七左衛門

清藏様

一六七　横山與市書翰「三瀦政清宛」明治元年九月廿八日

以帋面得御意度然ㇾ會藩人數七百六十人餘大内村より鹽川驛ゟ引退候ニ

付二小隊爲警衞附添候様會議所ゟ達ニ相成候ニ付山崎貢隊福島小七郎隊爲附添申候器械彈薬等ハ福永ニ而請取直ニ若松會議所江差出候方此表取料申候刀劍も鹽川驛迄帶劍着之上悉取上ケ取調書共ニ一同若松大會議所江差出方引合ニ御座候扨亦會藩小林平角我等本陣江參り別帋引取之人數書差出一隊ツヽ不纒メ候而も謹愼之教示も不行届候ニ付一小隊同宿候様仕度其内七拾人餘之隊御座候へは同宿六ケ敷筈ニ候へとも相成丈不散様致度由懇談ニ御座候間宜敷御取料可被下候尤今日丈ケ之兵粮面々持參ニ候へとも明朝ゟハ其元締取料之よし此等之儀も若松より通達御座候筈ニ付相略申候已上

九月廿八日

横山與市

三潴清藏様

猶々賄御料之者兎角何彼御評判ニ可相及ニ付御心控之爲會計方面附差上

置候よしニ付御廻いたし候以上

【別紙】

九月廿八日田島表ゟ鹽川驛江罷越候降人取調左之通

一四拾六人　重役并附屬之者

一五拾五人　軍事方并器械方

一八拾貳人　町田源之助隊

一四拾貳人　木本愼吾同

一四拾三人　大澤新助同

一三拾四人　辰野源左衞門同

一四拾七人　城取新九郎同

一五拾五人　片桐喜八同

一三拾三人　佐藤義登同

一四拾七人　櫻井彌一右衞門同

一三拾六人　丸山房之進　同
一貳拾六人　坂平三郎　同
一七拾三人　望月辰三郎　同
一四拾八人　關藤右衛門　同
一拾壹人　廻米方
一拾貳人　會計方
一五拾壹人　郡方
一拾五人　萱野權兵衛家來
一七人　堀主馬之進配下

〆

七百六拾三人

一六八　白河口總督府參謀達「福島出張米澤藩本營宛」

明治元年九月廿九日

（上封）

九月廿九日發

福島出張
米澤藩
本營
急辭

白川口總督府
參謀

福島出張
米澤藩兵隊

右急速猪苗代轉陣會津降人警衛可有之候事
但是迄警衛之尾州薩州彦根大村四藩ヘ交替可致事
九月

白川口總督府
參謀

一六九　米澤藩士某書翰〔宛名欠〕　明治元年九月廿九日

態与一筆申上候然者出先ゟ御用狀ニも申來候筈明日薩州勢九百五十八計當驛止宿庄内表ヽ繰込ニ相成候模樣尙追々ニ二千餘も引返し候由然處當所御役人方不足ニ而彼是不辨達大迷惑ニ御座候間大急役所壹人御引連御出張被下度奉存候扱又人足配り等もキツイ埒チ明不申候間藏田五郎左衛門之共出勤手配無之候而ハ御用御間欠ニ相成可申ニ付右人ヽも恐入候へとも出勤之樣御通じ被下度ものニ御座候且又當時周旋方壹人も無之候間土肥ハ勿論櫻正太郎兩人早々駈付候樣御嚴達可被下候尙委しき義ハ猿橋八右衛門ゟ御承知可被成候何を我々計ニ而ハ相勤りかね候間乍御苦勞是非〳〵御出張奉仰候委細ハ拜話ニ相讓早々如斯御座候以上

九月廿九日

尙々役所役なれハ隨意の取量も相成候へとも元〆共抔ハ如何共因循ニ而困入候間是又山田御役所ニ而も出勤之樣御達可被下候以上

一七〇　山本寺勝強書翰「毛利業廣等宛」明治元年十月朔日

一筆令啓達候然ハ會議所ゟ御書付二通御渡ニ相成候付右寫結副差越候間御承知之上宜被遂御沙汰候右爲可申入如斯御座候恐々謹言

十月朔日　　山本寺伊豫㊞

毛利上總殿

（竹俣久綱）加地權平殿

島津利馬殿

【別紙】

此度御預ニ相成候會津人於鹽川賄方一切御藩ニ御委被仰付候間其御取計有之度候事

辰九月

米澤藩戊辰文書（明治元年十月）

【別紙】

此度庄内仙臺ゟ出兵之官軍應援として今日ゟ向々拾壹小隊上ノ山邊迄繰出ニ相成候付兼而被備置候大小荷駄方官員少ニ付其御藩ゟ打込を以御勤有之候樣被　仰付候付諸事差支無之樣御取計有之度候事

辰九月

一七一　倉崎清典書翰「三潴政清宛」　明治元年十月二日

鹽川謹愼之降人姓名惣人數取調帳面ニ〆差出候樣達ニ相成申候
○但重役軍事方目附役夫々役付之分首ラ書キニ而も相印シ書出候方
○下僕等之分も書出し候方
○古幕水府始之脫走ノ徒も出所名前巨細ニ相印シ書出候方
右も別帋御用狀之通草々今日中爲御書出明日御遣し可被下候事
○田島之分ハいまゝ着ニ相成間敷候ヘハ一同ニシテ可然と存候處調相成

候分ハ一刻も早く差出候樣之引合先ン之分計りも早速ニ江戸表ニ中參り候由ニ御座候跡之分ハ是又鹽川着ニ相成候ハヽ同樣早速爲取調差出候方ニ付其段ニ御取計御差越可被下候事

〆

一薩佐土原庄内向之兵引戻しニ相成

○當所ゟ諸家之勢繰出し延引ニ相成

○大小荷駄方役人一條惣而延引之譯右之條々御國之方ニ御申越被下候半別ニ小生ゟハ不申越候間宜御申越可被下候

○西園寺樣正親町樣御兩卿御出之處正親町樣ハ福島之方ニ御出張ニ相成候西園寺樣ハ越地之方ニ御越ニ相成候御模樣との事ニ御座候隨而諸家之兵隊も追々引取福島ゟ仙臺之方へ向ひ候との事ニ御座候

○飛脚昨日差立候ものハ御留置ニ候や何分此表無人ニ付飛脚ハ御返し置被下度奉存候以上

附箋

十月二日

倉崎七左衛門

三潴清藏様

御用筋

附箋

大小荷駄入込之義ハ延引ニ相成候様則本文之通若松表ゟ申越候ニ付

眞野勘定頭

御國表ゟ申越候由然ルニ去ル二日夕薩州藝州新發田三藩米澤口ゟ罷

出候分ハ是迄之通米噌を始メ大小荷駄相勤候樣會議所ゟ達しニ相成

候間右樣御含置可被下候尤御國一手ニて取量候樣達し有之申候

十月四日

鹽川驛ニ而

清藏

一七二　大國頼隣書翰「竹俣久綱」宛　明治元年十月二日

尙々吉岡ゟ岩村江之一封早速爲御屆被下度奉存候以上

木梨參謀御國へ被參筈ト相心得候處評判替ニ相成候トテ今日右參謀之吉岡福島方面へ着候都合御國江ハいつれ之都合ニ相成り福島ニ而評判之上ト申事ニ付其段ハ飛脚を以申上候心得之内高山今朝飯後着御國御陳意甚以御尤至極ニ付深く評議相盡し去らハ先ツ參謀着前大口監察へ吹込置方可然ト高山若林一同罷越品よく談し込候所至而聞受宜其内參謀も着ニ可相成ニ付其上差圖可致トノ事ニ而引取候所夜ニ入會津表參謀ゟ別紙之通外ニ倉崎六老ゟ一通り之送り書計りニ而書狀も不來何人繰出し可然ら當テモなき事ニ而苦心仕候も一體當方面詰ハ半大隊ト踶ト達ニも相成居候へハ此分サイ差越候へハ宜敷儀隨而云々之譯を以書之内歎願もいたし候末ニ候へハ相成モノナラ會津出張ノ分ト板谷警衞分相除キ其外皆式御國引戻しニ方ニいたし度然ハ急度辭名アリ先ツ南北へ大軍推出し城下空虛

ニ而四境ノ固も不相成右故屋代口ノ推シ有り此推モ固無之故ニ付仙領之脱走數多入込又ハ此意味評判而已ニ而監察ニハ願不申ト之事激徒ナト有之故ノ事ニ而是非此際固メ不差置候てハ不相成所其人數一切無之其上會津へ半大隊大急繰込ト有てハ如何とも可繰合樣無之且板谷國境ニも多少固不差置候てハ不相成斯之行廻りニ而會津繰出し外之人數を以前顯差塞キ候へハ皆式人數皆無ニ相成可申依而ハ此方面彌平穩ノ上ニ官軍入込ニ成候へハ大丈夫尤日々之御用承る者も壹人相殘り可申且何變有之節一晝夜懸り候ハヽ國方ゟ人數も差出し可申又板谷ニも少々人數も有レハ是ゟも被繰出可申旁福島方面ハ引揚度云々御說出し候所大口右委細承り扱々一々無御餘義事又條理立候御申付甚御尤早速木梨參謀へ伺可申トテ早速受次候所參謀も甚尤之儀ニ付會津へ繰込之外ハ皆以引揚テ宜しト申差圖ニ相成扱々妙々ニ御座候右ニ付夫々之割合別帋之通り取調相達申候是ゟドン〳〵引戻り可申ニ付其段御含被下度奉存候右之通り當方面切取量奉恐候事ニ御座候へとも大

急之儀ニ付斯之通り仕候間不悪御聞濟被下度奉存候
○前文之通り御國人數皆式引揚ト相成候てハ福島方面番兵割も官軍之受持ニ相成急段之交替六ヶ敷候ニ付會津繰込を始明後四日之方ニいゑしゑく候尤云々ニ付則四日曉發ト治定仕候
○拙子ノ上ハいつ迄ニ仕可然哉會津ニ罷越候方ニ御座候哉但し板谷ゟ立戻り相固可申哉此段奉伺候大急御差圖被下度奉存候ア丶極而存外彼是都合宜敷参り恐悦〱先ハ不取敢申上候以上

十月二日夜

筑　後

(竹俣久綱)
權　平　樣

一七三　山本寺勝强書翰「毛利業廣等宛」　明治元年十月三日

一筆令啓達候然も官軍參謀方ゟ御廻狀之寫七通相達候付別紙結副之通差

越候間御承知之上宜被遂御沙汰候隨而
御出輦幷東北征討之御書付別紙共三通此表出張之面々ヘ相達トンビ之儀
所望之もの代料望之もの面附ニメ銘（マヽ）細取調差出可申候右爲可申入如斯御
座候恐々謹言

十月三日　　山本寺伊豫㊞

毛利上總殿
加地權平殿
島津利馬殿

【別紙】

官軍參謀方ゟ以御廻狀相達候　御書付七通之寫

東京
行幸

御出輦來二十日御治定之事

九月

行政官

東北征討之諸軍勇進長驅已ニ賊巢ニ逼マ〔〻〕捷報日々至り叡感不斜候然る處邊陬之地追々寒天ニ趣き風雪之慘苦ニ可至哉与被爲痛

聖念候付格別之

思召を以て聊爲防寒毛布一着ツヽ賜之候事

九月

行政官

別紙之通被

仰出候間早速右品調方諸所手段相盡候處フランケットも東京横濱をりおゐ千枚位之外品更ニ無御座候夫ニ付大羅紗之トンビ相調差送候心

組ニ候處右ニ所持之輩も有之候間代料望之人ニ金參兩宛被下候間何
れとも人員御調品与金与相分チ御申越被成度依而此段得貴意候也
右之通大總督府下參謀ゟ掛合來候付御取調被御申越度候當所今市兩
所出張之分ニ於此方取調候條左樣御承知可被下候以上

九月廿八日

白川口
參　　謀

若松出張

參　謀　御　中

追而二本松之方ニハ當方より相通置候以上

寫

福　原　内　匠

其方儀當分之處白川城附六萬石租稅取締可致旨御沙汰候事

九月

大總督府
參謀

別帋之通福原内匠江被相達儀ニ候條爲御心得及御達候已上

九月廿八日

白川在陣
參謀

若松出張
參謀御中

當所人夫殊之外差支候付當白川より諸隊連越ニ相成候軍夫被差戻候樣被御取計度旨軍夫局ゟ申達候ニ付左樣被御取計度候委細も同局より御承知有御座度此旨可申越如斯御座候以上

九月廿八日

白川口在陣

若松出張
参謀御中
参謀

御書付寫其外六紙爲心得差廻申候以上
十月朔日
會津在陣
参謀

一七四　大國頼隣書翰「竹俣久綱宛」明治元年十月三日

會津猪苗代へ繰込人數隨而柏谷へ二小隊相殘し其外悉皆御國へ引戻し一條拙者昨來申上候通り動不申候扨まゝ右引拂候付而も彼是取極ありくても不相成候ニ付吉岡へ見舞旁高山同道下宿へ罷越內話ノケ條左之通り
○御國へ參謀被參候模樣承り候所最早雪ニ不相成內至急ニ仙庄之方へ出

向取片付候趣意ニ而御國ゟとハ極安心ニ付都合次第ト申位ニ而申サハ不及參ト申調子ニ相見へ申候

○御國懸ハ一體越後手持之方ト相成候模樣ニ而困却罷在候所又模樣替りて二本松御總督御持之方ニ可相成トノ事然上ハ專ら渡部參謀持ト相成都合尤踶ト治定ハ無之候へとも妙來之都合ニハ無御座哉右ニ付吉岡へ猶懇々相賴置申候

○福島摠引拂ト相成上ハ二本松摠人數へ賄向を始め如何〳〵ト咄し候處是ハ今日切り賄明日ゟハ摠而一切不及構ト申事

○八島田へ預ケ置候越後農兵一條是も人數引取候上ハ甚迷惑福藩預リニメ如何ト申候所是ハ元ゟ越後人ニ候へハ早速越後へ返してアノ方面ㇸ歎願申出可然トノ事

○會津へ繰込ノ命を蒙り候上ハ摠而官軍通り心得可然ト申候へハ是ハいまゝ

朝裁前ニ候ヘハ途中人馬又ハ旅籠等總而自分拂之方トノ事
○明日ハ二本松總督之渡部（マヽ）福島へ被參候ト申事ニ御座候
○前文之ヶ條共尤吉岡切之差圖ニ者無御座悉く木梨參謀へ伺ヒ呉候上差
圖ニ相成申候
○福島方面幷荒井村を始番兵ヶ所官軍ゟ交代を不待引揚不苦段達ニ相成
候只庭坂ハ福島藩を以交代爲致候ニ付夫を待候て引揚可申旨達ニ相成
申候右ニ付今日ゟ追々御國人數引戻し申候
○越人預り之者計可差越樣も無御座候間是迄八島田詰山田俊次隊も引揚
之儀ニ付此隊へ任セ警衛爲致差越候ニ付御城下着之上ハ者共ハ町ノ最
寄ニ寄置山田俊次ハ直ニ軍政府へ罷出可屆出旨相達候ニ付右屆出候上
ハ宜心得居候樣御役所ニ御達置被下度奉存候扨々會津猪苗代詰相始り
總而前顯之都合迄相調妙來ト可申か申サハ能過候位之儀當詰官軍共始
ゟ何ト云事か御家之事ハもら〳〵御見込通り參り御高運トカ何トカ實

ニ恐悦ニ御座候先ッ是等之儀申上候以上

十月三日　　　　　　　　　　筑後

権平（竹俣久綱）様

一七五　新保朝綱等書翰「毛利業廣等宛」明治元年十月三日

一筆奉啓候

若殿様益御機嫌好鶴岡鍛治町總穏寺ニ御宿陣被遊候條御安慮可被成候扨去ル廿九日齋藤參謀當地出立後彌朔日ニハ御發駕之積ニて諸隊ニも夫々布告已ニ義勇隊幷古海勘左衛門等三小隊廿九日晝夜出立爲致候處卽夜以之外之大風雨翌朔日朝ニ及て益烈く木を折り瓦を飛はし勢依之當城外レ赤河ト申舟渡川舟行不相成旨申出色々庄之役筋ニ掛合候へ共何分六ケ敷都合ニて不得已御逗留之方被　仰出候乍去大勢之御人數一同ニ出立候てハ

益込合候譯ニ付同日晝後無理ニ佐藤孫兵衞隊下を勵し風雨を犯して發足爲致候是ハ本渡場ニ無之横山ト申渡場ゟり小艇ニて繰越候事之由右を廻れハ二里程遠き由痛入たる事ニ御座候其内軍監宮川氏越後總督府ゟ報告復命之爲急ニ發足之由申出候ニ付同日夜御本陣ゟ宮川を被召出御懇之御意被成下且ツ御料理被成下候所大悦之體ニて至極好都合ニ御座候同人夜五時頃相戻り候所間なく申越候ハ大總督府ゟ久我中納言殿當地鎭撫且ツ裁判之爲御乘込明日御着ニ相成候御模樣ニ付

若殿樣ニも暫く御逗留被成候樣との事ニ御座候依之一統大當惑早速勘左衞門源太郎罷越一たひ黑田參謀當藩之處置を被　定全權之廉を以既ニ御暇賜り候所今更逗留致候事ニテハ第一黑田ニ對して不相濟且又先隊幷小荷駄彈藥大半出立爲致何分迷惑云々申述是非明二日出立致度段色々談判ニ及候へ共中々承知不致此義會議所之公論ニて諸藩勢共ニ一同相押へ置久我殿之御指圖を待候事ニいつれ明日一杯之御逗留なるへし決メ御家之

御不爲ニハ不相成様周旋致可申との事ニて如何ニも深切らしく申候ニ付不得已又々御發駕御延引相成申候

○二日猶又宮川江御暇之催促志きりニ致候所宮川ハ何向督府江復命ニ罷越させてハ不相成跡々の事ハ都て土州ゟ出候參謀岩村左内ト申人ニ相托し候間萬端同人江御相談可被下との云々扨又今日御逗留ニ相成候へハ却て御家之御爲宜き見込有之いつ迄久我卿御着ニ不相成候てハ何事も不相分と申ニ付無據久我殿御着を遲しと相待候所暮方ニ至り俄ニ久我殿御用被爲在今夜ハ湯田川と申ス驛城下よりり一里半之所江御一泊ニ相成候とて庄內ニて浩大之御待受も悉皆徒ニ相成り甚不都合ニ御座候依之勘左衛門源太郎兩人深更まて宮川幷岩村兩人ニ色々及催促候へ共何分不相叶困果申候

○深更ニ及ひ千總督家來吉原多門と申者最上ゟ馳參り仙臺俄ニ異心を生し候様子ニて米藩人ハ一人も不殘打殺せとの事ニて小幡片山先生なと

命から〳〵稍く逃出松本誠藏堀尾啓助ハ笹谷峠先ニて暗殺せられたる由注進尤取留たる事ニも無之候へ共いつ迚大懸念之義既ニ先日黒田參謀ゟ一日も早く御歸國四隣之殘黨鎭撫を專ニ御心得被成候樣ニとの達しを蒙りおりら斯る變報を承りてハ一刻も御猶豫不可有之との評議ニて今三日早曉源太郎又々宮川岩村ゟ罷越候所宮川ハ最早發足致し岩村ニ會て前件云々を話し御暇之催促ニ及候所勿論無如在周旋可仕心得最早久我殿も追付御着ニ相成候筈兎も角も明日ハ御立ニ相成候樣御沙汰可致心得ニ候爾し諸藩之兵隊孰迚も歸心如矢各先を爭ひ候體故時ニ依てハ御總勢一同ニハ相成間敷日割を以出立せしめ候外無之候爾し仙臺之事件もあれハ　君侯丈ハ是非明日御立之樣仕度切角周旋致候との事ニ御座候依之今三日も又御立ムツカシキ體扱々當惑之至ニ御座候右之通ニ候へとも明四日無滯御立ニ相成候共いつ迚清川口舟之運も如何ニ候へハ九日歟十日之御着城ニ相成候外有之間敷奉存候猶突留たる所ハ追

々可申上候へ共先ッ今日迄之事情不取敢報告申上候以上
十月三日四時
勘左衛門
外記
左馬之助
上総様
権平殿

一七六　高山政康書翰「木滑政愿等宛」明治元年十月三日

猶又申上候昨晩も申上候通り今朝大國大頭同道参謀衆江参り吉岡監察江面談二本松勢江賄之義先日ゟ願置候續猶相願候處参謀江沙汰之上今日切りニ而明朝ゟハ相構へ不申候とも宜き旨達しニ相成り誠ニ妙なる事ニ御座候扨又八島田江おさへ置候越後五拾人ノもの越後口参謀ゟ差圖有之候

迄如何相心得可然と伺候處是れハ今日を八島田出立越後地に段々參り歎願ニ及候樣差圖ニ相成り是又此上をかき都合ニ御座候扨又會津出張之兵隊に官軍御用ニ而人足を遣ヒ兵粮も頂戴いたし度段歎願ニ及候處是ハ未た朝裁之かき內ハ六ケ敷よしニ而少しく此條ハ思ふ儘ニ參り不申候然り二本松勢歟越後五拾人之ものハ大憂ニ存候內至極之都合ニ相至り先ツ〳〵恐悅を唱へ居申候扨又明日中ニハ　總督正親町殿當福島表に御繰込ニ相成り渡參謀も同道被致候由御國表之義正親町殿ノ御扱ニ可相成か之模樣も御座候由是レハ念願罷在申候庄內表も至極善き御都合之由恐悅奉存候

○吉岡も御國表に參ルあても無之由付而ハ馬家來荷物等此表に引寄度由ニ付そを〳〵御達可被下候都而大國大頭ゟ申參り候ニ付相略し早々申上候以上

十月三日

與太郎

要人様

宮（大瀧忠恕）内様

一七七　倉崎清典等書翰「山本寺勝强宛」　明治元年十月三日

當所之會議所も仕舞ニ相成薩之伊地知土州之板垣も皆二本松之方へ相越し仙臺へ人數繰込候との事ニ而薩越前芝（マヽ）田三四小隊ツヽも殘し候位ニ而其他ハ皆引上ケニ相成申候仙之歎願書之趣も迂論之書立も有之夫成りニハ不相成兵ヲ以相迫り候との事ニ御座候當時ハ肥前之參謀多久與兵衛と申壹人相殘り引受當所之差圖いたし居候三潴同役も折角猪苗代之鹽川之諸藩合兵ニ而警衞之趣歎願之爲メ持參之事ニ付肥前參謀之方へ昨夜同道罷越候處當所も頓と兵隊之手分ケも相濟ミ迚も不引足諸藩之人數ニ相成候へハ繰合不相合趣ニ而斷りニ相成我一手持と相成何分于今相成いたし

方無御座候尤御廻達御用狀之趣ニ而ハ
御出輦も九月廿日ト被　仰出模樣左もれハ當月半頃迄ニハ江都
御着ニも可相成會津御仕末振之儀ハ特ニ御伺ニも相成居候由ニ而當月廿
四五日比迄ニハ御差圖も可申參遲く而當月一杯ニも御取極ニハ可相成と
の說昨夜肥前參謀手附之者之咄ニ御座候永キ間タニも無御座半月か廿日
位之事ニ候へハ我一手ニ而猪苗代之鹽川之難持程之事も有之間敷無據譯
ニ御座候頓と此會庄仙御取極相付キ候上ニハ
君上奉始奥羽諸藩江都御登込ニも可被爲成奉存候會侯も江戸へ御召寄之
上いつ迄ニも御仕末之御模樣と肥前之方之咄も有之申候
○當所之儀ハ會議所ハ深尾三九郎北越懸りニ而居り村田勇右衞門ハ本鄉
ニアリ候迄ニ而本鄉之方も取極り與板隊も猪苗代へ罷越し候上も鹽川
猪苗代を御家持と相成候迄ニ而深尾村田之都合を見合當宿陣も引拂ひ
之方可然哉と存罷在申候三潴同役も是ゟ戻り之方ニ相成候ニ付何事も

相略申候昨日申上候降人調之儀是非今夕迄ニ御使番山縣小太郎迄差出不申候而ハ不相濟譯ニ付早速夕方迄ニハ是非御遣し被下度只今御使番之方ゟ催促ニ相成候間間違遲成候而ハ不相濟候ニ付早速御遣シ可被下候右草略申上候以上

十月三日

清　藏

七左衛門

伊豫樣

一七八　山本寺勝強書翰「竹俣久綱宛」明治元年十月四日

倉崎參謀ゟ別紙之通申越候間則差上入御覽申候三潴參謀も一昨日若松ニ出張之所諸藩之參謀二本松ニ引取ニ相成且ツ人數も夫々分配ニ相成今更合兵之事も不相成与之云々無據次第ニ御座候直ニ猪苗代ニ出張之含ニて

罷越𛀁候へとも于今我兵隊も盡く繰込ニも不相成都合之よしいつ𛀁
御家而已ニ而警衛不致候而ハ不相成場合ニ相成申候
○田島口降伏人今日又々五百七人當驛江入宿之都合ニ御座候着否刀大小
取揚ケ之都合之處是ハ中々不容易もの二て軍目周旋方御心配之事ニ御
座候今日相濟候へハ先ツ一ト事方相片付可申与存候其他差當り格別之
儀も無御座候
○最早山々積雪寒氣も彌増候處兵隊之上ても一入痛入不忍事も有之當惑罷
在申候先ッ是迄ニて留筆仕候早々以上

十月四日

伊豫

權平様

【備考】本書中に所謂別紙は、上掲本月三日付倉崎清典等山本寺勝强宛書翰を指す。

一七九　大石琢藏書翰「總督等宛」　明治元年十月四日

寸翰拜呈陳者昨夜ゟ薩本營相控居候樣申聞御本營ゟ申來候ニ付相控居候處今晚ニ取込中故明早朝罷出可申旨申來候ニ付御本陣ハ罷出候處最早御立ニ相成候由隨而又々申聞本營ハ罷出候處御本丸久我樣御在所迄罷上候段ニ付罷出候處ニ不思寄御座所ゟ御道中筋御周旋可申旨以御墨付被　仰付身ニ餘る難有仕合無此上奉存候付而ハ

同(久我)樣明五日正明ケ御發足別帋之通御休泊ニて御國元迄御通被遊其ゟ板谷口福島ハ御出張江戸ハ御出成被爲遊候由依而ニ今日ゟ奥之間御座敷ハ罷出萬事御休泊割隨而旅籠等之義人足ニ至迄相成丈御閑略ニして御通行被遊候右ニ付而ニ御先觸も參り候得共誰人成りとも別帋之通相心得可申旨御申含先々ハ御出立被成下度奉願候尤御國境迄御參謀とりいつ迄六老以上之人御出迎被成候て可然由御伺仕候乍草略中上候右取込中故亂筆失敬

而已御承引可被成候稽首

十月四日　大石琢藏

御惣督

御參謀

膝下

一八〇　上ノ山藩士中村祐右衞門書翰「大瀧忠恕宛」明治元年十月五日

二白時下折角御保重被成候樣奉專念候以上

一翰拜呈仕候追々寒冷押移候得共彌御安泰被成御勤仕奉大賀候然ㇾ今度謝罪歎願一條ニ付ゐハ段々御懇切蒙御添慮難有奉存候其後内外取込御挨拶ニも不罷出候段不惡御承知可被下候莊内表も萬事都合好鎭靜相成候趣全く御骨折故ト一同安心罷在候處昨夜天童山形藩同行罷越候間面會候處

近日

九條殿澤殿楯岡宿御本營ニ被仰出御到着相成候趣御座候右ハ當春中ゟ漆山藩萩原道節ト申もの秋田表官軍ニ相屬居此度歸鄕ニ而相知レ候よし依而御取扱振天童へ爲問合同藩畑七兵衞ト申もの罷越候ニ付天童藩打驚キ

昨夜山形同行相見へ候事ニ候

一山形ゟ秋田表へ出兵之人數引揚として追々三士差出候處いつれも院内邊ニテ官軍ニ被捕爾今戻し不申候よし依之兩三日前尙又壹人差出今度謝罪歎願御聽屆ニも相成候事ニ付御渡被下候樣新庄表ニ罷在候參謀大山格之助迄賴入候處謝罪歎願等有之候儀ハ一向不相辨候迚受付不申候趣ニ御座候全同所へ不差出候故右樣之儀ニも候哉今日三藩重役同道大山參謀へも二本松へ差出候振合ニ而歎願書進達いたし候心得ニ御座候折角御配慮鎭靜ニも赴候處又々楯岡御本營等ニ相成春已來之事跡ニ而も御糺問有之候而ハ再人心動搖いたし候儀出來候も難計心配罷在候間

何分此末とも御取扱被下候様奉伏希候此段罷出可相願處莊内出兵留守中尚今日出張甚人少ニ付乍大略以書中申上候段御許容可被下候以上恐惶謹言

十月五日　　中村祐右衛門

市川（大瀧忠恕）宮内様

貴下

一八一　齋藤篤信書翰「毛利業廣等宛」明治元年十月六日

一筆拜啓仕候先以拙儀昨朝上途羽黒堂ニ而大國大頭ニ出會第一福島表伊地知板垣着之否承候處左様之人不相見由大ニ力を失ひ候得共何向奉命之續走駕福島北町渡屋次右衛門高山ゟ下宿を尋四半時過着仕候當表之形勢仔細ニ承候ニ渡部（マヽ）參謀昨日着之由也今朝高山一同右旅館へ相尋外諸參謀

之去就相伺候得者伊地知ハ則當表ニ在留板垣者病氣之爲會津路ニ相後レ木梨者仙臺江出張与之事伊地知居合セ候者此上之幸之不取敢右旅舍江高山同道罷出候其以前ニ親ミ有之爲歟速ニ面會稍優待尤渡部も同席拙生若松表出立云々庄内表黑田一同周旋之云々畢竟者御案念之筈ニ付態与早打御跡を慕ひ及報告候趣申陳候處甚丁寧之事ニ承知都合よろし

○仙臺表之近狀拙ゟ承見候處既ニ駒ケ峰官軍手筋へ歎願書差出相納候續右王師追々繰込最早開城謝罪諸兵器も差出候手順ニ相至候由依而ハ今更別ニ贅言云々等之周旋等モ無詮儀故先ツ中位ニ仕置候但南部表之情實不相分伊地知も甚懸念却而拙生江委々被相尋候得共拙も一切不案内實者松本堀尾嫡り暗殺一條を相話度腹一盃ニ御座候得共何樣仙表ゟ之使節穩便之口留既ニ御詰之間ニ而御承知ニ相成候由ニ付アヽと乍思態と相忍ひ不及多口候

○右談判相濟尚又席を進メ兩參謀江内々伺出候大意口演左ニ

寡君事最初對　王師奉抗敵候儀ハ甚不行屆此段ハ幾許も恐入候得共不顧嫌疑有之儘申上候時ハ性來別而律義勤王遵奉最初他念無御座此度謝罪ニ付而ハ二之丸外誠ニ手狹三四疊之暗室ニ屛居家老重職之者ニも面會相控居偏ニ謹愼罷在候爲其國政向巨細滯居候ハ兎ニ角脚痛之舊痾且逆上も甚敷起居不任稍不快ヲ釀し痛入候體ニ御座候處　若主人兼而孝養を被盡候内右引廻狀定省ニ忍兼日夜痛心之至情我々共旁恐縮罷在候尤　朝廷御裁判前之表立申上候儀ニハ決而無御座候間哀れ御參謀方御内々御猶豫總督府ニ可然御執成ニも罷成いつれ本城之片端是迄ゟハ少々手廣き場所ニ引移無止ハ諸大臣目通いたし候位之處御許ニも罷成候ハヽ此上之御寛仁第一　若主人隨而拙臣共迄難有仕合奉存候尤斯樣之儀　寡君ニ申聞候ハヽ前顯律義之性耳入候ハヽ堅差留候ハ必然なから臣子之痛切不顧多恐御伺仕候云々婉曲ニ申陳候處大參謀伊地知姑思案之上被申聞ハ隨分御情實無餘儀如何樣ニも痛入候趣渡部ニ相談但斯樣

ニ御許ヽ申事ニ而も差支も有之御謹愼一條ニ越後表諸參謀之關係之何
向新發田表總督府ニ御伺出之方可然云々ニ御座候誠ニ難有云々請を述
此上ニ拙新發田表ニ罷出度候間兩御參謀方無餘義御聞濟相成候上ニい
つれ御手控書御執成書之共頂戴仕度候總督府ニ突然罷出候而も御親ミ
依賴方も無之兎角不都合ニも相至候半ニ付何分奉歎願云々申伸候處情
實痛察いたし候之評判之上内書可相渡旨被申此上之安心ニ御座候但板
垣參謀明日頃ニ當地着之模樣之右を待受夫々懇談を遂ケ第一ニ鴨一掛
一樽慇懃を盡し其上を以出立會津通り新發田迄乘込
御起居一條乍不及黑田吉井ニ依賴坂田等ニ兎ニ角いつれり盡力相目立
候上早速罷歸可申少々ニ日限相延候半此處ハ御不審被下間敷候
○御國酒三樽鴨三懸之内前件之通板垣ニ相贈殘之分ニ伊地知ニ相贈且又
渡部も最初ゟ頗ル盡力之續彼所ニも相贈度旨高山も申候之臨機左樣ニ
取計可申候間右樣思召可被下候

○吉岡監察使最初ゟ御國ニ乗込夫々厚儀之取計有之其內暫時之出懸り故當方ニ出張又々　御國を志し候內今更不能其儀遺憾之續此上相當之御謝物被遣度旨高山行人懇切之評判を得成程無餘儀筋ニ同意仕候此上御高評を以御謝禮も此際御冝きミ之樣奉存候　御國之御首尾既ニ佛ニ魂之機會ニ御座候也何國迄も御手厚ニ諸向共ニ御調ひ相成候樣奉祈念候右要旨而已態々得貴意候以上

十月六日　主計

上總樣

權平樣

一八二　三潴政清書翰「木滑政愿等宛」明治元年十月六日

込合中ニ付前文相略申候然ルニ大小荷駄方藝州藩田中仁助手附壹人御國

表ニ罷越人足多勢差出呉候樣相迫り候筈ニ御座候處越前藩ゟ出張之田中庄藏と申仁之由右ハ仁助同役ニ有之候處其旨委曲談判御國表之義ハ最早雪も降り取納メ大切之場合ニ付可相成ハ當表ゟ人足差出度旨實情詰而右同人ニ於當表橋本勘定頭及相談候處至極尤と聞受同人申聞けニハ右之次第ならハ於御國表仁助手附之者へ極切迫之時節ニ而差出兼候樣相斷候ハヽ於當表仁助ニ幾重ニも說得方可有之ニ付右樣御談判ニ而可然との事ニ御座候間右樣御承知置可被下候

○鐵丸樣御家來物頭之由小原麻次郎當時官軍ニ被雇周旋いたし居候處此度大參謀ゟ御用向有之若松表ニ罷越候ニ付兼而　鐵丸樣春中ゟ御國表之義ハ御案事被進候へとも通路相絕御左右も被爲伺かたく御殘念ニ被思召候處幸ひ當表迄罷越候事故當時勢御國體何れ之御模樣ならんり委く奉伺歸國之上巨細申上度由ニ而御國表ニ罷越候間地理も不案內之事故幸青江與四郎詰合中故爲附添差越候間宜御心得置可被下候右要用而

已一通得御意候謹言

十月六日　清藏

要人様

新藏様

源吾様

一八三　高山政康書翰「木滑政愿等宛」明治元年十月六日

一昨日ゟ當表ニ正親町殿下向ニ相成り附而ゟ多人數繰込ニ相成候故福島近所夥しき人ニ御座候追々仙藩ニ押シ出之模樣ニ御座候先ツ御國之人數ハ壹人も不殘引拂至極之都合と存候渡邊參謀も昨日當表ニ着ニ相成り大ニ込合之樣子ニ御座候小生も一昨日ゟ只壹人殘り居候處參謀宅ゟ頻繁呼懸ケ參り且ツ奥羽諸藩ゟ出張之者抔尋來候ものもなり先ツ暇なしニ罷在

申候其内昨晩も九時頃齋藤參謀着庄内之模樣委細承候處思之外善く調へ恐悦至極ニ奉存候今朝齋藤同道大參謀伊地知正治渡邊淸左衞門ノ本陣江罷出候處兩參謀共溫和ニ對談ニ御座候此等之義ハ齋藤參謀ゟ被申上候筈扨又先達而ゟ申上候通り吉岡監察ハ御國之爲ニ早追ニ而當表迄參り被呉候處事務日々變化之事故先ツ／＼御國江參るあてハなき由最暫く之中ハ當表江留り候由なれ共追々仙臺江出張之模樣つまり何く迄參ルカ知れぬとの事ニ御座候左もなれハ今度此表出立と申時も是非ニ御國ゟ御謝禮なくてハ相成間敷候此間も當方面人數ノ印章肩印等一式吉岡世話いたし被呉御國之爲ニハ一ト通りならぬ盡力ニ而さて／＼折角／＼と思ふ程ニ御座候尤御存知之通リノ人がら性質ニ候間決して物をほしき樣子等ハ更ニ無御座候得共こちらゟハ別而さりといたしたる御謝禮有り度奉存候愚存ニハ御國產とり或ハ刀類又ハ御目錄とりニ御座候半いづれ十分之御品被遣度候ニ付御高評之上早速御差越被下度奉存候齋藤參謀江も吉岡之心配ぶり

一々相話し且ッ今日も吉岡ニ同道面談もいたし申候處齋藤も是非以て御謝禮なくてならぬ見詰小生同樣ニ御座候間吉岡出立前ニ大急御差越可被下候

○仙臺も相馬口ゟ三千程繰込ミ開城兵器御取上ケ之模樣ニ承り候尤上下着用諸商ヒ等差控居候由古幕兵も謝罪之段式ニ御座候由

○渡邊參謀も昨日着之處大澤板谷驛等ニ參謀通行之旨御達しゟ行違ヒ未た御達之筋ノ行屆ざる内ニ只壹騎懸ニ而被參候由ニ而少しく不都合千萬ニ御座候ナゼゟ此模樣參謀供方之ものゝ語氣ニ而被察候間附添人松田某ニ今朝尋候處果して思ふ樣ニ無之候得共差したる事もなく先ッ無滯ニ而恐悦ニ御座候今日抔ハ朝ゟ間斷なく人出入いやもや大いそがしニ而申上度事も御座候得共先ッ相略し早卒申上候以上

十月六日

輿　太　郎

要人様
宮内様
尚々吉岡ハ四五日ハ當地ニ居ルと申事何卒御いそれ可被下候
肩印頂戴之上ハ其謝禮屹と有るべきもの〻様ニ被存候以上

一八四　三潴政清書翰「黒井小源太宛」明治元年十月六日

○其表ゟ交代之義十日位と御申越被下候處倉崎同役戻之節小生ハ先ツ當
表ニ詰居不申候而も宜き譯ニ付御國ニ而取詰評判以差し被呉候様相托
置候へハ右挨拶有之迄ハ當驛ニ相勤居候間二三日之處ハ御含置可被下
候右要用而已得貴意候頓首
十月六日　清藏
小源太様

米澤藩戊辰文書（明治元年十月）

一八五　庄田秀苗書翰「木滑政愿等宛」　明治元年十月七日

若殿樣今七日朝五時元合海驛ゟ御着船今晩も尾花澤ゟ御止宿被遊八日山形同斷九日赤湯十日御着城之御都合ニ御座候最初も庄内之處分ハ黑田參謀取極メ相濟候ニ付朔日　御發駕六日御歸國之積りニ候處同日朝七時頃赤川大渡洪水河支之注進ニ而一日逗留ニ相成候處其内又越地之方ゟ久我大納言殿明二日庄城へ御乘込之段申來候間暫ク御差控被遊御着之上御趣意御伺被成候上御進退可被遊旨宮川申聞有之扱々無詮事与存候へとも元ゟ御進退も同人指揮ニ爲御任ニ相成來候續否与も難申久我殿御着御待合之上与相決し候處二日ニハ御着不相成終ニ三日迄へん〳〵待居候處卽日着ニ相成候ニ付重役を以御伺等可有之哉問合セ既ニ御中老御出張被成候得共其儀ニ不及七時後御暇之有無可相決ニ付重役罷出候樣申聞ニ付惣五郎本城ゟ罷出候處御

歸國ニ而宜敷段岩村左内ト申土藩人周旋ニ而傳達有之三日夜九時御供揃八時
御出發被遊清川御泊之都合之處同所ハ諸藩勢入込大込合迚も難被成御泊由ニ而狩川宿ニ御止宿五日清川ニ同斷之處久我殿米澤ニ一旦御越し夫ゟ板谷口ゟ江都之方ニ御通行之評判ニ相成五日庄内を御立五日清川ニ御止宿之由大石琢藏ゟ別紙之通申越し頓与御同宿ニ相成候處出船之都合大ニ混雜甚迷惑爲其御本陣隊といへとも盡ク召連らせ候事不相成都合三四艘可之出來候とて幸ひ九時頃漸く御出帆被遊候樣川筋大ニ後せ今晩も楯岡迄御越被成候御積も御六ケ敷尾花澤ニ御泊りの方ニ御變評ニ相成候右東北遊擊軍將米澤ニ御通行ニ付而ハ國境迄重役六老之内御出迎之方抔琢藏書中ニ有之候へ共何せ御重役ニハ不被及儀代官とり郡奉行之内中山迄御出迎隨而向々之役人取急き出張之樣御沙汰可被下候御城下へ御出之上ハ西蓮寺御旅館可然候右へ附屬左之通

顧問參謀元官人之由
吉田遠江
同　元藝藩之由
池田德太郎
副參謀
藤井良平
御親兵
藝州勢
二十壹人
〆上下都合百貳拾人之由
外ニ
六拾人
薩州勢
右は狩川驛ニ泊り罷在御途中ゟ御守衞いたし度段願出附屬罷越候由
右之通ニ御座候間宜敷取量可被下候以上

十月七日

惣五郎拜

要人様
新藏様
小源太様
源吾様

尙々本文岩村左内ト申ハ誠一郞之兄ニ而宮川も去ル三日越後之方ニ罷越候節跡之周旋ハ右左内ニ相賴候樣才覺之積相願候儀ニ有之尾州勢ハ再ひ御國ニ罷越候而相戾候由此度同道之外ニ土州之兵隊十人被賴同道いたし候事

一八六　上與七郎書翰「木滑政愿等宛」明治元年十月九日

以急便申上候然も御謝罪以來追々御實功相立候廉々至急申上候樣御本營

ゟ坂田迄御達ニ相成候間左之廉々火急御取調被成下火急御申越被下度奉願上候

一會境ニ何月何日ゟ人數何程繰出何月何日何地ニ而如何成續合ニ而合戰ニ及死傷何程勝敗如何其後何地ニ何程之人數相向ヒ何レ之口々相守り何レ之御用向相勤會君臣御預ケ何月何日ゟ何地ニ而警衛致候や

但會境計ニ而も無之關邊ゟ警衛固メ差出候次第も

一福島ニ何月何日ゟ何月何日迄人數何程繰出置何レ之御用相勤候や

一庄内ニ何月何日ゟ人數何程繰出何月何日何之地御運之事御座候や何月何日　世子何地迄被爲入何月何日御引取ニ候哉

一村松人何月何日兵器取擧人頭何程御預ニ相成候哉

長岡ハ表向御預ケニハ不相成筈併是も御達之上からも本文同斷

此儀も二本松ゟ御達ニ而も相成候哉

一其外出先〳〵等ニ而參謀衆等ゟ御達ニ相成候廉々ハ一切　御本營之方

ニハ相分居不申依ゟ此邊之條々都ゟ細々御取調被下度
大抵右等之口々歟ト存候得共其餘實効ニ相成候御廉等御座候ハヽ都ゟ御
申越被下度仙境ニも夫々人數御差出之筈是等も御用ニ相係り候口ニ候ハ
ヽ御示被下度奉存候
此口松山之例も有之
一最前ゟ追々御案内も御座候通軍務局參謀薩人吉井幸輔同長人前原彦太
郎歴史官備前人竹鼻堅太郎大ニ爲御國盡力致被呉候ニ付吉井前原ニ劍
一口ツヽ被爲進竹鼻ニ何そ絹地ニゟも被爲進可然ヤト坂田君内談被下
候刀ハ二百年以上之古刀直段も百兩ゟ百五十金二百金位之所ニゟ可然
ヤ之由絹地ハ餘程宜キ物ニゟ可然ヤ此度ハ先ツ御送被下ニハ不被及候
得共先ツ其御心懸置被下度奉願候
但白サヤニゟ可然奉存候
一坂田先生臨時越地御滯留御用御勤も難測いつをニメも一ト先兩三日中

米澤迄御苦勞被下岩村君〻吾御國之事行末之致方等夫々御相談被下候都合ニ御座候下拙も最早御用濟ニ御座候得ハ歸國ニ而も可然所前文御實效御調相達次第引取候方ニ付是非火急ニ御取調御越被下度奉存候此度之御一擧諸書付も芹澤相歸候上ハ委細相分可申御都合能ハ此度御遣被下候而も可然ト奉存候

右要旨而已申上度早々以飛脚申上候以上

十月九日　　上與七郎

要八樣

宮內樣

小源太樣

一八七　高山政康書翰「木滑政愿等宛」　明治元年十月十日

昨日も脚便を以御書面御投被下委々拝誦仕候村松一條何ニとも當惑之事ニ御座候幸ひ渡邊參謀當地詰合ニ付今朝罷越しそれ〳〵相談し候處渡邊も方面違如何ともいたし方の無之由且ッ極内話ニ此節當福島方面ゟ越後口相馬口ノ方面違ヒ江差口過きると申事抔も聞へ居り彼是六ケ敷意味合大ニなり此度ノ一條抔も最初ゟ隨分聞居候事ニ而已ニ先達而會津表江出張之節も米藩ニ而村松勢をいつ迄も預り置候而も迷惑ニ相成候義ニ付村松居殘り候者之上ゟ米藩ニ居候世子之家來共迄引寄せ度きと願出候順段ニ不相成候而も治ルあて之なき事と評判ニも及置候然れハ又此度差切りとかくと申遣し候事ハ六ケ敷候ならし宜しく取量候樣同勤之者迄内狀ニ而少しく申遣し候ハ不苦との義ニ付御申越しの御紙面之趣を深く含相話し差支ニ不相成樣ニ賴入申候然し甚嫌疑之有ル由ニ付なり〳〵渡邊參謀手ニ而ハ迚も事成就いたし申間敷候間賴ニ不相成候此段も不惡御承知置被下度奉存候且ッ渡邊話ニ唯官軍ニ抗敵いたし候罪なれハ不可許罪なれ共

天朝ゟ難有被仰出もなり寛大之御所置も有之義ニ候得共村松脫走首魁六七人ハ別ニ其國ニ取りて罪のなる時も參謀方ニ而もそれを許セと差圖をいたし難き筋それらハ方面違ヒ情實相分らぬ旁かくと差圖もなり難き由小生も偏聽と申事もなるものニ付それを深く憂候段ハ申述候得共何ニを申ニも方面違無據次第ニ御座候扨又先日御歎願書一冊ハ差出し置候ニ付行違之筋を以一旦相返し呉候樣話候處已ニ伊地知參謀之所ニ遣し置當時手許ニ無之由伊地知も東京ニ一昨日急ニ出立ニ相成り不都合ニ御座候間渡邊ニ善く心得置呉られ候樣相賴申候

○先便ニ御國之義正親町殿ノ御扱ニ時ニよりてハ相成間敷ニもあらぬと申上候義御懇念之云々御申越被下御尤ニ存候先達而大國同道吉岡へ面談及候節ノ話ニ御座候其砌ハ木梨渡邊兩參謀抔ノ方向不相定且ッ正親町殿ハ會津ニ被參仁和寺殿ハ越ニ御歸り抔色々朝夕ニ變化ノ折から吉岡監察之話之序ニ內話之事ニ而全く御評判ニ相成居ルト申程ニも無之

由と存候其後形勢を見ルニ決して左樣之義もなき模樣ニ御座候間其段思召置被下度奉存候扨又吉岡江ノ贈物御廻し被下候處至極相當之善き品ニ御座候然ルニ水戸江事ゟ起り爲其ゟ吉岡監察抔も昨今ハ所々江往來頻繁先ッ贈物どおて無御座候贈物等ハ時もあるものニ付見合居申候水戸天狗派(寄生派ノ誤)是迄會津江盡力いたし居候處とんと會津降伏之節大ニ立腹武士ハ死して後止む降伏する筋なしと差張り其節會津と戰ニなる位の處やうやくニ相返し候由然ルニ日光道ゟ逃ケ伸水戸本城ノ虚を襲ヒ三之丸迄詰寄候由なら／＼ヤツと其賊を打拂候段今朝報知り有り候と渡邊ノ話ニ御座候尤援兵等いまだ參らぬ内ニ追拂候由ニ御座候此賊ノ援兵等ハ左迄の事ニも有間敷候處一昨日ハ薩州勢貳千程繰込裏屋／＼迄ひつしりニ御座候由昨朝ハ又無殘引上ケ二本松ノ方差して戻りニ相成候白石表ゟを少々ッヽ引返之兵隊もあり且ッ渡參謀も一旦出張之由昨日急ニ當表江返りニ相成り伊地知參謀も仙表江繰込之治定と相聞居候

處是レハ又急ニ江戸ヘ出張ニ相成候ニ付甚不審千萬ニ候間今朝渡參謀ニいつレの譯り伺候處別段之義もなし白石も開城ニ相成り奥羽之事形大ニ定り是迄ハ專ら軍勢のミニ候處是なハ先ツ世を治ル評判ニ相至候義ニ而伊地知等ハ東京ヘ被參候由且ツ兵隊も追々歸國之方ノ由ニ御座候

○齋藤參謀持參ノ樽一ツ鴨壹懸板垣參謀分殘し置昨日迄も當表ヘ着之積りニ而今り〳〵と侍居候處渡邊な今朝爲知ニ板垣も東京ヘ參り候由ニ明晩二本松出立御座候

○其內仕舞置候鴨り臭氣甚しく相成りケ樣之譯ならハ取量樣も有之候義ニ御座候得共不都合ノ至ニ御座候貴答申上度早略拜呈頓首

十月十日　輿太郎

要人樣

宮内様

一八八　山本寺勝強書翰「毛利業廣等宛」明治元年十月十四日

一筆令啓達候然も在陣參謀方ゟ別紙結副之通御達ニ相成候間猪苗代詰役人ゟ申達夫々取計申候此段御承知之上宜被遂御沙汰候右爲可申入如斯御座候恐々謹言

十月十四日

山本寺伊豫㊞

毛利上總殿

加地權平殿

島津利馬殿

【別紙】

猪苗代ゟ謹愼罷在候會藩人賄方之義是迄會計方ゟ到來候處自今於其

藩御取計可有之候事

十月十四日

若松在陣

參　謀

米澤藩

隊　長　衆　中

一八九　黑井小源太書翰「木滑政愿等宛」明治元年十月十五日

一筆致啓上候昨日來雪降出し寒威甚しく御座候處各樣彌御健餐被成御奉職奉抃賀候先以去ル十一日

若殿樣益御機嫌克被遊　御歸國候ハん恐悦奉存上候然ハ一昨夜深更猪苗代より若林行人早駕ニ而會着同所大會計方横山領助（宇津宮産之人ノよし）より引合御座候ニハ是迄降伏人取賄方惣而大會計方ニ而取量居候處今度白川表江引

上申候ニ付已來ハ其御藩ニ而御引受之方相心得可申旨引合有之候處此方ニハ若松表參謀より何等之御達も無御座候付速ニ御請可申上様無御座候ニ付自是若松表ヘ罷出御參謀衆ヘ御伺之上御請可致旨相答直ニ相越候由ニ而馳付申候付昨日拂曉同人を以同所參謀姉川榮藏ヘ久留米藩士也及談判候處改而達し左之通

猪苗代ヘ謹愼罷在候會藩人賄方之儀是迄會計方ゟ致來候處自今其藩御取計可有之事

十月十四日

若松在陣

參　　謀

米澤藩

隊　長　中

右之通御達ニ相成申候付早速橋本勘定頭を以會計局ヘ及引合候處右會計

之儀區々ニ而左りと致し候達も無御座候へとも何ぞ是迄之會計方振合を以金米ともよ御渡しニ相成候哉ニ相見申候付昨夕猶又森行人を以姉川榮藏迄引合候處明朝迄ニハ會計局ゟ申達し金穀ともニ爲相渡可申旨挨拶御座候へとも猶又今朝ニ相成會計局ニ而異論を生し鹽川同樣先當分之內ハ一しき此方ニ而取賄可申旨故障を唱へ此上何と相極り申候哉多分鹽川同樣取量候方達しニ相成可申と被存申候扱々迷惑之次第ニ御座候へとも是迄迚も一旦御預ケニ相成候上ハ一しき取賄可申ハ當然之處先ツ今日迄會計方ニ而取量居候ハ見付ものと存候定而今日中猶又達しも御座候上ハ無據御請致し候外有之ましと評判罷在候右ニ付猪苗代詰今井市內先ツ〳〵左もらく差留置手形ケ條相居り候迄爲取計申候間其段御承知可被下候

附箋

附

此條甚當惑鹽川驛降伏人も最早貳千人ニ押寄候處最初之見詰ゟ千四百人位と申事ニ而右之手配ニ相及居申候處于今每日在々ゟ潜伏之者貳三拾人位ツヽ落參眞野勘定頭も甚當惑以致し居申候其內猪苗代三

千人餘之粮米噌薪迄相渡候事ニ而ハ不容易場合己つり拾五萬石之御少高を以三拾萬封之降人皆式買米噌を以賄置候義ハいりに官軍様之共御聞辨も可有譯又是迄御國表ゟ罷越候官軍江ハ賄置加之自國之兵隊もあり何つ迄賄置候際も不相見假令會御父子東京江御用召ニ相成候とも御供勢ハ多少知た事ニ御座候然ハ殘ル降伏人ハ於東京　天裁相濟迄賄置候様又々達しニ相成可申左すれハ中々始終賄被置候見込迚も無之譯ニ付此際取詰談判何國迄も歎願いたし可申外無御座義ニ付右趣意を若松表同役迄及相談置申候

鹽川驛ニ而

清　藏

箋

一右同時森行人江達し左之通

近々越後表ゟ

宮様　御發向ニ付甲賀門外市中之間其藩以人夫掃除之事

但し人夫壹人ニ付三百文ツヽ被下渡候

右之通御達ニ相成申候ニ付今日ゟ取懸ケ我々下僕等迄不殘差出し掃除申付候尤以死人取形付等ハ是迄之通穢多共ニ申付候心得ニ御座候

一最早雪も降り出し候處猪苗代詰之面々福島表ゟ直ニ出張之者最早七十日ニ相成候族も有之右も七八月中いまた寒冷ニ不相成内出張之者ニ而極々薄衣をつゝう一二枚下タニハ立付壹ツ相着し候者も有之實以痛入候樣子ニ付是非〳〵交替被　仰付被下度旨若林行人頻りニ歎願ニ御座候右ハ猪苗代ニ限らス鹽川幷村々鎮撫之勢も長詰ニ相成候者ハ追々交代不被仰付候而も相成ましく候間自今其御手配被成下度ものニ御座候尤以其節ハ寒さ凌き之具持參之樣御達し可被下候是迄ハ猪苗代貳百人餘之處已來ハ百五十人ニ而可然との若林申聞ニ御座候村々鎮撫も同斷追々減少可然候是等之處ハ鹽川總督之見込も可有御座候付其意ニ御任セ可然存候

附箋

附箋

此條倉崎御同役御歸國之節兵隊貳百人早速御遣し交替以壱し候樣御心得被下候筈ニ付先ッ彼ノ二百人ニ而繰合永詰ニ相成候迄の相返し可申候其内ニハ　天裁之程も相分り可申とそんじ居申候又何ッ迄も永詰ニ相成候ハヽ尙又交代ニ相成候樣御取量可被下候

但猪苗代鹽川詰共ニ貳百人之交代人數ニ御座候

猪苗代警衞是迄貳百人ニ有之候處若林行人見込ニ而百五拾人ニ減少可致旨申出ニ御座候へとも三千人餘之降人ニハ貳百人ゟ減少と申事ニ而ハ無覺束譯ニ付又何か一事件相起候も難計左すれハ申譯も無之譯然ハ最一際相見へ候迄是迄之通貳百人ニ〆被差置可然奉存候村々鎭撫之兵隊も相成丈減少ニいたし度そんじ居候へとも兵隊之配りも六ケ敷先ッ引揚兼居候へとも貳百人御遣し被下候ハヽ何とか繰合最壹小隊位も是迄ゟ減し度そんじ居申候

鹽川驛ニ而

清藏

一唯今ニ相成候而ハ官軍仲ケ間入致し醇平タル官軍樣ニ相成當節詰合之諸藩官軍ニも聊無懸隔相接し居申候付何事も御案念被成下ましく候爾し油斷大敵之基之確言服膺いたし心之手綱ハ弛メヌ樣面々心得居罷在申候

一宮樣十七日御着とも申又十九日とも申いまた志らと不分明ニ御座候何ぞ近日之内御發向ニ相成可申其節ハ我等御機嫌伺として御旅宿迄罷出隨而米澤出張之監察使岩村精一郎岩崎誠之助宮永貫一郎井上庸民抔隨從罷越候ハヽ例之米澤名産美酒三樽も相送り御實功相立テ候方も可然哉と評判罷在候萬事臨機之取計御容恕可被下候

附箋

附箋

此條去ル十四日新發田表御發輿十九日當所御晝ニ而城中御覽之上原宿御泊り之由今日風評有之申候

十七日

一猪苗代之降伏人三千人鹽川千八百人計り毎日〳〵廿人三十人ツヽ諸方ゟ懸込段々附屋々々ハ困却セしめ候尤以其都度嚴重逐穿鑿何ぞ之次第ニ而今更參り候哉委しく吟味之上其段參謀迄届置申候

一去ル十一日會議所ゟ呼懸ニ付目黑利兵衛罷出候處左之通

米澤藩

兵隊中

多日在陣之疲勞爲被慰正親町殿ゟ左之通御酒御肴給之候事

鯣　六百枚

酒　壹石五斗

右之通被成下申候付猪苗代鹽川其外當方面ニ不殘頂戴爲致申候右ニ付評判いたし候ニハ最早積雪之内ニ埋ぞ番兵等いたし候者共實以可哀樣子ニ相聞申候間何とり別段之御手當とり責てハ思召之御酒なりとも爲頂度ものニ存候猶評判取極り候ハヽ委く可申上

候付宜敷御含可被下候

一若松詰左之通

本陣
黒井小源太
同
森三郎左衛門
同
目黒利兵衛
官軍大小荷駄方詰切
橋本主税
元〆所
中野久兵衛
其外元〆方

三四八

右之通ニ御座候處只今ニ而ハ格別之事も無御座候へとも時々參謀ゟ重役呼出し有之隨而諸藩官軍參謀隊長詰居候へハ我々之内壹人ハ相放レ可申樣無之但し森行人長詰ニ相成自然交替之御沙汰も御座候ハヽ御使番軍目付之内壹人ハ是非〳〵御遣し可被下候

附箋

此條若松表ニ森行人橋本勘定頭ハ最少し之間相詰居候方可然奉存候我々之内壹人鹽川ニ詰居何ゟ重立候事件罷出候ハヽ若松ロ出張取量可然當鹽川驛も我々空して不赴候而も何差支等も無之譯然ハ若松當驛相兼我々壹人相詰居候而ハ如何ニ御座候哉奉伺候

附箋

一會公御父子初メ之通り瀧澤妙國寺ニ謹愼被在申候何レ當月中ニハ天裁ニ相成候との風評ニ御座候

一當表兵隊ハ肥前越前其外新發田抔少々ツヽ有之唯今ニ而ハ千人足らバ之兵ニ御座候

一當表追々町人共立戻り餘程安堵之様子爾し今以土場商ひのミニ而店商賣迠も相開キ不申候近在ハいまた稲刈半分通りニ御座候内雪積り稲を倒しイヤハヤ痛入候體ニ御座候猶追々得御意可申早略如此御座候謹言

十月十五日巳刻　　小源太

要人様
新藏様
七左衞門様
清藏様

一九〇　高山政康書翰「木滑政愿等宛」明治元年十月十六日

久我様御通行且ツ諸兵隊も同斷之由此節ノ御配慮奉察候渡邊善作御附添として罷越し昨晩下宿江着いたし候然ルニ大澤ニ而人足不足ニ而一ト立

腹ヲ受ケ又板谷ニハ壹人も城下爲登之人足ハ不相詰爲其不都合ノ事共有之一統立腹甚迷惑いゐし候由申事ニ御座候久我様昨日當表御着之御都合ニ候處急ニ八島田陣屋ニ御着先ツ暫く御在陣之由ニ御座候兎角當福島ニハ多人數繰込居り總督も御在陣宿陣之場所もなき爲メ八島田宿陣と之由ニ御座候然ルニ八島田陣屋と申ハ先達ゐ之爭亂之節疊迄も分取いゐし所々破レ候處も有之由大ニ不都合千萬ニ御座候陣屋も御宿陣ニ相成兼脇ノ酒屋ニ御泊りと申事ニ御座候福島表兵隊ハ順ヲ以て廿日頃迄ニ引拂ニ相成候間續ゐ御出立ノ由ニ御座候

○福島表諸軍も十四日ゟ頻りニ立ニ相成候得共大軍ノ事故廿日頃迄相懸り總督も明後十八日御立渡邊參謀も明十七日立ニ御座候依ゐ今朝參謀ニ罷越し相伺候事左之通り

一先達ゐ御書付を以御渡ニ相成候内領内とても殘賊幷惡徒横行致し候ハヽ隣藩申合速ニ其所置可致之條ハ豫め國境外とても人數等差

出し置鎭撫いたし候方ニ可有之哉
一豫め人數ハ差出置ニ不相及自然惡徒横行之節隣藩と申合取鎭候方
一先達而御達しニ三春守山黑羽福島ヘ力を合信達邊取鎭候樣との義
も右御達之趣を以使者等差出互ニ猶申合置候方ニ可有之哉
一使者を以申合置候而宜し然し黑羽抔あまり遠方ニ付それニも及間
敷く隣藩計ニ而宜しき事
一長き内ニハ惡徒等横行いたし間敷ニあらす時宜ニより打取候り或
も打取ル迄もなく只軍門ニ取おさへ候事も有へし其他彼是事有ル
ニ付御伺いたし度事有へし其節ハ如何ニいたし候而宜く可有之哉
一大抵之事ハ御國ノ了簡を以て所置いたし候而宜しよく〳〵の大事
ハ東京ヘ伺ニ及候而宜方
但仙臺平定不致候内ハ仙臺ニ四條樣御在陣ニ付右ヘ伺候而宜し
御歸陣之上ハ本文之通

一先達而も御達之通椴本等ノ脱走輩ハ直ニ打取り候而宜く可有御座
や猶御伺いたし候
一右之もの共ハ朝典許し難く候ニ付直ニ打取り候而宜し
一庭坂ゟ少々人數を差出し置度旨先達而願候通り差支有之間敷哉
一尤何ニも差支無之候間其段取量候方
右之通相伺置候間早卒ながら相記し候ニ付御推見可被下候渡邊明日立
ノ事ニ付是迄萬端世話ニ相成り候禮を厚申述候處御國之上ハ諸方ゟ御
人數御差出ニ相成り實功相立チ且ツ奥羽列藩ゟそれ〳〵盡力是又御實
功總督樣ニ而も一ト通りならぬ御滿悦思召候間此後猶々御實功相立候
樣御重役中ゟ宜く申上置候樣との事ニ御座候御沙汰置可被下候糸織壹
疋帶壹筋餞別として相贈り申候其内十八日ニハ總督御出立ニ相成候得
共小生も同日出立罷戻候含ニ罷在候間其段思召置可被下候○渡邊善作
話ニ久我樣附之三參謀兩會計官板屋ニおゐて自ら問屋場ノ前ニ相立人

足ノ世話いたし兵隊ノ馬駕籠ニ乗り候者ハ盡く下し御側役之乗り候駕籠も爲止其人足を以て玉薬運ヒニ向ケそれ〳〵世話いたし被呉候事可申樣もなき事共ニ付何ンそ謝禮ニ而も可有之候ハヽ御都合宜しき義と申候甚尤之義ニ付同意いたし候善作ゟ猶御聞上ケ被下御謝禮御座候節ハ小生それ〳〵取量候而宜御座候間早速其品御差越被下度奉存候

○先便參謀ゟ福島表人數御引上ニ付而も御國ゟ御重役壹人御呼出し被仰含義も有るべきとの事ニ付其段申上置候處是ノ義もなき由ニ付是又御沙汰置可被下候此節參謀宅も非常ノ込合ニ御座候間小生ニ御達し迄ニ而相濟候儀と存候諸事申上度事も御座候得共近々拜顔仕候ニ付相殘し亂筆差上候條御推見被下度奉願候以上

十月十六日

與太郎

要人樣

新藏様
總五郎様

尙々　天子樣去ル十三日東京ニ御幸ニ相成候由二本松棚倉等之亡國之者ハ東京ニ召御用ニ而兩藩抔十四日立ニ御座候奥羽列藩も當年中ニ被爲召候段ニ相成から之由去りし彌之處ハ未た相分らぬ由參謀内話ニ御座候以上

一九一　黑井小源太書翰「會談所宛」　明治元年十月十六日

十月十六日巳之刻御達し

高田村邊ニ百姓大勢打寄暴擧之仕方も有之哉ニ付猪苗代鹽川等之護衞尙又嚴重御取締可有之事

十月十六日

若松在陣

参謀

米澤藩
隊長衆中

右之通達ニ相成申候間夫々聞繕申候處右高田と申村ハ城西三里程之所ニ而凡千人計りも相集りし由何れ之次第ら不明白猶早速せんき取詰可申折角其御手配中ニ御座候以上

十月十六日巳刻

小源太

各様

一九二　黒井小源太書翰「會談所宛」明治元年十月十六日

當驛江も扱下村々ゟ届出既ニ坂下之金川村と申處江大川向ゟ三百人程押寄大原山と申處屯集暴擧之模様ニ付木村丈八山田勇七隊下引率出張右百

姓共ニ及説得候處至極宜聞受一ト先ツ歸鄕ニ相成安心ㇾ以テ悦シ居候處猶又夜半過ニ相成西鄕ニ當リ太皷や鐘をならし大聲相聞へ候ニ付宇津鄕右衞門隊下引連早速出張爲致申處右聲ハ大川向坂下村々之由ニ而早速相戻リ申候何れ御渡之八萬石之内ニハ左樣なる暴動有之間敷そんじ居候へとも萬一與黨之ものも難計候ニ付昨日右暴擧相起否扱下諸鄕ニ觸差出候左之通

此度高田坂下中荒井藤倉代田邊之村々百姓共數百人蜂起既ニ二ケ村之肝煎を打殺し其他諸鄕暴動所業相聞以之外之儀ニ付難打捨速ニ御取糺ニ可相成候仍而ハ向後右之者共へ與黨致間敷も難計萬一右等之振舞於有之者不取敢兵隊差向無用捨打果候間不心得無之樣嚴重可被申達候尤小前之者共といへとも無餘儀歎訴筋有之節ニハ其方面隊頭とり鹽川本陣ニ無遠慮可申出旨隨而村長たるものハ小前〳〵何國迄も憐愍を相加へ取扱向懇ニ相心得可申旨其組村小前迄も不洩樣改而可被申達候事

右之通り村々ニハ鎮撫之隊頭相詰居候場所ニハ相違し置申候尤今日ニ相成候而も扱下村々ニハ兵隊差向廻勤爲致置候間御安心可被下候右百姓共暴擧之趣意ハ無賃錢ニ而人足ニ被仕殊ニ日々之人足此末難立行又肝煎ハ官軍ゟ壹人ニ付三百文ツヽ日料御渡ニ相成候處途中ニて盗取不相渡抔相唱ひ米澤樣御扱下ニハ人足等も不相當賃錢等も被成下候處浦山敷是非此上米澤樣御扱ニ相成度抔相唱ひ起り立居候譯ニ而多分八萬石ニハ安心之方と見込居申候尤昨日兵隊差向鎮靜爲致候義ハ若松表會議所迄富井諸次郎を以早速相通置申候間御安心可被下候

　下　札　　鹽川驛

猶又爲聞繕候處坂下中荒井村藤倉代田組之邊蜂起二ヶ村之肝煎を切殺し駒坂田小山新田原村邊之肝煎ゟ取押候よし爲其水戸之兵隊急段右村方ニ繰出しニ相成申候扱々漸く鎮靜ニ相向候處又々騷々しく相成此分ニ而ハ御國之兵隊減少之儀も先ツ〳〵六ケしき方歟と評判有之候猶相

分り次第委しく可申上候已上
十月十六日午半刻
小源太
各様

一九三　黒井小源太書翰「會談所宛」明治元年十月十六日

別紙手控之通去ル十三日周旋方目黒利兵衛を以參謀姉川榮藏殿迄及沙汰置候處今十六日小源太御呼出しニ而御引合左之通
會藩人ゟ仙藩ゟ罷越居候者暴動も有之候而ハ甚以恐入候ニ付使者或ハ人足ありとも差遣し度旨伺出候處右ハ御吟味合を以不相叶米藩ニ而よろしく取計暴動等無之樣周旋いたし可申旨被仰付候事
右之趣口上を以達し御座候付右手配振り委く承り屆候處右會藩人使者卒

ハ人足ニかりとも遣し度との事ニ候へハ定ゐ見込も可有之ニ付右見込委細承り届仙藩之何之所ニ會藩人參り居候哉其邊とくと聞届右ニ向て夫々所置いたし何分ニも妄擧暴動無之樣取量可申夫レゟ則御家御實効之一ニ御座候旨姉川引合有之候事

右ニ付明十七日森行人猪苗代ヘ罷越右之云々會人井深守之進迄及談判使者遣し候見込之程承り其上御國表迄明細以御用狀申上候心得ニ御座候處一揆蜂起ニ付寸刻も相離れ可申樣無之困却セしめ居候內幸ナル哉今井市內從猪苗代入來ニ付委細相託し若林行人迄申越爲取量候都合御座候間追ゐ申上次第御取量可被下候

一今夜中戊之刻過左之通

明十五日北陸道

惣督兵部卿宮奥州白川通り東京迄御凱還ニ付兼ゐ申達候趣ニ候へとも積雪ニゐ道路相塞俄ニ御模樣相變り信州通り被遊御凱還候間此旨

相心得宿驛不及仕構候事

辰十月十四日

軍務官

會計方

越後新發田ゟ奥州若松ゟ

大田原通り東京迄

右宿々

問屋

年寄

右之通御布告ニ相成申候間昨日來多人數差出し掃除等申付候處水の泡ニ相成申候爾しいよ〳〵御通行之節ハ種々手數も可有之處一トひま明ケニ御座候

一今七時頃參謀ゟ御呼出し罷出候處今日當所村々百姓騒動ニ付早速一小

隊差出し可及鎭撫旨達しニ相成申候付米藩兵隊ニ猪苗代鹽川兩所之降伏人取締其外九ヶ村之鎭撫方迄ニ而其他一切兵隊無御座候去れハ辿國元迄申越之上兵隊引寄候事ニ而ハ遲延相成可申何分當惑之旨彼是引合居候內肥前藩ゟ右百姓一揆最早鎭靜ニ相向候段屆出有之先ツ今日ハ出兵ニ相及不申段達ニ付其儘引取申候去かし明日ニも又々蜂起いたし候ハヽ何れよ達し御座候とも難計扨々懸念之次第ニ御座候今夜も東方ニ當り大勢之聲ニ而時々鯨波をなけ砲聲も相聞へ氣味なしく存居申候漸く一方鎭靜ニ向候へハ又々ケ樣之騷動相起り扨々困タものニ御座候猶此上模樣次第早速可申上候

右認居候處ニ夜半過從鹽川表周旋方富井諸次郎着今日之蜂起ニ付鹽川表何彼手配も有之大混雜之由淸藏樣大御心配奉察上候右ニ付同所量向之儀委々承知仕候惣而富井諸次郎ニ申談じ遣し候間御詳悉可被下候猶後便と早略得御意候已上

附箋

十月十六日夜丑刻

小源太

會談所

各位

附箋

於当驛ハ日々無事ニ困み居候末困た事とハ聊存不申候官軍様百姓共之品々御分取右百姓共ハ分取被致候自分之品毎日〳〵白川表迄運送被為致候へハ何が面白て働居そのニ御座候哉如何ニ土百姓迚能くハおらゐ居ものニ御座候此度の蜂起も無餘儀譯と被存申候此上御實効居り相成候ハヽ他扱たりとも百人哉貳百人ハ何時成とも差出卽刻鎮靜為致可申候間御安心可被下候

鹽川本陣下札

一九四 黑井小源太書翰「三潴政清宛」明治元年十月十七日

今十七日巳之刻森行人姉川參謀ゟ罷出候處左之通
一會公父子兩三日中東京ゟ御召之由
一重役五人　萱野權兵衛　梶原平馬　内藤助左衛門　手代木直右衛門
秋月悌次郎
右五人御召御用ニ付米藩より相達可申旨御達ニ相成候處右五人ハ御預
ケ之人數ヨ無之候へハ御家より相達し可申樣無之旨相斷り候處尤ニ聞
受直々相達し候由
一在々ニ罷在候老若婦女子四五十人ゟ之粮米を村々鄉頭ゟ御達しニ相成
御渡し被成下候よし
一昨日木村隊山田隊差出し鎭撫致し候ハ民政局ニ而大悦ひ至極厚禮申述
猶此上之所置相賴とのよし
十月十七日未刻
若松詰

附箋

此條

會公御召ニ付テハ護送等有之間敷哉相成丈早々探索いたし度ものニ御座候若し警衛被　仰付候節ニハ猪苗代之當驛出張之兵隊ハ直ニ東京六ヶ敷譯ニ御座候其實八月中ゟ追々繰出候義ニテ薄衣且懷金一切無之樣子ニ御座候若し右樣之評相起り候ハヽ早速申上候間護送之兵隊御繰出可被下候

小源太

附箋

清藏

一九五　黑井小源太書翰「倉崎清典宛」明治元年十月十七日

前文之通三瀦同役ゟ申越ニ御座候右ハ何れ之御見込ニテ今時歸國之儀御受込ニ御座候哉當時ハ一寸も三瀦なくて不相濟殊ニ昨日來諸所一揆蜂起致し晝夜寢る間もなき繁忙小子ハ若松ニテ參謀姉川江之諸懸合鹽川ニハ

三潴一しき取量漸く間を合セ居候事ニ候此所ハよく〳〵御勘考先ツ〳〵
當分之内御引戻し之御沙汰無之樣御心得可被下候萬一いよ〳〵御引戻し
と申節ハ乍御苦勞老兄又々御出張可被下候此段得御意度如斯御座候已上

十月十七日　小源太

七左衛門樣

【備考】本書中に前文云々は、上掲本月六日付三潴政清・黑井小源太宛書翰を指す。

一九六　黑井小源太書翰「三潴政清宛」　明治元年十月十七日

○猪苗代降人江之賄ハ御渡しニ相成候樣子委曲ハ橋本承りニ而眞野迄申
越候筈

○會公父子兩三日中東京江御召之由重役　萱野權兵衛　梶原平馬　內藤
助左衛門　手代木直右衛門　秋月悌次郎

〆五人之面々も同斷之由

○長岡藩惣ニ而米澤ニ遣し不苦方

○夫々ニ罷在候老幼婦女子之粮米先日中高久村郷頭ニ御達しニ相成三百俵御渡しニ相成候由ニ候猶又不足之節ハ追て申立次第御渡之由右ハ小林平學先日より承知之よし

○昨日御出兵之云々ハ至極之御都合民政局ニ而も大悅之よし

○猪苗代降伏人ニ賄之儀ハ橋本より眞野迄細々申越候筈

ヤレ忘れ〆り上三宮罪人牢舍一件ころ〳〵失念尤以明日中ニも催促致し申候間其段御承知可被下候委曲ハ富井周旋方より御詳悉可被下候已上

十月十七日

小源太

清藏様

附箋

尙々交代日並ゟ廿日比と思召置可被下候

附箋

長岡藩降伏人都合貳拾人程鹽川表ニ預り置候ニ付君公御國ニ謹愼被居候間御國ゟ引取謹愼爲致度旨若松表會議所迄相伺候處本文之通ニ御座候然處于今於御國謹愼ニ御座候哉不束ニ付右等之處御示し被下度奉存候若し長岡表ゟ歸邑ニ相成候ハヽ同所迄相送り可然譯ニ御座候

鹽川本陣

一九七　杉山盛之進書翰「黑井小源太宛」明治元年十月廿二日

一翰拜呈仕候然も昨日申上候續猪苗代粮米之儀外ニ策も無之越前藩大小荷駄方高木庄太郞へ眞野勘定頭無餘儀情實相談し候處同人至極尤ニ聞請民政局へ引請て談判致呉候樣申聞ニ付依賴致置候處今日高木申聞之趣ハ段々遂談判候處甚六ケ敷譯ニ付豫め一ケ月分とら二ケ月分とらと御願出

ニ而も甚差支之筋有之候ニ付いつそ五日分とら十日分とらと少々ツヽ時々ニ歎願書差出候樣可致との申聞ニ付其意ニ隨ひ今日又々差出候願書左之通り

猪苗代降人賄方取量之儀弊藩へ被　仰付候處積雪之此節國方ゟ運送可致樣無之差支候譯を以猪苗代方面ニおゐて御年貢米拜借奉願候處百五拾俵御渡被成下候得共明日丈之粮米ニ而明後日も賄方差支候間尙又御借渡被成下度奉願上候以上

十月廿二日

今井市内

右之通相認差出候處書付を以左之通

今般猪苗代降人賄方粮米當局へ拜借之儀被申出候得共頃日官軍幷青木等拾三ヶ村會人病院且又北潟（喜多方）降人老若之男女御扶助米莫大之儀ニ付粮米至急差支候條一圓難承屆候ニ付相當之償を以近村ニ而被買入

候儀ハ勝手次第ニ候事

十月廿二日

右之通御渡ニ相成り扨々當惑尙勘定頭ゟ高木庄太郎へ相談し候ハヽいつれり可相成との見當ニ御座候間明日ハ右之談判ニ取懸候都合ニ御座候前文之行廻ニ而至而宜敷都合と喜ひ居候へハクラリ〳〵と相變し困却此事ニ御座候猪苗代表差當り賄方出來兼候ニ付若松表ゟ先ツ三十俵差送り候方勘定頭手配ニ御座候爾し此式一日之賄ニも不相足よし當惑〳〵

一目黑利兵衞御渡夫方甚不審之儀有之今日御徒目付伏嗅を以吟味爲致候處以之外之次第大略ハ手續書ニメ伏嗅ゟ差出候ニ付表御用狀ニメ差越候間御詳悉可被下候尤伏嗅附添右罪人差越候間米澤表ゟ之御用狀御渡可被下候

一交代之兵隊追々鹽川表へ着ニ相成候哉之模樣諸有司同斷之筈然上ニも小生も永詰ニ相成候へハ何卒交代申請度奉懇願候間惣督へ宜敷御願被

下度奉存候若林も同斷交代爲致度候右子細ハ白川表ゟ岩城表之戰功も
越後表御調之節一同差出不申候而も甚不都合ニ可相至候ニ付是非ニ交
代爲致度奉存候
一百姓一揆ニ付砲發打死候御屆書之一件ハ目黑御右筆へ相託し候ニ付御
承知被下候筈分明御取糺之上御差出被下度候此以後不法之百姓有之手
向等致候節ハ打果候方豫め屆書ニメ差出置候間御安心可被下候
一姉川參謀白川表へ罷越候由ニて跡量ハ水戸藩之由平井清藏ト申人ニ相
成り申候姉川も五六日之間ニハ歸着之由ニ御座候得共いりんり難計候
先用事而已草々得御意候以上
十月廿二日
盛之進
小源太様
○

一十月十九日在陣參謀姉川方ゟ御達左之通

降伏人
川村善兵衛

右之者越前藩ゟ引渡候間被請取猪苗代ゟ差越屹と謹愼罷在候樣可被取計候事

十月十九日

右之通御達ニ付昨日尾形良作爲護送差越候處途中湖水邊ニ而善兵衛良作後ゟ刀を拔き斬懸數ヶ所疵爲負逃去候由届有之

一右ニ付御届書左之通

會津降伏人
川村善兵衛

右者此度越前藩ゟ請取猪苗代ゟ差越候樣御達之處此表兵隊も無御座候付本營附之內尾形良作と申者壹人外人足壹人爲附添護衛爲致

候途中右善兵衞突然良作之後ゟ斬掛數ヶ所爲手負候付良作振返り
右人之刀取揚候處其儘迯去申候依之不取敢猪苗代詰之內ゟ兵隊差
出諸所探索爲致候得共于今行衞不相分段猪苗代詰隊長ゟ屆出候付
不取敢御屆申上候以上

十月廿日

米澤

杉山盛之進

右之通差出候處翌廿一日前同人方ゟ御達書左之通
降伏人川村善兵衞と申者米澤藩護衞猪苗代ゟ差越候途中爲手負迯
去候段ニ付吟味見當次第早々可被申出候若手向致し候分も有之候
ハヽ討捨ニ而も不苦候此段相達候事

十月廿一日

在陣

参謀
越前藩
米澤藩
新發田藩
隊長中

降伏八川村善兵衞儀越前藩ゟ帯刀其儘引渡候哉其藩ゟ護送之節も矢張同様之事ニ候哉様子可被申出候事

十月廿一日

在陣
参謀

米澤藩
隊長中

右之通御達之處大小共帯し候儘越前藩ゟ請取候付其儘召連候由目黑利

兵衞參謀姉川榮藏ゟ演說ニ而相濟候事

〆

一九八　黑井小源太書翰「會談所宛」　明治元年十月廿三日

目黑利兵衞歸國ニ付一翰致啓上候先以一兩日已來追々村々鎭靜致し申候然るよ諸方より公事訴訟蜂起大ニ緬（マヽ）導之自分ハ風をかへ政事向ハ若松表民政局ニ相任セ御家ニ而ハ暴動妄擧を防禦致し鎭撫一ト向ニ而可然存居申候

一昨夜佐川官兵衞ゟ誰そ參り呉候樣賴ミニ付周旋方朝岡林邊罷出候處官兵衞低頭平伏して願出候ハ最早寒氣甚しく相成候處夜具迚も一切無御座漸く廿人ニ而蒲團壹ツ三十人ニ而夜着壹ツ有り無り位之事ニ而實以難澁千萬御座候間何卒御憐愍之御沙汰を以ふとん御かし渡し被下度旨願出ニ付ふとんの義ハ極々ふそく我々も三四人ニ而漸く壹ツもかぶり

居候體ニ迚も御頼ニ應じ可申樣無之旨相斷り候處猶又官兵衞低頭して申出候ハ然らハ何ニも恐懼至極ニ奉存候へとも金子壹箱拜借被仰付被下度旨申聞ニ付何向隊長之者ゟ評判致し可申とて罷歸り候よし申出ニ御座候右官兵衞樣子落涙ニ志つみ實以見るニ忍ひさる體ニ有之しよし兩人之者咄ニ御座候依之御評判致し候何とり借し遣し候事相成ものニ御座候ハヽ御叶被下度ものニ御座候何分御國表御評判之趣を以返答ニ相及申候付早速御申越可被下候

一畠山隱士此度歸國ニ相成候處當表ニ而も隊下之取扱方行屆爲海（マヽ）心配痛入候事ニ御座候間身柄之隱退之人之爲御勞何り御綿ニ而も御樽肴ニ而も被成下度ものニ御座候尤以夏中羅紗之御陣服其後猶又五十金被成下候由ニ御座候へハ此度ハ格別之事ニも相及ましきり當表骨折之次第ハ倉崎三潴兩君御見聞之通りよ御座候へハ何分よろしく御評判可被下候

一尾形良作も歸り度段申出士佐林乙藏附添罷越申候とうそ此上一命計り

相助ケ度ものニ御座候賊川村善兵衛ハいまた取押不申候右要旨而已得
御意候猶期後便候已上
十月廿三日
小源太
會談所
各様

一九九 仙臺藩士大條道德等書翰「竹俣久綱等宛」明治元年十月

（上封）

竹股（マヽ）美作様
島津利摩（マヽ）様
大條孫三郎
遠藤吉郎左衛門

一筆致啓達候追日寒氣相成候處彌御堅固被成御務珍重御事御座候然モ御
隣境御疎遠相成居候ニモ自然國情相通兼隨ニモ浮説も相起候間其御藩ニ

壹兩人差出置候之樣被仰入候趣致承知此度佐澤良平菅原龍吉と申者申付
指出置申候宜御教諭御差引被下候樣致度候委細ㇵ兩人ゟ厚申含候間御聞
取可被下候恐惶謹言

十月

遠藤吉郎左衛門
行知（花押）

石田光之丞
廉直（花押）

後藤孫兵衛
光康（花押）

遠藤文七郎
允信（花押）

石母田但馬

頼至（花押）
中島外記
意時（花押）
大町因幡
殖頼（花押）
大條孫三郎
道徳（花押）

竹股（マヽ）美作様
毛利數佐（マヽ）様
島津利摩（マヽ）様

二〇〇 若松在陣官軍參謀達「米澤藩會議所詰宛」 明治元年十一月二日

御用有之候間唯今會議所へ可被罷出候之

米澤藩戊辰文書（明治元年十一月）

十一月二日

在陣　參謀

米澤藩
會議所詰

二〇一　黑井小源太書翰「木滑政愿等宛」明治元年十一月三日

一簡拜啓然れハ昨日別紙森行人書面之通御書付御渡しニ相成何とも不都合之次第ニ御座候へとも猪苗代ハ纔り貳百人の兵隊を以四千人之警衞鹽川表も貳百たらざ之人數を以貳千餘之降伏人護警致し居候事ニ御座候へハ手の屆さるも無餘儀次第ち先參謀姉川榮藏も頻りニ申談じ候へき爾し一旦御預ケ之人頭脫走爲致候事ニあハ何と嚴責ょ預り候あも一言なき儀ニ御座候此上ハ外ニ致し方も有之ましく口々之番兵人數增晝夜寸刻も無

弓(マヽ)斷相見張ラセ其上晝夜廻勤人數まし致し時々人別改メありとも致候より他ニ手配も無御座候儀ニ候へハ其趣を以若松參謀に及沙汰可申心得ニ罷在申候先ツ是迄之人數を以繰合何とか間を合可申含ニ御座候自然相增し不申候而ハ不都合之儀も出來候ハヽ猶又得御意可申ニ付其段御承知置可被下候鹽川驛脫走人ハ別紙之通ニ御座候御覽置可被下候

一村々も漸々鎭靜いたし候へともいまた眞之穩ニ不相至何分懸念も御座候間八ケ村之鎭撫も引取セ可申樣無御座候處何れも永詰ニ相成種々之歎願申出御座候間可相成ハ一寸も早く交替之兵隊御差越被下度ものニ御座候

一九條樣もじめ御二卿之御通行相濟候ハヽ御使番軍目も段々交替相成候樣御心得被下度存候

一先日得御意候佐川官兵衛願出之千兩之無心ハ何れニ御評判相決し候哉早速御申越可被下候

一降人中ニは御酒被成下候儀官軍手前も差支之樣子不相見候間此間上田學大輔佐川官兵衞迄內々引合申處何れも難有迚染々御禮申出候經節も同然相送候段委々及引合置申候

一御二之丸御發之御模樣何れ今日比らと相伺居申候御便り之節少しく御示し可被下候右要旨而已早略如斯御座候萬期後便之時候恐惶謹言

十一月三日夕　小源太

要人樣

新藏樣

七左衞門樣

尙々明早朝ゟ若松に出勤之筈ニ御座候鹽川表ハ御惣督計りニ相成何分御無人ニハ當惑セしめ候以上

【別紙】

塩川驛
脱走人
足輕
邨上直次
飯田大次郎隊
齋藤榮助
同
宗像源左衛門
同
津瀧廣次郎
同
増川渡
同
黒川大藏
櫻井彌一右衛門隊
淺井源吉
御藏入下役
佐瀬金四郎
近藤一八
萱野右兵衛小者
壹人

十月廿三日逃走
同廿二日夜脱走

追々脱走

此分敢テ穿鑿ニ不及分

酒井傳内同
壹人
小野田權之助家來
壹人
小池清八同
壹人
淺井信次郎同
壹人
諏訪伊助同
壹人

同廿八日

小野田權之助隊足輕
柳澤瀧藏　三十二三歲

軍事局附人
成田藏助　三十五六歲

同斷

〆

二〇二　杉山盛之進等書翰「黒井小源太宛」　明治元年十一月三日

以飛脚得御意候然も昨日參謀會議所へ呼懸ニ付罷出候處御書付御渡左之通

降人守衛
米澤藩
隊長へ

兼而御預ニ相成候降人脱走ニ及候段不取締之至ニ候以來岐与嚴重取締行屆候様可被致候事

但守衛人數不足ニも候ハヽ國元ゟ相當之人數呼寄守衛可被致候事

十一月

在陣
參謀

右之通御渡ニ相成候ニ付軍監へ及談判候處此度東京ゟ別段御達ニ相成候由右ニ付而もいつれニ致候ハヽ以來取締可申や見込之程も可有之ニ付重役隊長へ得と評議を盡し可申聞旨嚴達ニ御座候扨々困却之至爾し此上も脫走人等有之節も　御家之不取締難遁場合此迄之心得ニ而も相濟間敷候間一トト御評判ものニ付今日早々御出起若松表へ御出張被下度候尤猪苗代詰隊長軍監へも出張候樣申越候間不取敢御出張奉希上候以上

十一月三日

久右衞門

盛之進

小源太樣

尙々御都合も可有之候得共相成るくハ御惣督も御出張之樣御心得被下度候

二〇三　黒井小源太書翰「木滑政愿等宛」明治元年十一月五日

態と致啓上候然れハ脱走人之儀ニ付若松參謀（高田藩中根善次郎と申餘程激迫之人物）ゟ彼是六ケしく相引合包れ細導（マヽ）之儀有之昨日急に出張いたし候處猪苗代ゟ秋月悌次郎相戻り候段届出有之右之趣早速參謀ゟ相届候處今日申刻比右悌次郎此度東京ゟ爲御差登ニ付道中護送之兵十人差出候樣有之依之木村丈八隊下ゟ廣居直記を隊長ニして五人御徒五十人頭小林榮太隊下より同斷〆十人御達ニ相成明日中若松表迄出張爲致候方ニ御座候

一今日備前藩水野德太郎筑前藩野田新兵衞幷附屬之者貳人御本陣ゟ入來此度降伏人取締方被仰付米澤藩ゟ立合相勤可申旨參謀より御達ニ相成申候付已來遂示談可申旨申聞ニ御座候扨々細導（マヽ）なる者共參り是迄之樣ニ家中限り之切り盛りニ不相成沙汰之限りニ御座候依之是迄ハ番兵所ゟ鎗もなし三ツ道具もなし挑灯さへ有合之店印なとつけ候品ニ而間を合置候處已來は夫れニ而も不相濟先ツ以至急ニ猪苗代鹽川兩所ニ而十

附箋

ヶ所之番兵所ニ三ツ道具下ヶ挑灯差出不申候而ハ不相成右之取調ハ一
しき御役所中島久兵衛ゟ申越候筈ニ付早速相達し候様御取計可被下候
一來ル十日ゟ猪苗代鹽川ニ民政局御取立ニ付兩三人立合勤被仰付可申旨
眞野寛助迄内々談合御座候よしいよ〳〵表向御達しニ相成候ハヽ至急
ニ得御意可申ニ付相當之人物五六人早速御遣可被下候右ハ三扶持方定
役之内長者らしき人なら可然歟と存候猶確と御達しニ相成次第可申
上候間其段御心得置可被下候
一交替之兵隊今や遲しと諸隊待兼居候處今以何等之模樣無御坐一統迷惑
之體御座候付何卒寸刻も早く御差越被下度存候右要旨而已早略得御意
候猶期後便候謹言
十一月五日夕　小源太
要人様

新藏様

七左衛門様

附箋

本文之御調ニ而木村ヘ談しニ相成候處隊下之面々永々之宿陣ニ而衣服もさんぼろ〳〵懐中ハ一銭之貯へ無之此節足袋壹足買取可申様無之體ニ而迚も爲差登可申様無之と之事いらよも無餘儀内訴ニ御座候間無據坂田春五郎隊御仲間より四人被仰付惣諸締として周旋方瀬下沖之助被仰付方ニ相成申候依之唯さ以無人之周旋方壹人相減し候而ハ甚以御差支御座候付大急瀬下代敏達之周旋方兩人御遣し被下度此段得御意候以上

古海初衞
小森澤錄藏

二〇四　甘粕繼成書翰「齋藤篤信宛」　明治元年十一月六日

騷擾之此節無御滯其表ヘ御着之由忻躍無申迄候何彼御盡力奉察候其内

君上も御發駕奉恐入候次第夫ニ付てもひとへよ貴兄之御周旋を奉恃候此節え小子も引込斗難居由ニて專ら軍府へ出勤朝ゟ夜迄不引よ相勤居候軍政組立戰死跡調べ軍功取調等ニて隨分忙敷爾し大抵相決し此上ハ詰之間之許可のミニ相成候御安心可被下候此度木滑出府ニ付隣藩御取成之御嘆願書御差出之評議有之大瀧執筆草稿罷出來候處小子ニ加筆被申付夫々見込相記し差越候へ共猶相考候ニ格別詮のある事共不覺却て撲草走驚蛇之弊なきよしもあらはいつそ御差出し無之方も可然歟と存候能中老なとゝ御評判可被下候扨又已前薄々御話も致候へき渡邊三左衛門ら僕唉次郎と申者ゑさく〳〵會津ゟ薩州村田勇右衛門か意を帶て參り村田是非小子へ面會之望有之ニ付出府致候ハヽ必爲知呉よとの云々不一通申聞ニ有之候由畢竟ハ西境和儀之周旋第一番之着鞭ハ村田ら手ニ出則八月十九日唉次郎始て小子へ其內意を告小子も委曲御家之御實意を申聞早速總督へも相話シして此方ゟ決メ官軍ニ不打掛方ニ治定彌御謝罪之都合ニ決シ已ニ三

左衛門ゟ弟興之助泰助を返し遣し其意を周旋爲致候評判ニ迄及候所へ翌二十日關之理左衛門參り藝州之周旋申聞候義然ハ村田ゟ手を入候ハ彌西境和平之根本たる事無疑則小子ニ面會を求候も專ら小子ニ關係あるニ付論功之證跡ニも致度含ニヤと被察候間よろしく御出逢之節前條之手續御話被下備後慥ニ其厚志を感佩彼時之歌之意味殊ニ忝く存候云々御一聲被下度候何事も御互之忘身盡力ニ止り候偏ニ拜託申迄ニ候早々頓首

十一月六日

備後

主計様

二〇五　仙臺藩士坂蘭溪書翰「木滑政愿等宛」明治元年十一月七日

一翰拜呈仕候日々快晴珍敷儀ニ御座候其御地も定而同斷之儀与存候陳ハ粮米拜借之願書早速會計局ヘ差出候處九條殿ヘ差出候て萬一論決六ヶ敷

譯ニ相成候ハヽ甚差支ニ相成候間正親町殿參謀江三春拜借奉願候處御下ケニ相成候例有之候間登京之上右參謀江遂熟談二本松邊江民政局相立候ニ付其局ゟ御達ニ相成樣周旋可致其內間欠ニ可相成間當局手形《書付》を以桑折陣屋江粮米借渡候樣申達置候間入用次第以手形可請取旨達し御座候早速桑折陣屋手附相澤傳五郎与申者御呼出し以書付達左之通

一桑折幷福島庭坂江米澤藩出兵被命置候ニ付右人數兵粮米國元ゟ運送之筈候得共追々雪積途中運送出來兼候節拜借願出候間申出次第御收納米之內を以相渡置追々請取書を添民政局江其旨可被申出候事

辰十一月

福島出張
會計官印

黑田節兵衞殿

右之通達し有之且又私御呼出是ハ粮米運送差支而已ニ而金ハ辭命も無之粮米而已ニ而宜敷候哉与尋ニ付金穀盡く拜借仕度候得共辭命無之候間穀を金ニ直し入用丈拜借仕度段相伺候處至極尤之儀ニ候間左樣可致旨取極候事扨又先達而參謀御達之節之形勢与餘程相變し候ニ付陣屋政事向内外共ニ立合可相勤旨私幷相澤傳五郎御呼出御達有之候事依而手代松野廉右衛門ヘ右之通ニ而御陣屋向御迷惑ニも相成候ハヽ弊藩ゟハ辭退致相勤申間敷旨熟談致候處當時之形勢ニ而ハ陣屋切ニ而も中々裁斷向腹一盃之事出來不申候ニ付御立合被下候ハヽ甚仕合ニ御座候段申事ニ御座候然し小生存寄ハ立合候得共此方ゟ諸事差圖と申事ハ不致行成次第名而已立合与申位ニ而可然存候此處ハ深慮可有之与存候依之温厚廉潔之人物御精選ニ而可被遣候

一私此方面久敷相勤桑折陣屋詰も致候ニ付信達事情熟知之筈ニ付見込之處建白可致候最早發足ニ相成候間至急可差出旨達ニ付預尋問甚迷惑ニ

存候得共當り障り無之樣見込之處建白致し實ハ至急之事ニ而御評判も致兼別帋相認差上申候

一私幷島田出張之上ハ松田專太郎渡邊善作兩人至急ニ呼返し可被成候甚差支之儀有之此間島田早追ニ而國元ゟ差越候節島田手控ニテケ條書爲書候處自分書面ニ認役所ゟ差出し甚不都合ニ御座候且又不自由ニ付同宿可致申候處私ハ別局ニ御座候間同宿ニ不相及旨申事ニ御座候

一此度被遣候兵隊ハ農兵不鍛錬之者御遣し當所ニ而練兵爲致候ハヽ精兵ニ相成可申此條桑折須藤ニも談判致候處至極尤之儀ニ付私ゟ建白可致旨申事ニ御座候食人粮練我兵策略且當節ハ農隙最第一之時節ニ御座候

一桑折本陣佐藤新右衛門獻鹽之儀銅錢ニ〆差上度段先達而以願書申上置候得共于今御差圖無之甚迷惑之よし早速役所ゟ裁斷致候樣御引合可被下候

一此間桑折支配銀山早田傳七与申者處ゟ古幕脫走無刀之者共廿五人參り

路銀無之迷惑ニ及候間圍置呉候樣難題申懸候付須藤隊下引率說得早速爲引取申候先達而阿州藩山內淸一郎野澤敬之丞上下四五十澤村富豪喜惣次と申者ニ參り金子十五兩推借致し其後何藩某又々右同人ニ推借致且又一昨日仙藩ノ者三人桑折支配下十ヶ村計ニ金錢蒔散し頑民を誘掖致之探索申出候格別之儀も有之間敷存候得共至急農兵御遣しニ而可然存候且竹ニ雀の幕貳張大挑灯貳ツ至急御遣可被下候

一松前騷動之模樣承候得共確定之話も承不申候ニ付大山參謀ニ罷出承候處仙藩脫走大槻磐溪玉蟲左太夫八十八古幕脫走四千人餘廻(マヽ)天開陽長鯨幷帆前二三艘ニ而松前鷲ノ木村与申處上陸行程十二三里之間道ゟ不意ニ箱館ニ打込乘取候よし然ハ御歸陣ニ而も御差支ニも無之候哉奥羽各藩出兵被仰付間敷候哉相伺候處東京ニ薩兵繰込居候間蒸氣船ニ而飛し候得も三晝夜ニ松前ニ着岸ニ相成候間其方ゟ神速襲擊致候よしニ而先安心之樣ニ被存候

一外ニ風聞書相添差上申候右條々御指揮之様奉待候
兩三日諸事混雜亂筆御推看可被下候當所御三卿明日比御發途之よし
十一月七日　　坂　蘭　溪拜
木滑要人様
大瀧新藏様
副啓此等之事件指揮ハ會計官肥後藩磯貝小右衛門差圖ニ御座候尤も參謀出張之節与形勢變易も有之候間右之通差圖ニ御座候歸京之上委曲總督府ゟ言上其節改ゐ御奉書ニゐ御達ニ相成候様談判致候右ハ肥藩ニゐ至ゐ懇意ニ相成都合宜敷候

二〇六　山本寺勝強書翰「島津敦忠宛」　明治元年十一月八日

以書面致啓達候然者此度交代之兵隊夫々分配之處不引足不十分ニ付最五

十人も大急出張被仰付被遣たく存候此度降伏人取締之爲備前筑前兩藩之者當所ニ繰込ミ且近日民政局をも當所ニ相開キ候模樣も相聞旁人數不足ニ而も不相濟都合も有之候間是非被遣候樣致度存候且又此度之兵隊も輕卒計り餘計ニて何分困入候儀も有之候間最五十人之處ニ而三手隊ゟ被遣度ものニ御座候

○檜原驛關町固戸澤又八罷在候處極長詰ニ相成候處此度之兵隊ニて交代六ケ敷都合ニ付可然隊ょて直ニ交代ニ相成候樣御取量可被下候尤以多人數ニも不相及儀ニ付十人位も有之候ハヽ可然と存候

○杉山盛之進御用相濟候ハヽ早速出張之樣御取量可被下候此條々爲可得御意如斯御座候以上

十一月八日

伊　豫

利　馬　樣

二〇七　山本寺勝强書翰「島津敎忠宛」　明治元年十一月八日

一筆令啓達候然ハ若松詰參謀方ゟ去ル五日御書付一通御渡ニ相成候ニ付夫々申達若松ニ爲相詰候處同七日御渡ニ相成候御書付之通護送御免被成候付爲引取申候右御書付二通結副差越候間御承知可有之候右爲可申入如斯御座候恐々謹言

十一月八日

山本寺伊豫㊞

島津利馬殿

【別紙】

降人守衞
米澤藩
隊長ニ

秋月悌次郎早々東京ㇸ被遣候其藩ゟも爲守衛兵隊十八可被差添候尤
高田兵隊も附屬守衛候間被申合護送可被申候事
但出立日限之儀ハ追而可相達候事
十一月五日
在陣
參謀
降人守衛
米澤藩
隊長ㇸ

【別紙】
去ル五日秋月悌次郎護送其藩兵隊ㇸ申達候得共御間違ニ付御免被成
候間此段申達候事
十一月七日
在陣

二〇八　淨恩寺書翰「倉崎清典等宛」明治元年十一月十三日

（上封）

米澤御藩
倉崎七左衛門様
兒島右門様
越後國蒲原郡
指出村
淨恩寺
尊下要用書

今般宮本氏御歸藩ニ付
一筆啓上仕候時下寒冷增長仕候處倍御壯勇御起居被遊候哉大慶不少奉存
候隨ゐ拙僧無異ニ迯光仕候間乍恐御安意被下度候然ハ先般ハ御芳情蒙り
感佩仕奉遙謝候扱又御引上之節ハ不懸御目其後旦暮御噂のミ恐歎罷居候

へ𪜈何分國中へ官軍充満御噺さへも小音ニていゐし候位今度諸軍勢暴悪不正之振舞歎願書幷ケ條別紙ニテ御承引被下度右ケ條之外多端ニ候へ𪜈難盡筆紙最早追々水災相懸り候もの共餓死いたし不忍見聞ニ此儘ニ而ハ来ル巳年三四月不過幾萬人之餓死ニ候哉實以一國致滅亡候外無之不得止事今般之仕合ニ相至り拙僧共必死を極候儀ニ候間片時も早く御出馬被成下當國御取締被成下度兼而當國探索方御手配相付候儀与ハ奉存候へ𪜈拙僧共探索之始末奉御覽入候今度之歎願

御屋方様御尊慮ニ不相叶候ハヽ猶此上探索方御差向ケ被成下御入念ニ御取糺し之上御取締与不相成候而ハ餓死之もの共

御屋形様奉慕黄泉之道ニ迷居可申ハ顯然依之年内中御取締被成下萬民安堵筋ニ相至り候様伏而奉希上候何卒歎願之次第御覽之上不分晝夜御評決ニ相至り候様奉願上候右御願申上度先ハ大急亂筆書區々不能盡謹言

辰十一月十三日

淨恩寺

倉崎七左衞門様

兒島右門様

二〇九　福順寺書翰「土肥源藏宛」明治元年十一月十四日

（上封）

十一月十四日　米澤　田井

土肥源藏様　福順寺

尊下要書

此度宮本氏御歸藩ニ付一筆致啓上候寒氣彌增候處無御別條御消光珍重不

斜奉欣喜候隨而弊坊無異儀罷在候間乍憚御休意被成下度候然も今般別紙
以箇條申上候件々宜敷被爲聞召譯御評議被成下度奉祈願候別帋以ケ條之
内申上候通當國一圓
御屋形樣而已御蒸罷在候事ニて只今御繰出しニ相成御取締被下候ハてハ
諸民餓死仕候占無之と歎息罷在候事ニ御座候委細難盡筆紙宮本氏占御聞
取被成下度候將又先便申上候通り當村ニて御預り申上置候鐵砲御印鑑被
下候ハヽ早速さし上可申候間此段御承知被成下度候外五條線中尺玉等諸
方ニおゐて賣買有之候間御入用ニ御座候ハヽ被仰聞度候四五百兩位も買
入候品有之趣ニ御座候是又宮本氏占御聞取被下度奉願上候右樣申上候も
只々御爲筋ニも相成候半哉とそんし不顧頑𥝱申上候間此段御承知被下度
奉願上候乍末毫御惣容樣へよろしく御鳳聲奉祈禱候早々頓首再拜

十一月十四日

愚　頓首

再拜

二一〇　浄照寺書翰「戸狩左門等宛」　明治元年十一月十四日

此度宮本氏御歸藩ニ付一筆致啓上候折柄寒氣相增候處愈各樣方御淸福可被成御勤役珍重奉賀上候隨而拙寺無異消光乍憚御休意可被下候然も去ル五月御繰出之節も諸事不行屆御無禮のミ奉愧入候御引上之節ハ不懸御目日夜御噂いたし居候得共何分官軍國中充滿いたし居候處

御藩之義抔ハ大聲ニ而噺も不相成就而も此度國中一統來巳年三四月を不過餓死いたし候もの如何計有之候哉始末ケ條書を以其

御屋形樣ハ御慈悲願ニ國內一統御慕奉申上候得共萬一

御稱號ニ差響候而ハ重々奉恐入候間巨細以書取奉入御覽候片時も早ク御繰出被遊御取締被成下置候ハヽ一國相治り可申候得共無左候而ハ迚も外

藩ニ而ハ諸民涌立却而騒乱可致顯然ニ候間當年中是非〳〵
御乗出ニ相成候様偏ニ奉希上候且願人共名印壹枚外ニ
總督府様江奉差上候歎願書面幷ニ寫共奉入御覽候何分當今之形勢ニ候間
入念之上心配いたし候事ニ候何卒窮民共見殺ニ不相成様急速之御評議ニ
相成候様伏而奉希候官軍之暴威之所業迚も難盡筆紙別紙ニ而御承知被下
度なほこれと申も言の葉の盡候仕合唯々一國中ハ
御屋形様を奉慕候事ハ左之流行歌ニ而御承知被下度候
いも《薩摩いも》や午房《周防の名物か》や大根《尾張》ハいやぢや別して越後ハ米らよい
米でなくてをまなへものよ官でうきよらたつものら

発句ニ

いま一度咲セて見たし稲の花
義理なりて蝶も吸れぬ稲の花

官軍のうた

米ゟ高田で小前ハ尾ゟり末ハ眞田で首くゝる

金札觸出し候ニ付

ゐミだよりひらる小金を紙よして上ハ金札下ハおんざ川

又御藩のうた

もやくお出や米澤さまよ米でなふてハたもらぬ

官軍の狂歌

薩摩いもおむぎもいまハ毒計り犯しハ官軍民ハ勸進

右等之事共餘り多端ニ付思出候丈ケ懸御目候間國中人民へ抵（マヽ）邊是を以御照察被下度奉希上候書餘別紙を以御承知被成下度右可得御意如此御座候恐々敬白

十一月十四日　淨照寺

戸狩左門様

棚橋文三郎様
曾根小太郎様
小倉新太郎様
黒川惇吉様
田村初太郎様

尚々時候折角御いとひ可被成様奉祈上候以上

二一一　軍政府・會談所合議書

明治元年十一月廿七日

増岡孫次郎

右者於越後表軍事不任ニ付御役被召放御國許へ御引戻ニ相成候ものゝ處
隊頭之重任をも不顧重々不心得之ものニ付隠居閉門之上御知行百七拾五
石被召上三手定盤之御知行ニ被　仰付可然存候

潟上彌助

（第一）附箋

右同斷猪苗代定扶持ニ被　仰付可然存候

大熊左登美

右者七月廿五日越後表大口村ニおゐて敵地探索いたし罷戻候途中不慮之
災難ニ出逢落命之段不便ニ被　思召牌面へ爲香奠金子拾五兩被成下度事

附箋（第五）

永井乙藏

右者前同斷之節大熊左登美ニ出逢ひ敵と心得一言之名乘も無之打果候段
誤て之仕打とも申條兼而合言葉も御定置之處其儀ニも不及歷々ニも不似
合不覺之ものニ付重可被　仰付處御憐愍之御沙汰を以死罪一等を減し御
改易被　仰付可然存候

附箋（第八）

戰場ニおゐて銃器捨來ル者不心得之至ニ付御嚴責も被　仰付可申處最
初改而御嚴達も無之候ニ付當年是迄ニ限り格別之御寛典を以遠慮三十
日被　仰付此後不心得之者於有之も重く御叱り之上罰金拾兩御取上ケ
被　仰出候事

附箋（第十二）

附箋（第一）

軍事ニハおくひよふハ第一之重科ニ致置不申候而ハ軍氣之振ふと云事なし可惡之甚此者之振舞不屈故ニ曾根桃井山崎等も勇戰打死ニも相成候と存候且ツ於越地公然ニ諸軍江唱ひ候上ニハケ樣之姑息ハ決而不相成後世又合戰相始り候節ハケ樣事致候とて懲り候者も有之間敷候輕而改易重而斷絕者と存候無左候而ハ粕谷平次等之一件も有之末偏之字も可畏拙ニ於而ハ猶相考候ニ改易位ニ而可然と存候然ニ當人不服罪と歟云人有之左候ハヽ大急ニ吟味被仰付不申候而ハ不叶此條姑息ニ被成候而ハ御軍政之立候儀決而斷而無之候猶大急ニ御決議會談所江御談し御詰の間に御沙汰之上御勇斷尤ニ候

附箋（第二）

附箋（第三）

此兩人ハ臆病之ケ條々々分明無御座候而ハ伏罪も仕間敷軍事不任之御辭名ニ而御戾シ於御國御裁許之方御達ニ相成居候筈ニ候ヘハ隱居閉門の改易斷絕のと臆見之御所置も被爲成間敷ニ付御吟味被

（第二）

仰付至當之御處斷タルベキものと存候

會談所

附箋（第三）

越後表ニ而一反軍事不任と御達しニ相成候節罪ノ無くて其達ニ相成筋ハ決而有之間敷候於御國表御裁許と申義も則改易斷絶とり其罪を擬ル迄之事と存候御吟味と申事ハ何ノ譯り相分らざる事と存候ヨシソレ御吟味ニ相成り候て臆病と申事ニ而ハ斷絶改易ニ而不濟事相始ルカと存候罪有りて其罰ヲ議もるニハ罪ニ依り輕重ノ論ニ相至り候事ニ而臆見と申ニハ有之間敷存候猶御熟評御示シ可被成候御總督へ御内聞之御云々ニ御座候得共則チ上ヘノ御下札ハ御總督ノ直書ニ付其段御承知置可被下候

軍政府

附箋（第四）

軍事不任ト御達ニ相成候所謂ンハ隊下ヲ先キニ立自分ハ後トゟ參ルノ隊下ハ打合居ルニ自分ハ石之隱ケニ居ルノト申說ニ而候處已ニ亡千坂政右衞門ゟ隊頭ハ後ゟ進ミ候樣之事ニ而ハ不相濟ト論シ候處其

後ハ左樣之事ハ無之ト方所村本陣ニ而相尋候節申候事御座候へし又宰配頭大井田に承り候處彼レハ軍サニ不向キ不宜ト計リ申候へし又萱野之中ニ進兼潛伏いたし居候抔之說も御座候へとも彌取留候ケ條トモ聞へ不申候只齋藤參謀之下知ヲ不聞シテ軍目之山田元助が下知ヲ以テ引候一條ハ慥ナル事ト承り候右故不任ト御達ニ相成候事と存候

於御國表御裁許ト申事ハ賞罰專任之御總督も此ものハ此罪アルニ依而此罰ニ而可然との御伺ひニも不相成ハ則於御國公平分明之御裁許ニ成度との御尤之御主意ト承知罷在候

右故ニ於軍政府御吟味之上明白之御處置と申事ニ候改易斷絕之罪アル上ニハ是非もなき次第と存候又暗昧ナル疑敷節ハ輕典ニ隨ひ隱居閉門被　仰付是迄永勤之廉を以御立被成下候而可然哉と存候ニ付是非御糺明ものニ可有之候

會談所

但初メ之内山田元助長右馬之助等惡說も有之候其外深淺厚薄ハ可
有之候へとも疊々有之候次第猶御勘考もの

附箋（第五）

〔別意無御座候
會談所

不幸ニシテ被討候ものニ付無是非も討死勇戰之ものゟ過當ニハ相成
間敷拾兩被成下可然候
但跡式ハ百石被成下候樣致度候
會談所

附箋（第六）

跡式ハ兼役勤候者ニ付病死盤九十石被成下可然候隊頭ノ打死ニハ御
香奠トして拾五兩被成下候ニ付其御例を以拾五兩被成下可然候全く
御賞しニ被下候譯ニハ無之候

附箋（第七）

軍政府

此者兼々死を不惜者ニ候處何故歟ケ樣之過ち出來此ころ可憐可惜儀

附箋（第六）

附箋（第七）

附箋(第八)

と存候然し於法不立ハ如何涙ヲ振ゐ決断なる外有之間敷候然し於越地見附ニ二日迄居殘り夫々世話ヲ致し敵至ゐ而辛しゐ生を助り八十里越ニゐも夫々相働候由も聞及候得し此邊も御評ニゐ可然と存候

附箋(第九)

附箋(第九)

不調法書差出御記錄所存寄御尋ニも相成居候筈ニ付右を以御評判ものと存候

附箋(第十)

會談所

附箋(第十)

御記錄所ゟ相尋候處別帋外山甚藏齋藤久吉類例有之候然し此ノ兩人ハ不肖もの且ツやんノ誤りと相見へ候長井ニ至りてハ士且ツ軍中合言葉も有之候得も先ツ言ハヲ懸ケ可申義加ふるニ長井ハ周旋方も相勤平士とも違ヒ平士ニ軍令相守り候樣差圖いたし候境界ニ候軍中ケ樣ノうろたへ候事ハ甚宜しからぬ事ニ付軍法を以て被仰付候時ハ割腹斷絶なるべく候得共誤りゟ出候義ニ付一等輕く改易被仰付至當と存候

附箋(第十一)

軍　政　府

附箋（第十一）

和漢共に此類儘可有之御記錄所存寄提學先生にも御尋も可然哉其上之御評判ものと存候

會　談　所

附箋（第十二）

重キ銃器捨來候ものハ捨來候子細毎々御詮議之上輕重被　仰付可然候

但軍令狀ニ捨來候ものハ重く御叱り被　仰付候方御達置て至極之儀拾兩之罰金御上ケハ御同意不相成候

但官砲ニ候ハヽ尤以爲相償候方可然候

會　談　所

附箋（第十三）

當時罰金と申程善く令之行はれ候事無之爲其天下追々罰金之政有之由西洋各國ハ尤大小ノ罪共ニ科金之由罪を擬するニも事品ニよりそれ〳〵ノ罰も有之義ケ樣ノ罪ハ本文之通御叱リノ上罰金償金として

（第十三）

御取上ケニ而至當と存候尤自分心得ハ御叱り計ニ而可然候罰金ノ員數ハ豫メ不見《アラワサ》候而可然存候猶御高評御示し可被成候

軍政府

附箋（第十四）

附箋（第十四）

科料と申ハ卑キ町在ものゝ刑ニ而士ニハ御先代樣ゟ有之間敷候官砲捨來候ものも右品爲償候方ナラハ別意無御座候

會談所

右も軍府ニおゐて數日公平之衆議を盡し軍法御治定ニ相成候ニ付猶御勘考大急御示し可被下候以上

十一月廿七日

軍政府

右之外新潟詰病院猪俣坊主合戰始ル前眷屬共ヲ引率遁逃致シ手負人罷出候處病院無之大差支ニ成不屆至

會談所

極之者ニ付此者も一同取糺之様致度候

二一二　杉山盛之進等書翰「甘粕繼成等宛」明治元年十一月廿八日

諸藩會議所詰之儀ハ猪苗代鹽川降人取締向とも事違ひ參謀ゟ嚴達諸藩同様交番致候

天朝御用向承り居候事故

天朝ゟ御賄被成下候ゟも可然と存居候得共中々此方ゟ左様之歎願申出候𛂞機會も無之打過候内諸藩ニても米藩ハ兎角別格ニ心得居何事も懸隔之心地ニ相見ハ一ト通り表向之談計りよて打解候内話ハ一切無之候所近日來事物ニ寄親ミ犾求め近付ニ相成候内越前藩岡田開藏高田藩原田一學と申者ハハ別段懇親相結ひ時々參會酒席等相開キ折ニ付キ事ニ觸れ前條御賄之云々等相話候處皆々尤至極ニ相心得候事ニて右ニ付ゟも會議所惣出

席之節此方ゟ右之云々申立諸藩一統尤ニ存候ハヽ會議所一統ゟ參謀江申
立呉候樣相賴候存意ニ候而其前夜一席酒會相催し候節猶又前兩人江內話
致候所右歸途兩人內話も致し候哉翌日會議所惣出席之節高田藩より發言
越前藩より相繼キ云々之議論相發候處加州備前小倉と一同ニ尤ニ同意致
し候內加州なとハ疾より如斯可有之事と存候なとゝ申樣ニ候右之通皆々
同意之上ハとて十一月廿五日四時過卽刻當番備前藩外ニ加州越前と三人
參謀局江罷出右之云々申立候處早速尤ニ被聞受卽
天朝ゟ御賄被成下候段御達ニ相成申候畢竟高田藩ハ參謀中根善次郎と同
藩越前藩ハ軍監市村勘右衞門と同藩故我々共江懇意之續右兩人より參謀
軍監江內々及相談々々相熟し候上ニ而會議所惣出席之節公然と議論相發し
候より事成就ニ至り候事と存候前件御賄被成下候ニ付從僕附屬迄人數書
出し候樣御達ニ相成候ニ付取調別帋書取之通り十五人書出し申候依之越

前藩高田藩兩人ゟ贈物別帋之通り會議所一統ゟ御國酒相廻し振舞申候右發端出來候上ハ清水屋若狹君伯母君御賄抔初め鹽川猪苗代邊迄も盡く天朝ゟ御賄ニ相成候樣一統盡力致度心得ニ御座候右我々共十五人之御賄も誠之發端よて輕き事之樣ニ御坐候得共此分計りよても一月ニ付百金程之御冗費相省ケ候事ニ御坐候依之若松表元〆一局取潰シ御國ゟ爲引拂候心得ニ御座候

十一月廿七日

前條ニ付十一月廿七日會議所惣出席之節壹人參謀局ゟ罷出候樣達有之當番越前藩岡田開藏罷出候所左之通御達書御渡有之

米澤藩

諸藩會議所詰

壹　人

右も諸藩會議所詰一同ゟ申立之次第も有之候ニ付御賄可被下候事

十一月

若松在陣

參　謀

右之通御書付ニ付皆々愕然致候就中岡田原田兩人ハ別而困却之樣子ニて先日中御内達とハ齟齬致候且從僕迄御賄被成下候ニ付名籍人數書御取上ケ之旨意も不相分事也何向御旨意相伺可申とて岡田原田幷備前藩正本淺吉三人參謀江罷出前件相伺候處參謀ハ面會無之軍監小倉藩生駒主税出會致し申候ニハ一體會議所江ハ一藩より壹人ツヽと御達ニ相成詰切り居候事ニて數人ニて交番致し候事ハ内々之勝手と申者ニ候間壹人江御賄被成下從僕ハ下宿江差置可然と申御評判ニて右之通りニ御達相成候事ニ御坐候元來皆々樣之御論は參謀局ニてハ誰々も御尤ニ存居候得共參謀一人不承知ニて米藩ハ諸藩と違ひ御所置無之内ハ御賄不被下と申御論ニて何分

致方無之と申事ニ候右ニ付てハ何か米澤御藩ニ科代ニ會津方面爲御持之樣ニ付て御氣之毒ニ存候と右三人立歸り申事ニ御坐候一體此事件成就致候上も先日東京ゟ御家ニ御渡しニ相成候會藩降伏人ニ相渡し候太政官日誌中ニ有之候會藩降人ニ貳人扶持ツヽ被成下候段書誌し有之候得共當地在陣參謀より一切達し無之今日如何之御筋合ニも候哉日誌之通り被成下候樣ニ取計度存居候得共前件之通り朝夕表裏之指揮致候參謀故此上如何可有之哉中々聞受ハ六ケ敷かるへく何とか無理ニ申候ニ無相違事と存候右應接ニ機會として我々共盡く此表引拂罷歸り候間此地相應之御人撰ニ付て若松會議所詰被　仰付候樣ニ奉存候兎ニ角ニ最早交代之日限ニも近付候間交代之者被　仰付此地ニ御差向被下候樣奉存候此分ニ付てハ迚も々々盡力ゟとヽ相騷キ益ニ立候見詰無之候併猶又盡力之益相見ニ候節ハ居殘り盡力も可致と存候

十一月廿八日

今日午後水藩人平井喜代三と申軍曹役ゟ前件云々逐一及談判候處至極尤ニ被聞取其議ニ於てハ此御一新之大御廉ニて等閑ニ打過不相成事ニ候元來東京ゟ之御指揮も少々不行屆御廉も有之且貴藩之御事情御尤ニ付上下之事情相通し候樣ニ取計不申事ニてハ天晴大切ニ而兩三日中東京ゟ罷上り一々建白可致其節若松表元來之事情逐一存知候仁同道致候ハ第一之都合ニ付老兄參り吳候樣ニ都合相成候ハヽ此上之御用辨と申事ニ候間萬一之節ハ同道登東京可致も難計候ニ付此儀豫め申上置候間不惡御含置被下度候然るニ前件云々之儀ハ明朝當地在陣參謀ゟ申立候由申事ニ御坐候間右申立之上參謀之答如何可有之候哉右返答之模樣次第猶又委敷書取申上度存候右早々得貴意度如此御坐候頓首

十一月廿八日

元　助

備後様　　　盛之進
新藏様

二一三　中村藩使者石橋兵太夫口上書「上杉齊憲宛」　明治元年十一月

（巻表）
彈正大弼様　　　因幡守ゟ

甚寒之節御座候得共彌御堅固可被成御座珍重御事奉存候又當形勢柄ニ付
春以來別して厚く蒙御配慮重々忝奉拜謝候弊藩先頃出格之以　御仁恤本
領安堵被
仰付難有仕合奉存候猶又今般藩屛之職を守緩急御用相立候樣可仕旨被
仰付分量限盡力仕度志願ニ御座候乍然小藩微力萬事不行届恐惧之至奉存
候何分ニも此上御大藩ニ奉依賴天下之爲盡力仕度宜御添慮之程奉仰候右

御頼以使者得貴意候

十一月

相馬因幡守使者

石橋兵太夫

二一四　山本寺勝強書翰「島津敎忠宛」明治元年十一月

一筆令啓達候、然も當表病院不足之處、幸太田道舜着致候付、則病院相達置候、然處彼是永詰ニ相成候付、交代之者早速御差越可有之候、隨而右同人手續書結副差越候間、宜御取計可有之段、右爲可申入、如斯御座候、恐々謹言

十一月

山本寺伊豫㊞

島津利馬殿

【備考】本書中に所謂手續書は、次の太田道舜履歴書を指す。

二一五　太田道舜履歴書

明治元年十一月

私義去四月中爲勤學江戸表へ罷登り故西洋醫學所へ入塾修業罷在候處兎角晩學之身ニ御座候得ヽ活物療治專要と存知同八月中下總國佐倉藩醫佐藤舜海方へ隨身仕右治療向出精稽古罷在候内當正月中京坂兩所戰爭之砌怪我人等數多有之候ニ付故會津藩ニ而新錢座屋敷へ病院御差立ニ付舜海事御賴ニ相成右局相預り候節爲代診同人嫡子進同樣右局へ被遣其藩醫同樣相勤罷在候内二月中故德川公ゟ蘭醫華爾尊滿氏御差遣ニ相成衆醫共々右差圖相受治療方手傳罷在候處三月中右局急段御引拂ニ相成り候ニ付進同道佐倉表ニ罷歸り候所四月中追々世上不穩候ニ付歸國可仕旨御屋敷ゟ御内意有之早速罷降り度相含候所舜海義先達而大田原重役大田原水哉軒大病付療治罷在候續歸途代診被申付暫時此地ニ逗留罷在候内宇都宮大戰爭相始り候ニ付早速右表出立候所白川表も同樣之動亂ニ相及兎ても歸國

難相成候得共蘆野本陣臼居丹右衛門兼而内縁之續き右人方へ滞留罷在候
内五月一日　官軍白川打入之節怪我人等も有之由ニ而薩州藩ゟ出張療治
被相賴右地へ參着療治罷在同五日病院同居被申付右局中醫師同樣諸方進
擊等も仕居候所諸藩共々御國許ハ御力ニ存居候樣子大ニ安心頓而　官軍
一同歸國ニも相成可申と存知益出精療治向相勵居候内同六月中釜之子棚
倉へも共々出張此地ニ轉陣罷在候内七月中御國許御人數岩城平へ御繰出
之趣如何成御事實哉も一向相辨不申候得共看スヽ御國許御交戰之處暗
然と傍觀罷在候事難相忍儘早速病氣申立右藩ゟ暇を乞直樣歸國仕右手續
巨細申上度奉存候得共
官軍充滿中ニ潜居罷在候義ニ御座候得ハ歸國ハ勿論御國許之事件スラ不
相分候得共思案ニ餘り罷在候内黑羽軍監近所ニ出兵いたし居候得共幸之
事と存知右心中打明歎告仕候處所詮火急ニ歸國も六ケ敷義ニ付一封相通
じ且事件等も探索可致吳間當分黑羽表ニ潜居可有之旨任差圖右城下ニ被

扶助罷在候内九月中漸御國許事實等も相分り且開路ニも相及候趣若松表ゟ申送り呉候ニ付早々此地へ參着仕候所御國許御人數も追々御繰込ニ相成候ニ付御出陣御尋申上候所當時本陣病院とても無之候ニ付當分之内滯留本陣附病院相勤候樣被　仰付相勤罷在候處十月中改而若松詰病院被仰付只今迄相勤罷在候事

辰ノ

十一月

太田道舜

二一六　松本誠藏・堀尾啓助所持品調書　明治元年十一月

松本誠藏殿堀尾啓助殿所持之大小品物調

一刀壹腰

但中身無銘貳尺貳寸八分程緣頭鐵龍之彫物柄糸紺目貫金唐獅子鮫白

鐵鍔文字金摺込模樣切羽金ゐけ鎺銀懸鞘いじ塗鯉口鐺赤銅下緒白
革柄袋萠黄呉絽
一脇指合口壹腰
但中身銘不分明九寸四分程縁目貫赤銅粟穗之模樣金懸摺鮫鞘黒塗下
緒幷小柄無之
一刀壹腰
但中身銘不分明貳尺七分程縁頭鐵龍之模樣金摺込柄絲黒目貫赤銅波ニ
鳥鮫白鍔鐵丸菊形龍虎松竹之彫切羽金懸鎺銀ゐけ鞘黒塗下緒打糸
一鼠ゐせ呉絽單織壹枚
但紋所かたもミ黒縫紐紺打糸
一唐小倉縞襠高袴　壹具
一唐棧竪縞裏付襠高袴　壹具
一黒大羅紗單筒袖　壹ツ

但疵壹ケ所アリ
一黒羅紗ヅボン　壹足
一同マンテル　壹枚
一黒モヘル　壹枚
但所々疵アリ
一赤ケットウ　壹枚
但所々疵アリ
一葛籠　壹ツ
一懐爐　壹ツ
但もんも袋入
一羅紗巾着　壹ツ
右中ニ
一金拾壹兩也　財布入

一金巾　貳ッ
一印判肉共　壹通
一針糸
一名札入四文錢壹文入
一手控幷諸書付類　壹結
右之通ニ御座候以上
辰ノ
十一月

二一七　舊新潟奉行所屬吏栗原傳五郎等歎願書　明治元年十一月

(卷表)歎願申上候書付
神田龍輔
栗原傳五郎
新潟港之儀ゟ彈丸之一島ニゟ(マヽ)御座候得共船都合辨理ニゆ諸國人數入込候

土地柄ニ付浮浪脱走之悪黨共潜伏いたし安く殊ニ當春中ゟ追々脱走之歩兵等并會藩等立入亂妨およひ候得共可防キ守兵隊等も無御座市民悉く困苦およひ難捨置依之當五月中田中廉太郎ゟ其御屋形樣ニ歎願之上御預所ニ被成下御引渡之節古谷榮太郎其以下ニ組頭松長長三郎より申渡ニも廣間役福原貞造儀も組頭同樣相心得萬事差圖を請御用向可取計旨長三郎相達候ニ付御附屬中も足輕ニ至ル迄一同右之通りニ御座候處當七月廿九日官軍方御討入之節古谷榮太郎も第一番ニ麻上下着用官軍方御陣ニ罷出只今迄御待受罷在候段申立夫々御案内いたし其上からず增田勝八郎ハ先般御預所之節御紀中逃去候ニ付人相書を以當所市中も勿論在々迄御尋中之ものニ有之然ルを榮太郎も其段辨乍罷在勝八郎ゟ賴ㇾ請官軍方ニ品能執成いたし小宮山藤太郎坂田鐵太郎氏家春之助是又御紀中御預ニ相成居候身分ニ而殊ニ其以前右四人ゟも出府いたし候積ニ而新潟表を立去り候ものどもニ有之

御屋形様ニハ御附属外之もの丶儀も是又榮太郎辨乍罷在取繕ひ申立候も如何ニも不筋之儀与奉存候得共當時増田勝八郎儀も佐州表ニ爲御用被差遣候由小宮山藤太郎古谷榮三郎も民政局頭取被　仰付坂田鐵太郎ハ巡察方氏家春之助も仲方掛被　仰付いつれも當地ニ被差置面扶持被下置候旨御達相成候得共右樣ニ而も一體之御取締ニも相拘り甚以歎敷次第ニ奉存候可相成御儀ニ御座候ハヽ前書之廉々御憐察被成下先般御附属之もの共と一旦當地立去候ものとの境界民政局ニ而御辨別之上福原貞造も是迄之振合ニ准し相勤候樣何卒宜御沙汰之程奉歎願候以上

辰十一月

神田龍輔

栗原傳五郎

二一八　鹽川・猪苗代降人護送處置手續書　明治元年十二月六日

米澤藩戊辰文書（明治元年十二月）

（卷表）
會津ゟ十二月六日相達

一此度降服人御所置ニ相成候手續
來ル五日鹽川猪苗代ゟ舊會領百姓之内或ハ從僕被召抱候者當時銃卒ニ被抱候者其外近領之百姓共右兩所ゟ市中之内七日町淸水屋迄米澤藩兵隊ニ而護送之事尤申渡相濟候迄同藩護守之見込鹽川猪苗代共半小隊見積り之事

鹽川ゟ護送之分如左

若松之部

奥羽之部

三越之部附加州

猪苗代ゟ護送之分如左

若松之部

奥羽之部
三越之部
彈藥運送之者
社家之者共

一若松之部奥羽之部共申渡相濟候上ハ民政局ニ於其場所引渡之事
一五日ニて民政局ゟも清水屋ニ出張之事

六日

一此日鹽川ゟ七拾六人猪苗代ゟ六拾八人東京行之分瀧澤村妙國寺ニ米澤藩兵隊ニ而護送尤七日朝迄同藩守衛之事
　但越前藩一小隊瀧澤村へ出張米澤藩申合一夜守衛之事
一瀧澤村降人着之上ハ
御上ゟ焚出被下置候尤越前米澤ニも一同焚出し兵粮被下之事
　但此段會計局ニ申達候事

附箋(一)

一七日早天六字ニ加州藩備前藩ニ而受取其日直ニ江戸表ヘ護送之事
一木札百六拾枚之分米澤ヘ相渡候而壹人宛名籍を記降人ヘ不目立所ヘ爲付候事
一東京行宿割之者兩人差立不申候得共宿々差支可申候間諸藩之内ゟ兩人差立候事

　但備前藩士之内ニ有之候得共申付候積り

一米澤守衞兵隊不殘宿賄之事

　但一小隊五十八九人之積り

附箋（一）
瀧澤村ヘ六日着降人百四拾四人米澤藩守衞兵隊三小隊百七十四人越前藩五十人餘右瀧澤村ニ而焚出し之事

附箋（二）
兵隊降人共腰兵粮相渡候積り
　但壹人握り飯二ツ香の物梅漬添相渡候事

附箋（二）

二一九　宮島吉久等〈高鍋藩士〉岩郁虎雄對話書　明治元年十二月十五日

十二月十五日宮島片山高鍋邸ゟ岩郁虎雄密話之條

虎雄

此間御重役樣方御話之叛逆首謀一條主人右京亮樣ゟ委細申上候處一旦朝廷ゟ被仰出候を國論一定之廉を以首謀之者無之旨御申立相成共中々御聞濟ニも相成間敷押而被仰立候得も御主人樣ゟ一層御罪條被重候譯ニも可相至主人之罪も其臣子タル者引受候社臣子之職分ニ可有之尤右京亮樣始私共ハ御國表御内實迄奉伺居候得共正邪黨を分チ御國論二分レ等之御義無之君臣上下御一和之御模樣篤と承知罷在候得共於天朝ハ大筋之公論を以是非首謀御差出之御督責被爲在候上愈無之段押而被仰立然らハ藩主を重科ニ被處抔議論極度ニ相至ハ目前ニ有御不都合と奉存候依而氣付候ハ色部長門殿討死之懷中ゟ種々内密之書付類官軍分捕ニ相成必竟大臣ノ身柄故官軍大手柄ニ相唱へ居候得共此度之事件却而長

門殿之所爲御申立ニ相成事濟ニ相成候得も於長門殿ハ爲國家爲主人一身ニ引受候忠實於地下本懐不過之可被存最早此世ニ無之人物ナレハ萬端之御都合とも奉存候最早追々諸藩より首謀人申出候山形ニ而も水野三郎右衞門奥羽連合之節罷出申立ニ相成り其他追々申出有之一々不覺御家ニ而も何れ乃御一決無之而ハ相成間敷との事尤右京亮様之帶御意候

仁誠（仁、片山一貫 誠、宮島吉久）

首謀申立候得ハ如何ニ御處置ナルヤ

虎雄

私切之考ニハ會ハ格別ナレ共其他諸藩輕重も可有之ナレ共死一等ヲ被減位之見込ニ尤當年ハ先帝之御三回忌故來春ハ定而大赦被行可申之

仁誠

至極御厚意之趣奉感佩早速歸宅重臣共ニ委曲可申聞

外ニ
會津降伏人ハ榊原眞田之兩家江御預ケ爲扶助米三萬石兩家江御下ケ云々
尙々杉山猪苗代江出張ニ付而も人撰附屬之者無之而ハ不相成儀ニ付立
岩泰藏江附屬申達候間其段御承知置可被下候

二二〇　山本寺勝強書翰「竹俣久綱宛」　明治元年十二月十九日

貴翰拜誦仕候如貴命
御家之
天裁寬典トハ申條以の外之御事恐縮之至奉存候四藩之儀委々御示し被下
其内會も意外之所置振可恐之至ニ御座候右ニ付沸騰相起り可申哉之御懸
念於小子も御同樣大ニ懸念罷在申候降人共
天裁之云々承知仕候ハヽ必脫走之徒數輩有之候ハ見へ渡り申候中々押捕
も六ケ敷然上ニ參謀ゟ不取締故与被咎候てハ如何共致方も無之儀ニ付此

上も無據事故若松江出張杉山相談之上参謀之存慮承り大事を取所置仕候外無之儀ニ付杉山罷出夫々相談し候事ニ御座候右云々高坂ゟ御聞被下度相略申候

○當表出張兵隊江御賄被成下候様御達ニ相成至極之都合随而降人江も御扶持被成下都合ニ相成總而都合之宜事ニ御座候右ニ付而も杉山大盡力萬事行届御安心之御事ニ候委曲も杉山ゟ六老方江之書面ニて御一覧可被下候

○杉山軍監之心得を以猪苗代江出張候様被申達本懐とハ申條當惑之至ニ御座候アー無據次第ニ御座候杉山出張ニ付而も若松詰片山大橋計りニてハ御不安心可思召候へとも彼兩人も總而呑込ミ候へハ先ツ〱御間欠之事も無之候半与存候間別段ニ御差越等ニハ相及申間敷与存候尤杉山も折々出張も相成候事乙旁御差越不相及候

○降人も眞田榊原兩家ニ御預ケニ相成模様ニ御座候今專ら其手配与相見

申候御預ケニ相成候とて請取渡し相濟迄中々十日廿日ニて相濟事ニハ有之間敷与之事ニ御座候參謀極內々ニ相渡候書付差上候間高坂ゟ御落掌可被下候
○高坂折角持參之書面も無よ相成候姿ニ御座候此邊之儀も同人ゟ御聞可被下候此段早々貴酬而已得御意候以上

十二月十九日　　伊豫

權平（竹俣久綱）樣

二二一　山本寺勝强書翰「毛利業廣等宛」明治元年十二月廿日

一筆令啓達候然ハ昨十九日參謀ゟ御呼懸ニ付杉山盛之進罷出候處別紙之通被
仰付本懷之至ニ候依之明廿一日猪苗代ヘ出張之筈ニ候

一右同斷ニ付猪苗代詰周旋方立岩泰藏ゟ附屬候樣申付候
一片山十左衞門ゟ軍監之心得を以大橋繁太ゟ逐示談萬事無滯相勤候樣申達候
一兵隊御賄隨而降人扶持之儀別紙結添之通被仰出一統難有奉存候委細之儀も以直書申入候付不能詳候
右條々御承知之上可被逐御沙汰候右爲可申入如斯御座候恐々謹言

十二月廿日

山本寺伊豫
勝强（花押）

毛利上總殿
（竹俣久綱）加地權平殿

【別紙】

此度降人輩寛大之

御仁恤を以御扶持被下置當分召抱候もの共ハ各其元々々ニ被爲歸候
此上有間敷儀ニハ候得共右御免ニ相成農商之もの共降人宿所ニ立入
候義決而不相成候間嚴重御取締可申候萬一爲立入候もの有之節ハ急
度
御沙汰之品も可有之候條此段謹愼降伏人ニ兼々可被申聞置候事
今般御扶持被下置候上ハ自炊之義も勿論之事ニ候得共萬一難澁之筋
有之居村々内ニ而焚出同樣炊候儀も格別之譯を以御免被成下置候間
願出候ハヽ可及差圖候事

十二月

在陣

參謀

杉山盛之進

【別紙】

右者軍監之心得を以猪苗代表ニ出張降人取締民政兩役被申合萬事可
被取計候事

十二月

若松在陣

參　謀

米　澤　藩ニ

【別紙】

降人守衞兵隊御賄被下候間此段申達候事

十二月

若松在陣

參　謀

覺

一金貳朱ト百文　上下共壹人前

賄料
一金三分　兵士壹人
壹ヶ月分酒料
一金貳分　夫卒壹人
右同斷
〆

二二二　若松在陣官軍參謀回達「金澤外四藩隊長宛」明治元年十二月廿四日

今般降人高田松代兩藩江御預ケ被　仰出候就而ハ藩々戍兵ゟ護送之義も被　仰付候間宿割之者二人ツヽ人撰早速可被差出且明晝時差立候間其心得ニ而支度致シ會議所迄可被差出候事

十二月廿四日　在陣

参　　謀

加州藩
隊　長　中
越前藩
隊　長　中
高田藩
隊　長　中
小倉藩
隊　長　中
米澤藩
隊　長　中

二二三　大橋繁太等書翰「山本寺勝强等宛」　明治元年十二月廿五日

降人護送兵隊心得方

一弾薬壹人ニ付五百發ツヽ持參之事

一荷物壹人ニ付壹貫五百匁ツヽ持參之事

但弾薬持人荷物一小隊人足入用高早々取調可被相達候事

右之心得方達ニ相成且又内達左之通

一降人護送之義ハ當月廿九日ゟ相始り日々三四百人位ツヽ護送之方ニ御座候よし其内我藩ハ來正月二日同九日兩日ニ御座候よし

案左之通

高田迄

正月二日　米澤一小隊

四百人位　高田一小隊

松代迄

同九日　米澤二小隊

四百人位

右之通内達ニ御座候間右樣御承知置可被下候

右ニ付一小隊見込之處左ニ申上候

一五拾八　兵隊

一拾人　道具持

一　小隊頭
　上下三人

一　軍目
　上下貳人

一　周旋方
　上下貳人

〆六拾七人

荷物七拾五貫匁

右人足五貫匁持ニメ拾五人
彈藥壹人ニ付百五拾發ツヽニメ
七千五百發
內壹人貳拾發ツヽ腰付分
取合千發
殘る六千五百發箱入壹人三百發
持ニメ右人足貳拾壹人
右ニ付彈藥持荷物持共人足惣計三拾六人
右之通人足入用之云々取調書付ニメ參謀迄相屆申候尤人足申立通ニ行廻り候哉ニも可有御座哉ニ候得共ゐらし候ハ容易足し候ハ六ヶ敷物ニ御座候間十分之見込ニ申立候事ニ御座候且又一小隊と申して各藩兵隊御案內之通四拾人位より五拾人又ハ六拾人と色々不同御座候依ゐ右申立ニ市村軍監い及內談候處四拾人位より以上ハ御藩之御都合次第ニゐ四拾人ニゐ

も五拾人ニ而も可然由申聞候付先五拾人一小隊と見込前文之通申上候事ニ御座候是等之處ハよろしく御勘考之上可然御取量可被下候以上

十二月廿五日　　繁太

登

伊豫様

將監様

二二四　山本寺勝強書翰「齋藤篤信等宛」明治元年十二月廿六日

態与以飛脚得御意候然も別紙之通內達ニ相成候段若松表ゟ申來候間夫々御取量可被下候其初五小隊之積り之處兩度ニ三小隊ニ而間ニ合候都合ニ相成候へハ萬事心易き事ニ相成申候周旋方ハ六人出張之樣致度存候兵隊之儀も過日申越候通り百五拾人出張ニ相成候へハ此表出張之兵隊不用し

て間ニ合候都合ニ候へとも御國許御繰合も御座候ハヽ此表詰合之山崎惣
次郎隊廿五人有之候間最廿五人有之候へハ間ニ合ひ候間先ツ二日護送之
分トシテ廿五人出張相成候へハよろしき都合と存候
○周旋方ハ一小隊ニ二人ツヽ無之候而ハ不相成候間其段御承知可被下候
當表詰合之周旋方ハ何分差越兼候行廻ニ付其段御承知可被下候總而之
儀別段御詰之間ニ不申越候間宜御取量可被下候此條早々得御意候以上
十二月廿六日
伊豫
主計樣
備後樣
再伸若松ゟ曉七半時相達明否飛脚差出候
降人護送當月廿九日ゟ相初メ正月九日迄毎日四百人ツヽ相送ルとの事
之

【備考】本書中に所謂別紙は、上掲本月廿五日付大橋繁太等山本寺勝強等宛書翰を指す。

二二五　小倉將監書翰「古海勘左衛門等宛」　明治元年十二月廿六日

一翰拜呈仕候然れハ昨日長井藤十郎を以委々申上候筈降人送りゟ義も明後廿八日比ゟと申事ニ御座候以ゟ外至急ニ相成此方ゟ混雜申計無御坐候へとも一日も早く苦體ゟ拔ケ候ニ是も仕合御坐候へハ頻りニ護送ゟ手配相盡し居申事ニ御坐候

一長井軍目護送ゟ儀ニ付而ハ初メヨリ關係も有之申ニ付則諸〆り被仰付罷越させ申方御坐候ニ付其段御心得可被下候昨日申上候大至急ゟ分

一百五十八人精選兵　一六八　周旋方

内壹人瀬下沖之助

瀧澤孫兵衞ゟ内

一長尾軍目

其外惣而長井ニ申上候通り無御減少大早急御遣可被下候

認懸り之内

一唯今若松より飛脚到着彌來ル廿九日ゟ日々三四百人ツヽ松代高田ニ護送之方達ニ相成至急之事故大混雜御察し可被下候依之極々急段夫々長井ゟ申上候通御遣し不被下候而ハ何分御間欠相成申付候此段も御心得被下置度返も〳〵も奉祈候萬事山本寺御惣督より明細被申越候筈ニ付早略得貴意候條如斯御坐候已上

十二月廿六日

將監

勘左衛門様

主計様

二二六　若松在陣官軍參謀達「米澤藩兵宛」　明治元年十二月

米澤藩
一小隊

右者野尻驛江出張新發田藩与交替可被致候事
但新發田藩ニ而召捕候者野尻驛ニ有之候間引渡候ハヽ請取是迄之通取締可被致候事
十二月

在陣
参謀

二二七　若松在陣官軍參謀達「米澤藩兵宛」　明治元年十二月

米澤藩
一分隊

右ハ赤津村江出張近村探索可被致候事

十二月

在陣

參謀

二二八　毛利業廣等書翰「弘前藩士中山兵部等宛」明治元年十二月

一筆致啓達候嚴寒之節御座候得共彌御堅固被成御奉職珍重存候將又今般松前表ニ脱走之者多勢上陸亂入砲發等有之段遠國故色々聞有之候彌之儀ニも御座候ハヽ御隣國別而御心配之御儀与致御察候依之御樣子且右地之模樣被致承知度鑪久右衛門小杉長三郎ニ使者中付被差出候付委曲被仰含被下度致御賴候右此節之御見舞爲可得御意如斯御座候恐惶謹言

十二月

島津利馬

敎忠（花押）

毛利上總
業廣（花押）

中山兵部様
御同役中様

二二九　弘前藩への使者小杉長三郎等口上書　明治元年十二月

甚寒之節御座候得共愈御堅固珍重存候將又今般松前邊ゟ脱走之者多人數上陸及亂妨候段風聞有之候彌之儀ニも候ハヽ御近國之御事御配慮被成候半と存候随而謹愼中ニ御座候得共御内々御様子且右地之動靜模様柄承知致度時候御見舞旁使者差出候間被仰示被下度致御頼候依之乍輕微目錄之通致進覽之候猶使者口上申含候

十二月

鑪久右衛門

二三〇　若松聞書　明治元年十二月

小杉長三郎

若松表聞書

一明春松前ニ屯集罷在候故幕脱走兵御追討之儀斷然勝算有之候と申事軍曹平井喜代三申ニ付何向脱走とハ乍申三四千之兵も有之加之箱館松前之要地抔占め海外ニ名高キ開陽回天之戰艦抔所持致し蝦夷抔併合致候ハヽ、勇々敷大事ニ可有之何故勝算相見ニ居候哉と申事再三再四相尋候處度々面會之後申候ニハ實も英佛兩國ょて彼か此節之所置抔惡ミ天朝ニ御加勢申上勤攘致候由申事ニ御坐候

一新發田ニ松前ニ三百人西京ニ三百人東京ニ三百人明早春ニ出兵被　仰付候段右藩七里與理太郎申聞ニ御坐候

一新發田も奥羽方より惡ミ候而已ニ無之矢張上方ょても惡ミ候由其實も

中立して雙方ゟ品能僞り居候樣子ニ御坐候最初官軍高田迄繰込ミ候節新發田家老何某高田迄爲伺罷出候節十萬兩之御用金申付られ候處則御受致し歸藩之上五千兩ゟ外ハ出來不申と申立候ふとも被惡候一ケ條ニ相成候由ニ御坐候

十二月

附錄

宮島吉久書翰「藩政府重役宛」　明治二年十一月九日

十一月八日右大臣樣御用人佐井寅二郎方ゟ參候樣申來候ニ付罷越候處右大臣樣ゟ御內意を以誠一郎迄相達し詮義可致旨被仰出候由ニゐ被申聞候ㇳ過日老侯樣當殿ゟ御來臨之節輔相(マヽ)御內談之義深々御納得ニゐ御退出ニ相成候處其後輔相傍ゟ入耳被致候ニㇳ藩政を改革スル實ニ難シとの御一言有之

候よし右ニ就而輔相勘考被致實ニ難しと申義も唯是迄の舊弊ヲ改ルニ被泥候歟但シ眞ニ難キ故あり其難キヲ破て推出も力乏しきより出ルり何れニし而も難きの一言最早因循ニ相渉り甚氣之毒ニ被思召候天下何れの藩り難からざるなし唯宇内之大勢ニ隨而　皇國之氣脉を變する大機關之時節ニ候得も今日非常改革も始り候義ニ而其改革之運と不運とよ人才之有無藩政之美惡迄顯然品題も相定り可恐時節ニ候處

老侯樣輔相御對話之節ハ斷然たる御正義ニ而輔相も至極上都合ニ有之安心とて喜悅被致候處其後前御一言傍ゟ御聞取ニ而甚御配慮被致此末彼藩因循致候時ハ實以歎息之義と被仰出難易之實情をしかと尋置候樣被申付內々御苦勞を懸候云々答曰

老寡君一言誰樣ニ申上候歟不奉存候得共實も弊藩之義ハ兼而森寺樣ニ申上候通大家之末高不相當之臣下ニ而切詰十五萬石之內僅ニ四萬石餘之現穀ニ而主人勝手向も五千以上之臣下を撫育致來候義ニ而實ニ不可言苦情

有之今日之扶持手宛向ハ諸藩大正義改革之藩ゟ萬々苦敷此上變革實ニ難キと申場合有之乍去
老寡君已ニ難有尊諭を蒙り歸藩仕候上ハ聊御高恩ニ報答仕一際奮發仕候義と存候得ハ此段宜敷御披露奉願旨申述候而退殿致候扨右樣之譯ニ而何とかく岌々乎此上非常御改正御取運無之而ハ實以不容易義と奉存候斯迄三條家之恩顧を被蒙候義御家之御幸福と可申歟米澤之方向定まれハ奥羽之方向も定ると申處能々御勘考一刻も無御油斷樣切迫ニ申上候已ニ十月下旬森寺邦之輔薩長行之節態々右等之廉深く內談ニ被及主人此節諸藩之隱君方抔ニも決して御目當り不致然ルニ貴藩も土藩邊盡力之末斯迄御運ニ相成候得ハ兼而板垣等主人ニ申聞置候筋も有之上杉ハ格別との事ゟ爲皇國御招致し腹心を布き御談し致候得も此末藩政御取運之御手際ニ依而も御賞譽も可有之若し之ニ反し因循ニ相渉候時ハ其時祉ハ必す天下蔑視セラれ又　廷議如何之御調も難計實以危急大切之御場合と奉存候間諸藩

ニ不後斷然御奮發非常之御改革吳々御內談致との臨別之一言有之猶又從
橫濱出帆態々一書翰被贈吳是又篤々の忠告ニ御座候岩倉家抔ニ而も(マヽ)||
も極因循有爲藩ニ無之抔風說も有之よし幸哉條公之御恩顧天之賜と存し
精々御運之程奉愁願候今日ニ相成候而も最早世間ニ面目無之日々邸內に
引籠居候體御憐察被下度奉存候頓首

十一月九日

宮島誠一郎

吉久(花押)

米澤
政府御在職
御衆中様

【別紙】
從橫濱任幸便一書拜呈仕候時下寒冷之節彌御安康被成御盡誠奉欣然候扨

而過日御來訪被下候節僕愚詠差出可申旨約シ申上置候得共彼是俗事多忙不得止御違約ニ相成候條御海容可被下候于時先生昨年來不容易御盡力之末既ニ御藩之御都合も今日之御運ニ相成爲邦家御同慶此事ニ候何卒此上御國政向之義も敢而申ス迄無く天下諸藩ニ不後今日宇内之大形勢ヲ御考察之上斷然非常之御改正有之度天下社稷之爲奉渴望候呉〳〵も此等之事御盡力今日之急務昨年來之末今日ニ至而ハ專先生之御任ト存候間偏ニ知事公ヲシテ御輔佐可被成候餘ニ萬縷申上度事件も御座候得共猶他日再會之時ヲ相待可申先ハ要々計如此御座候草々

（明治二年十月）廿八日

邦　拜

宮　盟　臺

二白明春是非飛鳥山之花墨江之舟遊御供可仕此事計ハ相樂夫迄ハ小愉快は絕念々々

解題

森谷秀亮

一

明治元年正月三日の鳥羽伏見の戦にはじまる戊辰の役は、前将軍徳川慶喜が恭順の至誠を示したため、江戸開城こそ平穏のうちに行われたが、関東の各地では騒擾が頻発し、騒擾はさらに奥羽越の山野にまで拡大し、会津の開城（九・二二）と庄内（九・二三）・盛岡（九・二四）二藩の降伏でようやく鎮定した。蝦夷地ではなお余煙が燻っていたが、明治二年五月十八日の箱館五稜郭陥落で戦禍は全くおさまった。「明治史要」によると、官軍の兵員は九大隊三小隊と十一万四千七百三十九人（ほかに四百人）を算え、戦死者三千三百三十一人（ほかに二百十九人）、負傷者三千八百四十五人に上ったという。いっぽう順逆を誤った旧幕軍・奥羽越諸藩兵の数は明らかでないが、戦死者四千六百九十人、負傷者千五百九人に達したという。

明治新政の初頭は国家多事の秋に当っており、骨肉相食む戊辰戦争が勃発したことは慨嘆に堪えないが、波瀾激動の時代にあっては起るのは必然的なことであり、避け得られなかったように思う。戊辰戦争という悲劇があったから、明治維新の大業も比較的容易に実現したと極論するのも不可ではあるまい。私は、維新前後における薩長の行動を全面的に肯定するものでないが、錦旗を奉じ東征の途に上った以上、これを官軍と呼んで毫も不自然でないと思う。いっぽう旧幕軍や奥羽越諸藩の兵を賊軍と蔑視するのもいささか酷に過ぎるが、さりとて関ヶ原の戦における徳川軍に倣ってこれを東軍と呼び、官軍の称呼を西軍と改めることにも同意し兼ねる。

二

戊辰戦争の関係史料を網羅したものとしてまず挙げられるのは、太政官修史局が十余年の歳月を費して編纂した復古記・復古外記三百七十冊であり、久しく東京大学史料編纂所に秘蔵されていたが、昭和四年ようやく公刊の運びとなった。日本史籍協会叢書の川勝家文書・薩藩出軍戦状・巣内信善遺稿・橋本実梁陣中日記・戊辰日記・明治戊辰局外中立顚末・淀稲葉家文書・米沢藩戊辰文書もまた戦争中心の史料であり、なかんずく米沢藩戊辰文書は、上杉伯爵家にあって家史の編修に従事し、かたわら維新史料編纂会委員でもあった旧米沢藩士伊佐早謙氏（昭和五・五・一四死去）が多年蒐集した藩関係の機密文書であり、維新史料編纂官薄井福治氏が整理校訂を加え、月日順に配列したものである。復古記をはじめ太政官日誌・江城日誌・鎮台日誌・鎮将府日誌・東京城日誌など官府の記録に伝わらない稀覯史料が多く、戊辰の動乱における米沢藩の向背を窺知し得る貴重文書と評するにやぶさかでない。

いま米沢の藩情をみるに、同藩は薩長二藩と同じく必ずしも徳川氏に対し好意を寄せていなかったと考えられる。祖先上杉謙信は戦国の武将として越後・佐渡で兵威を振い、嗣子景勝また豊臣秀吉に属して会津百二十万石を領有したが、関ヶ原の戦で西軍に加わったので米沢三十万石に削封され、寛文四年閏五月、孫綱勝卒して子なく、高家吉良義央の長子綱憲が家督を継ぐと、さらに十五万石に減封され、幕末の斉憲《なりのり》（弾正大弼、天保一〇・四・三襲封、明治元・一二・七致仕）におよんだ。慶応二年六月、三万石を加封され、藩の重臣に対する増禄が行われたが、他は恩典に浴せず、幕府瓦解の報に接するも、意に介せざるものの如くであった。このような歴史的因縁ある米沢藩が、同じ外様の仙台藩とならんで奥羽越列藩同盟の首唱者となり、官軍と旗鼓の間に相見えるに至ったのは、何故であったろうか。

由来薩摩・長州二藩は、徳川氏の勢力を根底から一掃するのでなければ王政復古は実現し難いとして挙兵討幕の議を進めており、大政奉還以後は浪士を募って江戸の治安を攪乱する態度に出た。幕政に眷恋の情を抱く旧幕臣・佐幕諸藩が悲憤抑え難く、薩長の私曲を難じて鳥羽伏見の戦を惹起させるに至ったのも、理のないことではない。薩長二藩はまた京都守護職の重任を帯びていた徳川親藩の雄会津藩と、新徴組を率いて江戸の警備に当り、浪士屯集の薩藩邸を襲撃した譜代の名家庄内藩を敵視すること甚だしく、会庄二藩が戦備を整え藩境の戍りを固めていると聞くと、叛情歴然、征討軍を発してこれを戮滅しようと計った。米沢藩は隣藩の誼みで会庄の窮状を坐視するに忍びず、仙台藩と協議を遂げた後、救解の歎願書を奥羽鎮撫総督府に提出したが、容れられない。仙米二藩はともに僻陬の東北にあって中央の政情に疎いから、薩長に対して幼帝を擁して政権を壟断するとの猜疑の念を抱くようになり、福島滞在中の総督府参謀世良修蔵(長州藩士)から秋田に在陣していた大山格之助(薩摩藩士)に宛てた密書を端なくも入手、文中に奥羽の情勢が予断を許さないことを述べ、「奥羽皆敵ト見テ逆撃ノ大策ニ致度候……此歎願通ニテ被相免候時ハ、奥羽ハ一二年之内ニハ朝廷ノ有ニ在ラサル様可相成、何共仙米賊朝廷ヲ軽スルノ心底、片時モ難閣奴ニ御座候……勿論弱国二藩ハ不足恐候得共、会ヲ合候時ハ少々多勢ニテ始末六ヶ敷」(明治元・閏四・一九)と認めてあるのを見るにおよんで、激昂その極に達した。かれらは、会庄征討の軍は王師と称するも、実は私軍・無名の師であり、世良・大山両参謀の如きは私怨をはらそうとする姦賊にほかならないと叫んで、奥羽越列藩同盟を成立させた。さきに戊辰の戦争をもって不可避の騒乱であったと述べたのは、以上の理由によるのである。

三

米沢藩戊辰文書（以下米沢文書という）をみるに、巻頭に奥羽鎮撫総督達（一〜二頁）が収められているが、明治元年四月八日が閏四月八日の誤りであることは、末尾の日付で明らかである。いま当時の情勢をみるに、庄内藩主酒井忠篤《ただすみ》（左衛門尉）は明治元年二月二十日江戸を発して帰国し、さかんに軍備の強化を図り、会津藩と提携して官軍の来攻に備えるに至った。そのため仙台滞陣中の奥羽鎮撫総督九条道孝は、四月六日久保田（秋田）藩に対して庄内討伐を命じ、依違して奉命しないのをみると、鎮撫副総督沢為量は参謀大山格之助をはじめ薩長二藩兵を率いて仙台を発し、新庄に赴いて庄内征討の策をめぐらした。官軍の進入を知った庄内藩兵は二十四日清川に迎撃してこれを敗退させ、閏四月四日には最上川を渡って天童を陥れ、長瀞を攻めて新庄に迫ろうとした。閏四月八日の総督達に「荘内賊兵天童に暴動之報知有之彼地之形勢切迫云々」とあるのは、戦況官軍に不利なことを物語るものであり、会津征討先鋒兵を天童に分遣して庄内征討に応援することを米沢藩に命じ、さらに新庄にある副総督本陣を警衛する令も下したが（九頁）、同藩は庄内の罪状明白でないとして従わなかった。閏四月二十九日沢は新庄を発して、五月朔日久保領内院内に入り（新庄藩士舟生定成書翰、九〜一一頁、二〇〜二二頁）、九日久保田に着いたが、藩士中佐幕を主張する者が多く、同地を去って大館・能代に赴き、しばらく形勢を観望することになった。時に奥羽越列藩同盟はすでに成立しており、仙台にあって会津征討の作戦計画をたてていた九条鎮撫総督も策のほどこすべもなく、五月十八日参謀醍醐忠敬と肥前・小倉二藩兵を率いて仙台を去り、盛岡を経て七月朔日久保田に至り、沢副総督とも再会した。久保田の藩論が、列藩同盟から脱退して庄内征討の先鋒たることに一致したのはこの時であり(七・四)、久保田・筑前二藩兵は新屋口から、薩摩・長州・肥前・小倉四藩兵は院内口から南下したが、敵の猛攻に会って、戦局は必ずしも有利に展開しなかったのである。

奥羽越列藩同盟に関することは、奥羽列藩結盟書・奥羽同盟列藩軍議書として米沢文書に収められているが(二四〜三〇頁)、同盟が成立をみたのは五月三日のことである。同盟成立の経過を一言すれば、閏四月十一日、米沢藩主上杉斉憲は藩兵千七百余人を率いて白石城に至り、仙台藩主伊達慶邦《よしくに》(陸奥守)と協議を遂げた後、諸藩の重臣と会津救解のことを議しており、二十三日には重臣が再び白石に集まって討庄解兵の議を定めており、世良・大山両参謀の傲慢な態度に刺激されてかれらの結束はますます堅く、ついに五月三日二十五藩の重臣が仙台で会合し、同心協力、皇室を尊奉し人民を撫恤し皇国を維持することを誓った条約書に連署花押するに至ったのである。米沢文書には重臣の名が見えないが、仙台藩の但木土佐(成行)・米沢藩の竹俣美作(久綱)・盛岡藩の野野村真澄(雅言)・久保田藩の戸村十太夫(義效)・弘前藩の山中兵部(泰靖)・二本松藩の丹羽一学(富穀)・守山藩の岡田彦左衛門(宜忠)・

新庄藩の舟生源右衛門（成定）・八戸藩の吉岡左膳（政喜）・棚倉藩の梅村角兵衛（次立）・中村藩の相馬靫負（胤就）・三春藩の秋田帯刀（忠恆）・山形藩の水野三郎右衛門（元宣）・磐城平藩の三田八弥（宜隆）・松前藩の下国弾正（季定）・福島藩の池田権左衛門（邦知）・本庄藩の六郷大学（政景）・泉藩の石井武右衛門（美質）・亀田藩の大平伊織（観成）・湯長谷藩の池田彦助（通理）・下手渡藩の尾山外記（継篤）・一ノ関藩の佐藤長太夫（時教）・上ノ山藩の渡辺五郎右衛門（束）・天童藩の長井広記（季吉）・長瀞藩の根本策馬（保雅）らであり、仙台藩をその盟主に推した。米沢藩は北越諸藩に条約書を廻付して同盟加入を促したから（五七〜五八頁）、新発田・村上・村松・黒川・三日市・長岡の六藩が加盟し、奥羽同盟は奥羽越同盟に拡大されたのであった。

奥羽越列藩同盟が成立すると、仙台の葦名靫負（盛景）・米沢の色部長門（久長）・会津の梶原平馬（景賢）・庄内の石原倉右衛門（成知）・長岡の河井継之助（秋義）らの軍務総督は、連署してこのことを各国公使・領事に通告した。米沢文書に甘粕継成奥羽越同盟布告案（九四〜九六頁）とあるのは題名で知られるように案文であり、明治の初年、外務省が纂輯した続通信全覧の将軍太政返上事件には、アメリカ公使館所蔵のものを写したとして次の文書を掲げ、もちろん日本外交文書（第一巻第二冊、一〇〜一三頁）にも収められている。

奥羽越列藩軍務総督等謹告

米利堅国領事官我日本国自定和親通商之事而来海外各国相共来往万里風濤視如坦途　貴国於是亦抑尽心焉則不止貿易一事百般技芸器械諸術之開亦可期日而待実我国之大幸也於是乎奥羽越列藩亦有不可不大告者焉謹按我国自徳川氏復累世継承之政権於朝廷天子幼冲万機草創而奸臣乗隙挾私意以擅朝権是以其所令無一有出乎至誠惻怛之意而専逞残酷殺伐之威圧服天下諸侯天下諸侯畏其凶焔争為之駆役而中心不敢服者蓋十八九則祖宗神霊之所照鑒天下億兆之所切歯不久而元悪誅而大義顕兄弟和而君臣睦亦勢之所必至矣否則我国独無天也無人倫也寧有此理乎我奥羽越列藩君臣上下察其如此公議一定同盟相結以伸大義於天下而強暴之来者撃却之其去者不必追以維持我国而待天子聖明之治而已矣顧海外各国諸公使領事官等旁観熟視早已有洞察之矣雖然我列藩同盟之心苟非託之文字以明白其情実則邪正曲直之辨或不了了而奸賊等偽造王命以乱其順逆亦不可不慮也是以敢告焉望　領事官諒僕輩之至衷明其無他則於結信締交之事亦大有所関渉也伏惟虚懐商量勿咎其唐突則幸甚幸甚

慶応四年七月

仙台

葦名靱負

盛景花押

米沢
色部長門
久長花押
会津
梶原平馬
景賢花押
庄内
石原倉右衛門
成知花押
長岡
河井継之助
秋義花押

鳥羽伏見の戦が勃発するや、元年正月二十一日、外国事務総督東久世通禧《みちとみ》は英米仏蘭独伊六国公使に書翰を送って、旧幕府に対する武器軍艦の販売貸与の禁止を求め、これに対し各国は二十五日局外中立を宣言した。しかし騒乱は江戸開城後いよいよ拡大の一途を辿ったから、このような状態はしばらく続き、ようやく同年十二月二十八日に至り列国は中立解除を宣言したのである。

四

次に米沢文書には、例言で「仙台藩と共に同盟の両翼となり、兵を越後に出して大活躍を試みしものを米沢藩と為す。本書は即ち其の当時に於ける米沢藩の機密文書にして、同藩出張の諸隊長より藩庁への報告書云々」と述べているように、越後関係の史料が甚だ多い。会津は越後蒲原郡津川方面に五万石の領地を有するばかりでなく、魚沼郡小千谷・小出島方面にも三万五千石の幕領預地があり、米沢また岩船郡上関・下関方面に一万三千石の預地をもっていたから、北越の情勢急を告げるとともに、二藩はそれぞれ多数の藩兵を出動させており、なかんずく米沢の派兵は、祖先上杉謙信の遺業を偲び、その発祥の地を回復しようとするしたごころに発したものであると伝えられている。北越の雄藩長岡は譜代であるから会庄二藩征討のことを聞いて、もとより喜ばず、家老河井継之助は抗戦の決意を固めていたが、五月十九日、官軍の奇襲に会って脆くも落城した。この前後の事情は、色部久長書翰（三三〜四二頁）などで窺知ができよう。河井はいったん加茂に退いたが、奥羽の諸藩兵が続々来援するのを見て、米沢の千坂太郎左衛門（高雅）を同盟軍総督に、甘粕備後（継成）を参謀に推して、五月二十四日から逆襲に転じ、今町・見附を略し、七月二十四日には夜陰に乗じて八町沖の沼沢地帯を潜行し、長岡城を奪還した。この間、新発田藩は同盟に加入しながら狐疑逡巡する傾きがあったので、米沢藩主上杉斉憲《なりのり》みずから上関に赴いて藩兵を督し、軍監三潴清蔵（正清）・軍目付長井藤十郎（高明）を新発田に遣して、藩是を確立させようとした（新発田攻伐に関する軍令、七九頁）。しかしこのことは失敗に終り、優勢な官軍は七月二十五日新発田藩に迎えられて松ヶ崎・太夫浜に上陸し、二十九日信濃川を渡って新潟を攻め、旧幕府新潟奉行代理田中廉太郎（光儀）の後を承けて同地を守っていた米沢の家老色部長門を殪すという戦果を挙げたので、妙見方面に退いていた官軍の士気も大いに挙り、二十九日、十日町・六日町を汝き、勢に乗じて長岡城に殺到、これを再攻略した。この間の消息を物語る史料が、米沢文書にはきわめて豊富である。

官軍が新潟を陥れると、オランダ人スネル Edward Schenell に対し、ただちに退去を命じている。スネルは新潟の開港（条約の規定では慶応三・一二・七、戦争勃発のため実際に開港したのは明治元・一一・一九）近いと考えて横浜から新潟に来り、時には平松武兵衛と名乗り、銃砲弾薬を奥羽越諸藩に売却していた者で、このことは米沢文書（七二・七八・一一五〜一二一頁）にも見え、庄内藩が官軍に対し頑強な抗戦ができたのも、スネルから購入した兵器の貯えが多かったからであるといわれている。八月二十三日、神奈川府判事寺島陶蔵（宗則・薩藩士）・井関斎右衛門（盛良・宇和島藩士）はオランダ領事に書翰を送って、スネルが軍需品を東北諸藩に売却したことは中立違反であり、同人を訊問されたいと依頼した。辨理公使ポルスブルック Polsbroek がスネルを召喚尋問したが、結局有耶無耶に終ったことが日本外交文書に見え、明治戊辰局外中立顚末にも「蘭人スネルと叛賊武器売買約定対決一件書類」として収められている。

五

すでに述べたように、官軍の戦略ははじめ会津・庄内二藩を追討することにあったが、東北の情勢が意外にも悪化の一路を辿り、奥羽越列藩を挙げて反抗するに至ったから、陣容を整え大兵を進めて鎮定の功を収めることに作戦を変更した。すなわち岩倉具定《ともさだ》（のち鷲尾隆聚《たかつむ》・正親町公董《きんただ》）は白河口総督、四条隆謌《たかうた》は平潟口総督、嘉彰親王（仁和寺宮・小松宮）は越後口総督となって諸藩兵を統べ、九条道孝指揮下の奥羽鎮撫総督軍との合撃によって膺懲の実を挙げようとした。白河口官軍は平潟勢と呼応、仙台を目ざして北進を続けたが、二本松占領後、参謀板垣退助（土佐藩士）・伊地知正治（薩摩藩士）の意見により仙台攻略の矛を会津に転ずるに決し、保成峠の堅塁による敵を潰走させて、八月二十三日若松城下に突入した。いっぽう長岡を再攻略した越後口官軍は、三条・加茂から津川口に進んで、九月五日舟渡で会津攻撃の白河口官軍との連絡に成功し、一軍は米沢口に向って、八月十二日沼・片貝を陥れた。すでに久保田（七・四）・弘前（七・一〇）・新発田（七・二五）・三春（七・二六）・中村（八・四）などの諸藩は同盟を脱して降伏謝罪しており、米沢藩また軍門に降り、列藩の頽勢はとみにいちじるしくなった。

米沢藩は会津・庄内二藩の救解を歎願して容れられず、仙台藩とともに列藩同盟の羽翼となって抗戦するに至ったが、その戦意は藩情もあって、一藩を挙げて反抗しようとする悲壮なものでなかったと思う。加うるに藩主上杉氏と土佐藩主山内氏とは縁戚の間柄にあり、二本松滞陣中、谷守部（干城）・片岡健吉・伴権太夫は沢本盛弥を使者として米沢に派遣し、勧降書を提出したことが米沢文書（一八九～一九一頁、二〇三～二〇五頁）に見えている。藩主上杉斉憲は土藩の厚誼を容れるに決し、二十五日市川宮内（忠恕）・杉山盛之進を二本松の官軍軍門に赴かせるとともに、二十八日には黒井小源太・斎藤主計（篤信）を沼の官軍陣営に派し、哀訴歎願させた。越えて九月三日、米沢の老臣毛利上総（業広）は新発田の越後口総督府に出頭して降伏謝罪書を上り、つづいて藩主世子上杉茂憲《もちのり》（式部）また赴いて総督宮に罪を詫び、改めて会庄征討の先鋒たるを請うに至ったのである。

臣斉憲恐惶頓首泣血奉歎願候今般会津御征討ノ砌名分順逆ヲ誤リ於出先家来共抗官軍奉悩宸襟候恐懼至極臣子之分不相立先非悔悟今更何共可奉申上様モ無御座次第臣乍不肖モ素ヨリ奉抗敵朝廷候存

意ハ毛頭無御座候得共全遠境隔絶ノ僻土ニ罷在春来天下之事情形勢モ一々承知不仕多恐モ厚キ叡慮ノ旨モ具ニ不奉伺遂ニ右様ノ事件ニ立至リ畢竟臣兼テ指揮不行届ヨリ所致ニテ如何ニモ重々奉恐入候次第ニ付此上ハ本城ニ罷在候モ甚奉恐入候間速ニ城外ヘ退去謹慎恭順罷在即出張兵隊長参謀臣者厳敷謹慎申付奉仰朝裁挙闔藩誓天地勤王之外他志無御座候就而者同盟ノ列藩江モ早速降伏謝罪為仕候様説得尽力罷在候間悔悟謝罪之藩々一同御寛典之御所置被成下候様冒万死偏ニ奉歎願候誠恐誠惶謹言

九月五日　藤原斉憲

米沢藩は降伏謝罪書で述べているように、同盟諸藩に対する勧降工作を試み、会津に斎藤主計・鑪権之助、庄内に神保乙平を派遣するとともに、仙台・盛岡などの諸藩にも遣し、帰順を勧めさせた。籠城すでに三旬、官軍の猛攻に連日悪戦苦闘を重ねていた会津藩はついに帰順の議を決し、九月十六日、手代木直右衛門（勝任）・秋月悌次郎（胤永）は窃に城を出で、米沢の陣営に至って斎藤らに面接し、その先導によってさらに土佐藩屯営に赴き、板垣参謀に投降を申入れた（倉崎清典等書翰、二八四〜二九〇頁、斎藤篤信等書翰、二九〇〜二九二頁）。庄内藩もすでに大勢の去ったのを悟り、二十三日武藤半蔵・吉野遊平・酒井帯刀は清水に至り、米沢藩兵を通じて越後口官軍の軍門に降った（新保朝綱書翰、三一〇〜三一三頁、米沢藩願書、三二四〜三二五頁）。米沢文書の大半を占めるものは、米沢・会津・庄内三藩降伏の顚末を物語る貴重史料であり、正史の闕を補うものが甚だ多い。

明治元年十二月七日、順逆を誤った東北諸藩に対する処分が行われた。厳刑に処せられたのは列藩同盟の盟主仙台と頑強な抗戦を試みた会津・庄内・長岡などの諸藩であり、いったん封土没収、改めて若干の領地が復せられている。米沢藩はこれら諸藩に先んじて悔悟謝罪し、会庄征討の兵を発したという理由で、封土四万石が削られ、藩主上杉斉憲が隠居して茂憲がこれに代り、重臣では新潟で戦死した色部長門が斬刑に擬せられたにとどまっている。しかし米沢藩としては、翌二年六月二日、征討諸軍に対する論功行賞があって、久保田藩が二万石、弘前藩が一万石の永世賞典禄を賜わり、新発田藩また賞賜されたと聞いて、いかなる感慨を洩らしたであろうか。処罰をうけた藩主藩士の赦免は、二年九月二十八日・三年正月五日・五年正月六日と数回にわたって行われ、家名断絶を命ぜられた藩首謀者も、十六年二月に至り再興が許されている。それにもかかわらず戊辰の戦乱に対するしこりはながく感情問題として残り、己れを是とし他を非として憚らなかったことは、往年私が維新史料の探訪で東北地方に赴いた際、各地の戦争関係者と会見して、親しく体験したところである。これら故老がすべて亡くなった今では、史料のみが偽らざる真相を伝えてくれる。米沢藩戊辰文書また研究者必見の好資料というべきであろう。

伊佐早謙氏蒐集文書は同氏死後、米沢市立図書館の所蔵に帰し「伊佐早家文書戊辰文書」二巻として保存されている。しかし散佚したものも少くないようであり、他日の調査に俟つことにしたい。

米《よね》澤《ざわ》藩《はん》戊《ぼ》辰《しん》文《もん》書《じょ》

日本史籍協會叢書 188

昭和 十 年 二 月二十五日 初版
昭和四十二年 七 月 十 日 覆刻

編者 日本史籍協會
代表者 森谷秀亮
東京都三鷹市上石原二一一二番地

發行者 財團法人 東京大學出版會
代表者 神立 誠
東京都文京區本郷七丁目三番一号
振替 東京五九九六四 電話（八一一）八八一四

印刷・株式會社平 文 社
本文用紙・北越製紙株式會社
クロス・日本クロス工業株式會社
製函・株式會社光陽紙器製作所
製本・有限會社新 榮 社

九一八八

日本史籍協会叢書 188
米沢藩戊辰文書（オンデマンド版）

Digital Publishing

2015年1月15日　発行

編　者　　日本史籍協会
発行所　　一般財団法人　東京大学出版会
代表者　渡辺　浩
〒153-0041　東京都目黒区駒場4-5-29
TEL　03-6407-1069　FAX　03-6407-1991
URL　http://www.utp.or.jp

印刷・製本　　株式会社 デジタルパブリッシングサービス
TEL　03-5225-6061
URL　http://www.d-pub.co.jp/

AJ087

ISBN978-4-13-009488-7　　Printed in Japan